宫崎滔天家藏民国人物书札手迹（第三卷）

中国宋庆龄基金会研究中心 编

国家出版基金项目

中国出版集团公司
华文出版社

图书在版编目（CIP）数据

宫崎滔天家藏民国人物书札手迹. 第三卷 / 中国宋庆龄基金会研究中心编. -- 北京：华文出版社，2021.1
ISBN 978-7-5075-5375-8

Ⅰ. ①宫… Ⅱ. ①中… Ⅲ. ①历史人物—手稿—收藏—中国—民国 Ⅳ. ① G262.1

中国版本图书馆 CIP 数据核字 (2020) 第 231918 号

宫崎滔天家藏民国人物书札手迹（全八卷）

编　　者：	中国宋庆龄基金会研究中心
责任编辑：	潘　婕
出版发行：	华文出版社
社　　址：	北京市西城区广外大街 305 号 8 区 2 号楼
邮政编码：	100055
网　　址：	http://www.hwcbs.com.cn
电　　话：	总编室 010-58336239　　发行部 010-58336238　　责任编辑 010-63429159
经　　销：	新华书店
印　　刷：	北京画中画印刷有限公司
开　　本：	889mm×1194mm　1/12
印　　张：	166.33
字　　数：	1436 千字
版　　次：	2021 年 1 月第 1 版
印　　次：	2021 年 1 月第 1 次印刷
标准书号：	ISBN 978-7-5075-5375-8
定　　价：	1999 元

版权所有，侵权必究

《宫崎滔天家藏民国人物书札手迹》(全八卷)编辑委员会

特别顾问：王家瑞　宫崎蕗苳（日）
顾　　问：章开沅　杨天石　宫崎黄石（日）　久保田文次（日）
主　　任：杭元祥
副 主 任：井顿泉　于　群
委　　员：唐九红　艾　多　陈爱民　宋　健　孙晓燕　李长莉　赵立彬

本卷执行编委

主　　编：艾　多
编　　辑：李　朋　赵　波　苏　刚
日文释读及翻译：霍耀林

出版说明

宫崎滔天是日本熊本县人，早年受资产阶级民主思想的影响，追随孙中山支持中国民主革命。宫崎家藏大量中国近现代珍贵历史资料，一直未能公之于世，因而备受各界关注。

20世纪70年代末80年代初，中日史学界研究辛亥革命的学者，开展国际交流研讨的活动渐渐多起来。1981年，北京景山学校日语教师何子岚先生因与宫崎家熟悉的缘故，曾协助对其家藏的历史资料进行整理。同年10月，宫崎滔天的孙女宫崎蕗苳女士及其先生宫崎智雄教授应邀到中国参加纪念辛亥革命70周年大会，向大会赠送了一批家藏的文献资料，引起史学界的注意。1982年，著名历史学家刘大年先生致函宫崎蕗苳女士，提出与宫崎家合作整理、研究资料的建议，并指派中国社会科学院近代史研究所荣孟源先生推动，1985年荣先生不幸病逝，工作被迫中断。此后，中国学者陆续造访宫崎家，阅览资料并作了相关研究。黄兴、何天炯后人在与宫崎家的来往中，也曾获取这些资料的相关部分。1993年，宫崎蕗苳女士向历史学家章开沅先生初步透露希望系统整理与出版其家藏资料的意向。

2005年11月，中国宋庆龄基金会与中央电视台共同赴日本九州拍摄《寻访孙中山的足迹》文献片过程中，参观了宫崎兄弟的故居，了解到宫崎家藏资料的情况，感到对中国近代史研究具有重要意义，并感慨这批资料历经一个多世纪得以保存下来的不容易。2007年11月，在章开沅先生的帮助和引荐下，中国宋庆龄基金会正式启动了整理出版宫崎滔天家藏有关中国革命资料的项目。这一项目得到宫崎蕗苳女士、宫崎黄石先生及其夫人的大力支持，也得到了日本学者久保田文次、久保田博子夫妇的积极帮助。2011年，在辛亥革命百年之际，中国宋庆龄基金会将先期整理出来的部分资料汇集，由人民美术出版社出版了《宫崎滔天家藏——来自日本的中国革命文献》一书，受到海内外各界的关注与赞扬。2013年，为了推动这项工作的持续开展，中国宋庆龄基金会成立了"宫崎滔天家藏资料研究"项目组，制订规划、组织专人、明确任务，每年两次至三次派出工作组赴东京西池袋宫崎滔天旧居工作，对这些珍贵资料进行分类、编目、扫描等。同时，工作组坚持整理与保护并举的良好做法，认真持续地对文物原件采取防潮、防虫等保护措施，得到了宫崎家的进一步信任。2016年春，资料整理基本进入尾声，按计划进入编辑出版阶段。经过反复论证，确定了以《宫崎滔天家藏民国人物书札手迹》为书名，分八卷逐卷出版的方案。

《宫崎滔天家藏民国人物书札手迹》收录辛亥革命至民国期间，包括孙中山、宋庆龄、黄兴、廖仲恺、何香凝、宋教仁、何天炯、戴季陶、蒋介石、汪精卫、胡汉民、朱执信、于右任、黄复生、陈其美、李烈钧、谭延闿、邓恢宇、孙毓筠、吴玉章、陈独秀、李大钊、毛泽东、熊克武、但懋辛等近百位与宫崎家有书信往来的中国历史人物的相关资料，涵盖笔谈、信函、题词、手札等。资料集采用影印形式出版，由相关专家学者对原文进行释读。释读中，原文错字用〔　〕号，增补者用〈　〉标出，模糊不清或无法辨认者用□标示，汉字形式的日文在[　]内标注中文含义，个别人物化名或指代名以编者注的形式在【　】内标出。关于资料编排，首先按资料类型区分，第一卷至第六卷为笔谈、信函，第七卷、第八卷为题词；其次按照资料涉及人物、数量等情况相对集中编于各卷，各卷中按人物姓名拼音首字母顺序排列，同一人物的按资料时间顺序排列，日期不详或无法考证的置于该人物末尾。由于编者水平所限，书中难免有错讹之处，敬请读者指正。

在宫崎滔天家藏资料整理与出版工作中，宫崎家一如既往地给予信任和支持，中国驻日本大使馆及日本宋庆龄基金会等机构积极协助，章开沅、金冲及、黄彦、尚明轩、步平、严昌洪、罗福惠、王晓秋、杨天石、汪婉、李长莉、赵立彬、何大章、陈红军、沈锡麟、彭剑、苏刚及久保田文次、久保田博子等中日两国专家学者进行热忱指导，中国宋庆龄基金会理事孙晓燕、中山大学历史系教授赵立彬、井冈山大学外国语学院霍耀林参与大量具体工作，于志强先生提供部分资助，中国出版集团和华文出版社给予大力支持，在此一并致谢。

编者

2020 年 11 月

序一

章开沅

我与宫崎家族可以说有天生的缘分。

小时候曾在父亲的书架上翻阅过《三十三年落花梦》，知道在日本曾经有位流浪武士，如同《隋唐演义》中的侠士虬髯客一样，把孙中山当作李世民式的明君，忠心耿耿帮助他发动辛亥革命，建立中华民国。

长大成人当上历史教师以后，由于研究辛亥革命，日本浪人与宫崎滔天成为绕不开的话题，对他有了更为具体的认知。但是在很长一个时期，由于中日已成敌国，所以从来不敢对这位东洋豪侠之士公开肯定。

直至"文化大革命"结束，中国进入改革开放的历史阶段，我们才有可能对宫崎滔天及其家族进行客观而较深入的研究。其实，就在"文化大革命"发动的那一年，即1966年春天，我差一点就与滔天的侄子世民见面。那时我被"纪念孙中山诞辰100周年筹备委员会"借调，参与出版孙中山、宋庆龄文集与征集史料方面的学术性工作，借住在白塔寺全国政协宿舍。宫崎世民正好也在北京友好访问，可能是想提供珍贵史料，急于与筹委会联络。当时北京市委已经成为批判对象，市内人心惶惶，筹委会又没有正式办公地点，及至找到我的住处，宫崎世民已经在飞机场候机返国，所以只能约定在机场见面。政协工作人员非常关切，赶紧派车送我到机场，但为时已晚，飞机即将起飞，那时又无手机，所以连说一句送别的话都无法实现。

1978年春，黄兴的女儿德华与丈夫薛君度到长沙访问，邀我共同探讨黄兴评价问题，宫崎兄弟自然成为重要话题。其时黄兴长子一欧因病住院，我们专程前往探访。他虽然高龄衰病，但谈起1907年至1911年年初寄住在宫崎家的往事，仍然充满依恋之情。感叹说："宫崎滔天已经去世50多年了，我虽已进入衰暮晚年，仍然时常想起这位和蔼可亲的长辈，他的音容笑貌，历历如在眼前。"那些年宫崎只顾为孙中山东奔西走，家中经济极为贫困，但滔天夫人宁可给亲生儿子吃杂粮，也要保证一欧吃米饭健壮成长，及时回国参加辛亥革命。

1978年春夏之交，日中友协（正统）奈良县本部名誉会长北山康夫先生来武汉访问，交流辛亥革命研究情况。我顺便介绍了一下一欧老人的回忆，他顿时激动起来，并把滔天当年主编的《革命评论》杂志送给我。据说整个日本能够完整保存下来的只有两套，这是他自己珍藏多年的纪念品。我认真阅读了这套杂志，内心非常感动，并借用该刊登载的中国留日革命志士的诗句"只教文章点点血，流作樱花一片红"，作为题目，写成一篇深情散文在《人民日报》（海外版）发表，公开表达了我对宫崎兄弟的崇敬之情。

日本史学界很多辛亥革命研究者看过这篇文章，所以1979年深秋访问京都大学时，狭间直树曾经陪同我前往熊本荒尾参观宫崎故居及家墓。家墓保存完好，旧居原貌仍存，引发我许多感慨。1981年日本举办纪念辛亥革命70周年国际研讨会，会后我与金冲及教授应荒尾市市长邀请，又专程前往拜谒这位日本先贤的故居及相关历史遗址，并且举办了盛大的公众集会，我与冲及发表了热情洋溢的讲话。

在此前一年，即1980年秋天，宫崎的孙女蕗苳率滔天会一行20余人访问中国，曾经专程来武汉与我晤谈。这是我与宫崎家族正式结交的开始。但彼此交往密切，相知渐深，却是在1993年夏季我滞留日本的两个多月期间。我与妻子不仅参加了滔天会的例行集会，而且再次比较从容地参观了东京宫崎故居收藏的宝贵文物与丰富文献。正是在此期间，蕗苳初步透露了这批历史文献的整理与出版的意向，由我回国寻求可靠的承办单位。日本东京女子大学久保田教授与宫崎蕗苳一家关系密切，其妻博子又是日本宋庆龄研究会的骨干，自愿担任日方的相关联络。回国以后，我立即与中国宋庆龄基金会通报此事，并且迅速得到他们的明确回复，决定承办宫崎家文献的影印出版事宜。经过多方努力与辛勤整理编辑，终于实现了我们多年的共同梦想，其丰硕成果就是由中国宋庆龄基金会研究中心主编，人民美术出版社于辛亥革命百年纪念期间隆重推出的《宫崎滔天家藏——来自日本的中国革命文献》，线装影印，装帧典雅，受到海内外各界人士的热情赞扬。

此书出版后，曾在北京隆重举办新闻发布会，我与宫崎蕗苳及黄石母子，还有久保田文次教授，再次在北京欢聚，洋溢欣慰之情。正是在这次会上，我倡议再接再厉，一鼓作气，把宫崎家藏全部与中国相关的历史文献加以整理，逐卷影印出版。当即得到与会者一致赞同，而更为可贵的是中国宋庆龄基金会的相关领导，深切理解这项编辑出版工程的重大意义与深远影响，立即开始运作，共同书写中日友好合作交流的新篇章。

经过宫崎家族与宋庆龄基金会的通力合作，宫崎家藏历史文献整理编辑工作有序高效推进。今年即可出版两卷，主要为宫崎滔天与孙中山、黄兴两人的来往函札。这是对孙中山150周年诞辰的最好纪念。作为此项重大工程的倡议者与参与者，能够亲眼看见多年梦想逐步化为现实，内心之喜悦难以言表，只能草成此序，略抒胸臆而已。

丙申仲秋于桂子山，年方九十

序作者为华中师范大学原校长、荣誉资深教授。

序二

杨天石

宫崎滔天是孙中山的亲密友人，和中国许多革命人士交往频繁，一生热诚支持中国革命，家藏大量相关信函、笔谈、照片等珍贵文物。2010年，为迎接辛亥革命100周年，中国宋庆龄基金会编辑并影印出版了孙中山与宫崎滔天的笔谈39枚、信函多通，受到世界中国近代史学界的广泛关注。2016年，为纪念孙中山诞辰150周年，宋庆龄基金会得到宫崎滔天后人授权，拟逐卷出版其全部家藏的中国革命人士的手迹等文物。这将为中国近代史的研究提供大批珍贵资料，是孙中山150周年诞辰纪念活动中最重要、最有光彩、最为学界关注的一笔。

宫崎滔天(みやざき とうてん 1871—1922)，本名宫崎寅藏，一名虎藏，别号白浪庵滔天。出身于日本熊本县玉名郡荒尾村（今荒尾市）的"乡士"家庭（"武士寒门"）。有七个哥哥，三个姐姐，寅藏居末，与其兄宫崎八郎、宫崎民藏、宫崎弥藏四人，合称为宫崎兄弟。其中，八郎是日本自由民权运动的健将，1877年战死于反对封建藩阀的西南战争中；二哥民藏反对封建土地制度，倡导土地均分论，组织土地复权同志会，是日本提出土地问题的先驱；三哥弥藏认为当时的世界"弱肉强食"，"强者逞暴，日甚一日，弱者的权利与自由，一天天地丧失殆尽"，"必须速谋恢复之策"。三位兄长的思想都给了滔天以深刻的影响。

滔天幼年随父亲宫崎长藏学习剑术，后就读于德富苏峰所办大江义塾和中村正直所办同人社。1886年，转入东京专门学校（今早稻田大学）英语科，开始关注亚洲的革命运动。1888年，弥藏对滔天说：要防止黄种人永远遭受白种人的压迫，"这个命运的转折点，实系于中国的兴亡盛衰"，"倘若中国得以复兴，申大义于天下，则印度可兴，暹罗、安南可以奋起，菲律宾、埃及也可以得救"，将"广泛地恢复人权，在地球上建立一个新纪元"。弥藏建议深入中国内地，遍访英雄，共图大事。如果找到治世豪杰，就愿效犬马之劳。弥藏的思想自此成为滔天"一生进路的指南针"。后来，滔天又在此基础上进一步扩展为"世界维新，欲行天道于此邪恶世界"。他在给妻子的信中表示："我们的朋友是穷人、乞丐，我们的敌人是君王、贵族、地主和富翁。我们势非与社会的最强者搏斗不可。"

1891年5月，滔天初访中国上海，无所成。1897年7月，滔天与平山周等经由犬养毅斡旋，得到日本外务省的资助，来华考察秘密结社。1897年9月，滔天与平山周在横滨陈少白的家中见到孙中山，孙阐述了自己的革命主张，认为"共和政治"为"政体之极则"。滔天对孙中山大为倾倒，感慨地写道："孙逸仙实在已接近真纯的境地。他的思想何其高尚，见识何其卓越，抱负何其远大，情念何其切实。在我国人士之中，究竟有几个如他？他实在是东方的珍宝。"自此，滔天就将自己振兴亚洲和振兴中国的希望寄托于孙中山身上。他不仅将孙中山引荐给犬养毅等日本政治、经济界要人，而且将孙中山所写《伦敦蒙难记》译成日文，改题《清国革命领袖孙逸仙幽囚录》，亲撰按语，在福冈的《九州日报》上连载。这样，孙中山在日本的影响就日渐扩大。

1898年戊戌政变发生，滔天护送逃亡香港的康有为到达日本，奔走于孙中山与康有为及其弟子梁启超之间，力图劝说两派联合，共同反对清朝政府。1899年11月，滔天协助毕永年等人，将兴中会、哥老会、三合会三派联合，成立兴汉会，推举孙中山为会长。1900年6月，滔天陪同孙中山等人自日本乘轮南下，企图乘北方发生义和团运动之机，以江苏、广东、广西等南方六省为基础，建立共和政体。滔天亲到广州，与李鸿章的代表刘学询谈判，实行两广独立；又到新加坡，企图劝说康有为"复建共和之旗帜，握手协力"。康有为怀疑滔天为刺客，向英国殖民当局控告，滔天被捕。孙中山得知，从西贡赶来营救。10月，滔天参与惠州起义，负责从日本调运原菲律宾独立军所留弹药，由于政客和商人的欺骗舞弊，均为废物。11月7日，起义失败，滔天返回日本。他穷困潦倒，又不愿从政府的对华间谍组织获取经费，转职成为浪花节艺人，到日本各地演唱，筹措革命经费。他曾对家人说："我能挣到革命的经费，而无法挣到养家的经费，万分地抱歉，请你们自食其力吧。"

1902年，滔天出版自传《三十三年之梦》，其中《兴中会首领孙逸仙》一章详述孙中山的革命经历。孙中山为该书作序，称滔天为"今之侠客"，"识见高远，抱负不凡，具怀仁慕义之心，发拯危扶倾之志。日忧黄种陵夷，悯支那削弱，数游汉土，以访英贤，欲共建不世之奇勋，襄成兴亚之大业。闻吾人有再造支那之谋，创兴共和之举，不远千里，相来订交，期许甚深，勖励极挚。"该书1903年由章士钊节译，以《大革命家孙逸仙》为名出版，随即"风行天下，人人争看，竟成鼓吹革命之有力著述"。

1903年之后，中国内地的爱国青年纷纷赴日留学，滔天热情接待、联络。1905年7月，滔天陪同孙中山会见黄兴，"谈论极合"，一见如故。不久，再次陪同孙中山访问《二十世纪之支那》杂志社，会见湖南革命志士陈天华与宋教仁。同月30日，参加中国各省志士在东京赤坂区黑龙会会所举行的会议，决定成立新的革命团体。8月13日，参加中国留日学生在东京富士见楼举行的欢迎孙中山会，与日人末永节二人先后发表演说。8月20日，以孙、黄为核心的中国同盟会成立，滔天成为第一批外籍会员。11月26日，同盟会机关刊物《民报》创刊，公开提出民族、民权、民生三大主义，滔天的住宅成为其最早的发行所。为了与《民报》呼应，滔天创办日文杂志《革命评论》。在第4号上以头版刊登孙中山的大幅照片，同时刊登滔天所写文章《志士的风骨》，介绍孙中山的事迹和为人。第7号上发表《支那革命殉难者小传》，纪念史坚如、邹容、陈天华、吴樾等烈士。1906年7月15日，章太炎出狱，到达东京，中国革命党人在锦辉馆召开欢迎大会，滔天发表演说，声称世界专制之国，存于今日者只有中国及俄罗斯，"然俄于近年民党进步至锐，旦夕将达其目的，贵国宁能无动乎？"

孙中山在日本东京期间，曾将联络、运动日本各方的工作委托滔天。1907年，支持中国革命的平山周、北一辉、和田三郎几个日本人士之间发生矛盾，孙中山于9月13日致函滔天，委托其全权办理在日本的"筹资、购械、接济革命军"以及与出资者谈判等各方面的工作。函称："专托足下一人力任其难，如有所商酌，可直接函电弟处。"由此可见孙中山对滔天的高度信任。1909年，滔天的经济愈加困难，生活陷于绝境，东京赤坂警察署的署长企图乘机收买滔天，要他提供中国革命者的情报，被滔天愤然拒绝。孙中山作书致谢。函称："足下为他国事，坚贞自操，艰苦备尝如此，吾人自问，惭愧何如！"

滔天和黄兴也情谊深厚。1907年，黄兴将儿子一欧寄养于滔天家。1908年7月，黄兴到东京，与滔天"天天有来往"。当时，滔天全家吃豆腐渣过日子，却设法借债让黄兴吃白米饭。1910年2月，黄兴为在中国南方发动起义，委托滔天在日本招募步兵、炮兵、工兵官佐。滔天为此运动长谷川大将，陆军大臣寺内正毅乘机派亲信随滔天到香港考察，黄兴作诗赠滔天，表达"百万雄师直抵燕"的热切愿望。同年，滔天被日本政府列为甲号社会主义者，受到严密监视。1911年4月，孙中山听到滔天"贫而病"，从加拿大寄款慰问。

1911年10月10日，武昌起义。10月17日，滔天参加在东京日比谷公园举行的浪人会，主张日本"绝对中立"，反对政府乘机侵华，干涉中国内政。11月15日，滔天挪借旅费来华，准备西上汉阳，接到孙中山约见的电报后立即赶到香港，与孙中山同轮赴沪。1912年元旦，参加孙中山就任临时大总统典礼。为了解决北伐清廷所需军费，滔天等人介绍孙中山向日本三井财阀借款，最终未能成功，孙中山不得不接受袁世凯所提出的和议。8月，孙中山应袁世凯之邀北上，电告滔天，称袁世凯将授予滔天以米谷输出权，滔天以渴不饮盗泉之水自励，加以拒绝。9月1日，滔天与何天炯、邓恢宇等人共同创办中日文并用的《沪上评论》，倡导发展中日友好。10月，离华回国。

1913年3月，孙中山访问宫崎家乡，在致词中盛赞宫崎弟兄"竭尽全力"支持中国革命的精神，祝愿两国的友谊"能如吾等之君子之交"，"携手共进，和睦友善"。同月20日，宋教仁在上海遇刺，孙中山从日本匆匆回国，发动"二次革命"，滔天参与筹划。"二次革命"失败，孙中山、黄兴之间意见分歧，革命党人中出现严重分裂，滔天力图化解孙、黄两派之间的矛盾。1915年10月25日，出席孙中山与宋庆龄的婚礼。1915年，滔天为改变大隈重信内阁的对华政策，反对袁世凯，支援孙中山，曾试图参政。他在犬养毅、头山满、寺尾亨、阪本金弥等人的推荐下，设立事务所，竞选众议院议员，孙中山曾驰书鼓励，赞美滔天为"真爱自由平等博爱之人"。

1916年5月，滔天再次到上海，和钮永建等计议向日本财阀久原房之助借款，发动讨袁军事。同年10月31日，黄兴逝世，滔天"痛心欲绝"，"大哭特哭"。1917年4月，长沙各界公葬黄兴、蔡锷，滔天不远万里，临穴送棺。当时正在湖南第一师范读书的毛泽东和萧三受到感动，联名求见滔天，称赞他"高谊贯于日月，精神动乎鬼神，此天下所希闻，古今所未有也"。4月1日，滔天到第一师范演讲，继续呼吁振兴亚洲。同年9月，孙中山在广州就任军政府大元帅，颁布讨伐段祺瑞令，命何天炯赴日，通过滔天争取财政援助。曾谋划开采广东汕头和安徽芜湖附近的铁矿和煤矿。此后的几年间，滔天及其夫人槌子一度热衷于联络革命党人邓恢宇等，投资矿业和米业。

1918—1921年，滔天为《上海日日新闻》撰写大量时评，抨击日本的军国主义与侵略扩张政策，主张日本应同各国发展相互平等的关系。他尖锐批评寺内正毅内阁的援助段祺瑞、压迫南方政府的外交政策。

1921年2月，孙中山授意何天炯邀请滔天访粤。3月12日，滔天与另一位支持中国革命的萱野长知在广州会见孙中山，孙中山仍然希望滔天代为向日本资本家借款。滔天返日后，积极进行，使孙中山无比感动，称滔天为"岁寒松柏"，"其人格尤苍健无匹"。次年12月6日，滔天因肾病和尿毒并发症逝世于日本东京，享年51岁。孙中山驰电："惊悉滔天同志去世，谨致哀悼之意！"1923年1月，孙中山领衔发起，在上海召开追悼大会，赞誉滔天为"日本之大改革家"，"对于吾国革命历史上，尤著有极伟大之功勋"。其骨灰分葬于故乡熊本县荒尾市与新潟县保仓村显圣寺。

宫崎滔天家藏中国革命人物的书简、手迹和实物。其中，属于孙中山与国民党系统的有孙中山、黄兴、宋教仁、胡汉民、朱执信、廖仲恺、张继、李烈钧、章太炎、何天炯、邓恢宇、陈去病等，后来成为中共领导人的有陈独秀、李大钊、毛泽东、吴玉章等，属于文化、艺术系统的有鲁迅、田汉等，总数约近百人，均弥足珍贵。1985年6月，我访问东京，曾由日本学者久保田文次、藤井昇三陪同，访问滔天旧居，蒙宫崎智雄、宫崎蕗苳夫妇热情接待，出示部分珍贵资料，并在孙中山手书的"推心置腹"四字匾额下合影，彼时情景，至今感念不忘。京都大学小野川秀美教授藏有何天炯、邓恢宇致滔天函复印件多份，我承该校狭间直树教授赐赠，又蒙宫崎夫妇惠允利用，陆续写成《何天炯与孙中山》《邓恢宇与宫崎夫妇》两篇论文。当时，颇以未窥全豹为憾。现在，滔天家藏的这些珍贵资料陆续全部出版，这是中日学界的大事、喜事，相信必将大为推动中国近代史和中日关系史的研究。

2016年8月写定于北京东城之书满为患斋

序作者为中国社会科学院荣誉学部委员、中央文史研究馆馆员、近代史研究所研究员、国家图书馆民国文献保护工程专家委员会顾问。

序三

久保田文次（日）

宫崎滔天（1871—1922），本名虎藏，通称寅藏，出身于今熊本县荒尾市乡士（居住乡村的武士）兼大地主家庭。全家人皆仁慈厚爱，且具反潮流精神。长兄八郎曾参加明治维新及自由民权运动，追随西乡隆盛战死沙场。民藏继为长兄，因同情佃农开展"土地复权"运动将土地有偿转让给他们。次兄弥藏反对俄罗斯及欧美各国入侵亚洲，为保日本独立，明治维新后随即主张国力尚不完备的日本给予朝鲜、中国协助。因为朝鲜、中国均尚贫弱，两国若不经改革乃至革命，即无法与日本携手合作，也不足以抵抗欧美。弥藏为寻求主张改革的中国志士开始学习中文，并于1895年在横滨与孙文、陈少白相识，1896年不幸病故。滔天赞同弥藏联合亚洲的主张，于1897年9月自香港回国抵达横滨后径直前往中华街陈少白寓所，陈未在，仅一身材矮小的西洋式绅士在场，正是弥藏多方寻访的孙文本人。初识之孙文与滔天想象的伟岸、美髯、善"高谈壮语"的"东洋豪杰"形象相差甚远，故心存疑虑。孙文就中国现状与革命理想谆谆如处女般谈起，继而"挥洒如脱兔"。滔天为孙文的激情折服，且感意气相投，自此，终生成为中国革命的援助者。

宫崎滔天投身孙文革命运动的同时，不断将孙文本人及革命运动的情况发表于报纸杂志。其最大功绩莫过于1902年于其自传《三十三年之梦》中系统介绍了孙文其人及思想活动，为世界首次。该书翌年经章士钊《孙逸仙》、金天翮《三十三年落花梦》抄译，为中国人民了解近代革命家孙文做出重大贡献。1905年经滔天斡旋，孙文与黄兴相识并共创中国同盟会，继而滔天与萱野长知共同创刊《革命评论》以声援中国革命。同时协助武器购买及资金筹集等具体事务，并积极向孙文等介绍日本政治家、外交官、军人、舆论人。其间与犬养毅及头山满也建立起密切关系。辛亥革命爆发时，滔天亲往上海支持孙文。之后亦不断给中国革命以支援，一贯对日本武断的对华政策加以批判。

滔天身为"浪人"并无固定职业，唯一收入来自报纸杂志和"浪曲师"等的稿费。多亏妻槌子揽女红活贴补，方可维持家计。并不富裕、"勉强度日"中，不仅接待孙文、黄兴、宋教仁，还款待过许多当时尚无名气的年轻革命者们。槌子十分理解滔天的事业，每每亲自接待中国来客。长子继承家业是日本的家族原则，滔天的兄长民藏理解并支持弟弟对中国革命的付出，乐于与留宿滔天家的中国志士交流。槌子之姐前田卓子是日本著名作家夏目漱石小说《草枕》女主人公原型，因婚姻失败前往东京，在同盟会机关报《民报》社居住并工作，被爱称为"民报祖母"。槌子的弟弟前田九二四郎亦曾参加革命活动。

滔天长子宫崎龙介（1892—1971）毕业于东京帝国大学法学部，是"大正民主运动"领袖吉野作造的门生，理解中国"五四"运动，与陈独秀、李大钊有亲密交往。龙介曾一度接近蒋介石，对日本的侵略政策一贯持批判态度，第二次世界大战后为和平运动及日中友好运动做出贡献，并长期致力于宫崎家藏资料的保护与整理。龙介女儿蕗苓之夫宫崎智雄是早稻田大学教授，在有识者何子岚的协助下倾心整理、挖掘家藏资料，并在与何天炯后人交流中提供并公开资料。

黄兴1904年11月亡命日本时立即拜访滔天，在推动同盟会翌年成立的过程中与滔天交往密切。滔天爱慕黄兴的质朴，将黄兴之子黄一欧、黄一中、黄乃接来日本读书，两家交往。滔天东京居所的取得也得益于黄兴的帮助，双方"情谊"深厚。尽管滔天无比仰慕孙文，但对孙文某些独裁倾向持批判态度。特别是在中华革命党成立前后的孙黄对立中竭尽调停之力，之后对孙文一如既往地支持，对黄兴的同情也不加掩饰。此次全集的编辑出版，恰将印证滔天与黄兴一家的亲密关系。

滔天与孙文、黄兴的友谊世人皆知，但最得滔天一家关照过的是宋教仁。宋教仁日记《我之历史》已成为记录宋本人及孙、黄等人活动的重要史料。谨此引用一段宋日记中描绘滔天一家接待中国人的段落。宋教仁于1905年7月19日与程家柽（润生）一同初次拜访宫崎家，记为"既抵滔天君家、则滔天已外出、惟其夫人在、速客人、属待之、余等遂坐。良久、一伟丈夫、美髯椎髻、自外昂然入、视之则滔天君也、遂起与行礼。润生则为余表来意、讫、复坐。滔天君乃言孙逸仙君不日将来日本、来时余当为介绍君等云云。又言君等生于支那、有好机会、有好舞台、君等须好为之、余日本不敢望其肩背、余深恨余之为日本人也"。滔天对得遇机会、舞台的中国革命家的羡慕之情可见一斑。之后，滔天参与协商黄兴及华兴会与孙文的合并，正是由于滔天的斡旋，事态快速进展，至8月20日中国同盟会成立大会召开。

同年9月17日宋教仁与张步青等友人共同拜访宫崎家，日记为"既至、坐良久、滔天出酒肴共啖之、余举杯连饮、少焉稍有醉意、乃放声唱湖南之新剧、滔天亦击节而歌、步青亦作鄂调、举坐殆若狂。良久、滔天之夫人内田氏（应为前田氏）亦出而举酒属客、余一饮而尽者数杯。又移时、余乃醉矣、呕吐满地、颓然横卧、迨至戌初、步青乃呼醒余、乃共辞归"，主客相融的气氛溢于言表。如此场景宋教仁日记多有记录，如实描绘了滔天一家对中国青年革命者们的热情接待。

宋教仁曾从事《民报》工作，与前田卓子同事。宋患有神经性疾病，卓子非常关心其健康，帮助宋治疗坐骨神经痛，宋自田端脑病医院出院后，卓子建议宋去其九州娘家疗养。最终，经黄兴建议暂住新宿滔天家静养。宋教仁记有1906年10月5日下午4时到达宫崎家时的情景，"宫崎之夫人即为余扫除房间、少时余之行李亦运、遂搬入焉。其房在其家屋深处、有窗临街、颇可居也。宫崎氏有子二人、长名龙（龙介）、次名震（震作）、女一名节（节子）、夫人前田氏和坦可亲、其家庭之乐甚足矣"。宋教仁在宫崎家养病期间迎来《民报》创刊一周年大会，1907年元旦与滔天、萱野长知等对酒迎新，1月7日为代理即将远赴越南的黄兴的同盟会庶务干事一职搬入黄兴租住居所。如此打扰过宫崎一家的宋教仁直接史料，在宫崎家史料中却所见不多。不过宋教仁、何天炯、张继与盛装的前田卓子、福田内子（《民报》职员，滔天同乡）的合影照片"民报社的人们"可见。据宋教仁日记，1906年3月1日何天炯、前田等聚会为即将赴中国东北的张继饯行，2日特前往照相馆合影留念。宋教仁直接史料虽然不多，但宋日记却记录宋教仁本身和同盟会动态的同时，还如实记录了滔天一家对中国革命者、留学生的热情接待，是珍贵史料。

为张继饯行并参加合影留念的何天炯也是频繁到访宫崎家的中国人之一，他致滔天信函逾百封。宫崎家藏滔天收讫信函中，包括日本人在内，来自何天炯的堪称最多。如杨天石、狭间直树所说，何天炯有着敢于向孙文谏言的骨气，宫崎家藏数十位同志题跋签名的大幅横轴，正是为何天炯书法"文章有神交有道……"所题。何天炯书简预计由李长莉编辑出版为《何天炯集》，百余封信函的分析对孙文研究、辛亥革命研究具有重要意义。

宫崎家不仅藏有上述孙文、黄兴、宋教仁、何天炯资料，还藏有其他众多中国革命运动领导人、参与者的信函、随笔、书画、照片、名片等大量史料。以往出版过的《孙中山全集》《国父全集》《黄兴集》《黄克强先生全集》等不曾收录的资料此次亦有相当补充。宫崎家史料或多或少涉及的主要人物除上述人物还有以下诸位，恕不分排名先后：孙科、宋庆龄、陈少白、赵声、章炳麟、蔡元培、汪兆铭、胡汉民、陈其美、李烈钧、柏文蔚、谭延闿、孙毓筠、许崇智、朱执信、廖仲恺、何香凝、戴季陶、于右任、黄复生、章士钊、蒋介石、陈诚、谢持、吴玉章、董必武、熊克武、但懋辛、邓铿、胡毅生、景梅九、林义顺、韩恢、凌钺、白逾桓、邓恢宇、陈家鼐、何树龄，以及毛泽东青年时期致滔天信函。与龙介相关史料涉及鲁迅、陈独秀、李大钊、周恩来、廖承志、田汉、康白情，等等。中国近代史上熠熠生辉的人物在宫崎家藏史料中如星罗棋布。仅一个家族所藏涉及如此众多历史人物，在泱泱中国也不多见。

这些历史人物都是身后扬名，滔天一家招待时都还是无名且前途无从预测的青年，无论是蒋介石还是毛泽东。我只有无比钦佩滔天一家对这些无名青年的期待乃至招待。能为世界留下如此大量的重要且珍贵的史料无不源自那些日常招待。还应该说，正是有了滔天与槌子、龙介与白莲、智雄与蕗苓、黄石与博子历代继承者的精心保管、整理，才使得本资料全集的出版成为可能。

我本人原本不是孙文研究者，多年协助刘大年先生等中国学者访问宫崎家之余，通过宫崎智雄先生将发现龙介与宋庆龄往来信函告知久保田博子事，对滔天自身产生浓厚关注，并开始协助中国宋庆龄基金会整理资料。可以说每次拜访宫崎家都有令我激动的新发现。值此基金会的资料整理告一段落，开始出版八册全集之际，唯有无限感慨。衷心感谢宫崎一家及中国宋庆龄基金会给予我们夫妇如此巨大的学习机会。

2016年9月

序作者为日本女子大学名誉教授。

目 录

1. 柏文蔚致宫崎滔天函（1914年6月16日） /1
2. 柏文蔚致宫崎民藏函（1916年3月10日） /3
3. 岑春煊致宫崎滔天函（1918年9月16日） /5
4. 岑春煊致宫崎滔天函（1918年10月24日） /7
5. 岑春煊致宫崎滔天函（1919年2月17日） /9
6. 岑春煊致宫崎滔天函（1919年6月1日） /11
7. 陈独秀致宫崎龙介函（1920年6月7日） /13
8. 陈少白致宫崎龙介函（1927年10月15日） /15
9. 戴季陶致宫崎滔天函（1914年2月16日） /17
10. 戴季陶致宫崎滔天函（1914年3月7日） /19
11. 戴季陶致宫崎滔天函（1914年7月2日） /21
12. 戴季陶致宫崎滔天函（1914年7月27日） /23
13. 戴季陶致宫崎滔天函（1914年9月13日） /25
14. 戴季陶致宫崎滔天函（1914年11月20日） /27
15. 戴季陶致宫崎滔天函（1917年6月24日） /31
16. 戴季陶致宫崎滔天函（1917年6月28日） /35
17. 戴季陶致宫崎滔天函（1917年7月1日） /39
18. 戴季陶致宫崎滔天函（1918年4月4日） /43

19. 戴季陶致宫崎滔天函（1920年2月23日） /47
20. 戴季陶致宫崎滔天函（1920年6月11日） /51
21. 戴季陶致宫崎滔天函（1920年6月14日） /55
22. 戴季陶致宫崎滔天函（1920年9月26日） /67
23. 戴季陶致宫崎滔天夫人函（1923年?11月1日） /71
24. 戴季陶致宫崎滔天函（1935年4月7日） /73
25. 戴季陶致宫崎龙介函（□年3月17日） /81
26. 戴季陶致宫崎龙介函（□年4月6日） /85
27. 戴季陶、李汉俊致宫崎龙介函（1920年3月8日） /87
28. 戴季陶致宫崎龙介、宫崎震作函（1929年7月24日） /95
29. 刀安仁致宫崎滔天夫人函（1908年11月15日） /99
30. 胡汉民致宫崎滔天函（1908年） /101
31. 胡汉民致宫崎滔天函（1908年） /123
32. 胡汉民致宫崎滔天函（1911年12月22日） /125
33. 胡汉民致宫崎滔天函（1914年5月8日） /127
34. 胡汉民致宫崎滔天函（1914年9月27日） /129
35. 胡毅生致宫崎滔天函（1916年4月7日） /131
36. 胡毅生致宫崎滔天函（1916年7月23日） /133
37. 胡毅生致宫崎滔天函 /135
38. 胡毅生致宫崎滔天函 /137
39. 胡毅生致宫崎滔天函 /139
40. 胡毅生、朱执信致宫崎滔天函（1914年8月27日） /141
41. 黄复生致宫崎滔天函（1914年5月3日） /143
42. 黄复生致宫崎滔天函（1914年5月22日） /145
43. 黄复生致宫崎滔天函（1914年7月11日） /147
44. 黄复生致宫崎滔天函（1914年10月6日） /149
45. 黄复生致宫崎滔天函（1915年9月28日） /151
46. 蒋介石、戴季陶、胡汉民、孙科致宫崎龙介函（1928年9月27日）/153

47. 蒋介石、胡汉民、戴季陶致田中先生函	/155
48. 李大钊致吉野作造函（1919年6月15日）	/157
49. 李大钊致宫崎龙介函（1919年10月7日）	/159
50. 李大钊致宫崎龙介函（1919年10月）	/161
51. 李大钊、陈启修、陈传贤致宫崎龙介函（1920年4月27日）	/163
52. 李烈钧致宫崎龙介函（1928年9月19日）	/165
53. 李烈钧致宫崎滔天函	/167
54. 李书城致宫崎滔天函（1914年7月28日）	/169
55. 李书城致宫崎滔天函（1916年11月22日）	/171
56. 李书城致宫崎滔天函（1917年5月28日）	/173
57. 李书城致宫崎滔天函（1917年7月13日）	/175
58. 李宗黄致宫崎滔天函（1919年7月5日）	/177
59. 李宗黄致宫崎槌子函（1919年□月26日）	/181
60. 李宗黄致宫崎槌子函（1919年□月6日）	/183
61. 李宗黄致宫崎滔天函（1920年1月9日）	/185
62. 李宗黄致宫崎滔天函（1920年5月5日）	/187
63. 李宗黄致宫崎滔天函（1920年11月4日）	/189
64. 李宗黄致宫崎滔天函（□年□月6日）	/193
65. 钱江氏致宫崎滔天函（1914年3月15日）	/195
66. 钱江氏致宫崎滔天函（1914年8月5日）	/197
67. 钱江氏致宫崎滔天函（1915年3月30日）	/199
68. 谭延闿致宫崎滔天函（1920年7月31日）	/201
69. 谭延闿致宫崎滔天函（□年11月11日）	/203
70. 谭延闿致宫崎滔天函（□年2月14日）	/205
71. 谭延闿致宫崎滔天函（□年3月15日）	/207
72. 田桐致宫崎滔天函（1914年5月31日）	/209
73. 田桐致宫崎滔天夫人函（1915年2月19日）	/211
74. 田桐致宫崎滔天函（1915年12月22日）	/215

75. 田桐致宫崎滔天函（□年6月9日） /217

76. 汪精卫致宫崎滔天夫人函（1916年7月11日） /219

77. 汪精卫致宫崎滔天函（1918年8月25日） /221

78. 吴弱男致宫崎滔天函（1913年10月17日） /223

79. 吴玉章致宫崎滔天函（1914年2月15日） /227

80. 吴玉章致张继函（1914年2月15日） /231

81. 吴玉章致宫崎滔天函（1918年6月28日） /233

82. 郗衍致宫崎滔天函（1912年10月17日） /235

83. 郗衍致宫崎滔天函（1912年10月21日） /237

84. 郗衍致宫崎函（□年7月12日） /239

85. 郗衍致宫崎滔天夫人函（□年10月5日） /241

86. 谢持致宫崎民藏函（1915年9月6日） /245

87. 谢持致宫崎滔天函（1916年5月28日） /247

88. 熊克武致宫崎滔天函（1914年5月3日） /249

89. 熊克武致宫崎龙介函（1929年10月19日） /253

90. 熊克武、黄复生、余际唐致宫崎滔天函（1914年7月14日） /255

91. 曾继梧致宫崎滔天函（1917年6月13日） /259

92. 曾继梧致宫崎滔天函（1917年9月23日） /263

93. 张继致宫崎滔天函（1916年11月29日） /265

94. 张继致宫崎滔天函（1919年4月27日） /267

95. 张继致宫崎滔天函（1922年6月27日） /269

96. 张继致宫崎滔天函（1923年9月3日） /271

97. 张继致宫崎滔天函（□年□月20日） /273

98. 张孝准致宫崎滔天函（1917年□月31日） /275

99. 章士钊致宫崎滔天函（1918年12月31日） /277

100. 章士钊致宫崎龙介、宫崎世民函（1955年5月10日） /279

101. 朱执信致宫崎滔天函（1917年4月1日） /281

102. 朱执信致宫崎滔天函（1917年6月21日） /283

103. 朱执信致宫崎滔天函（1918年5月16日） /285
104. 便条 /287

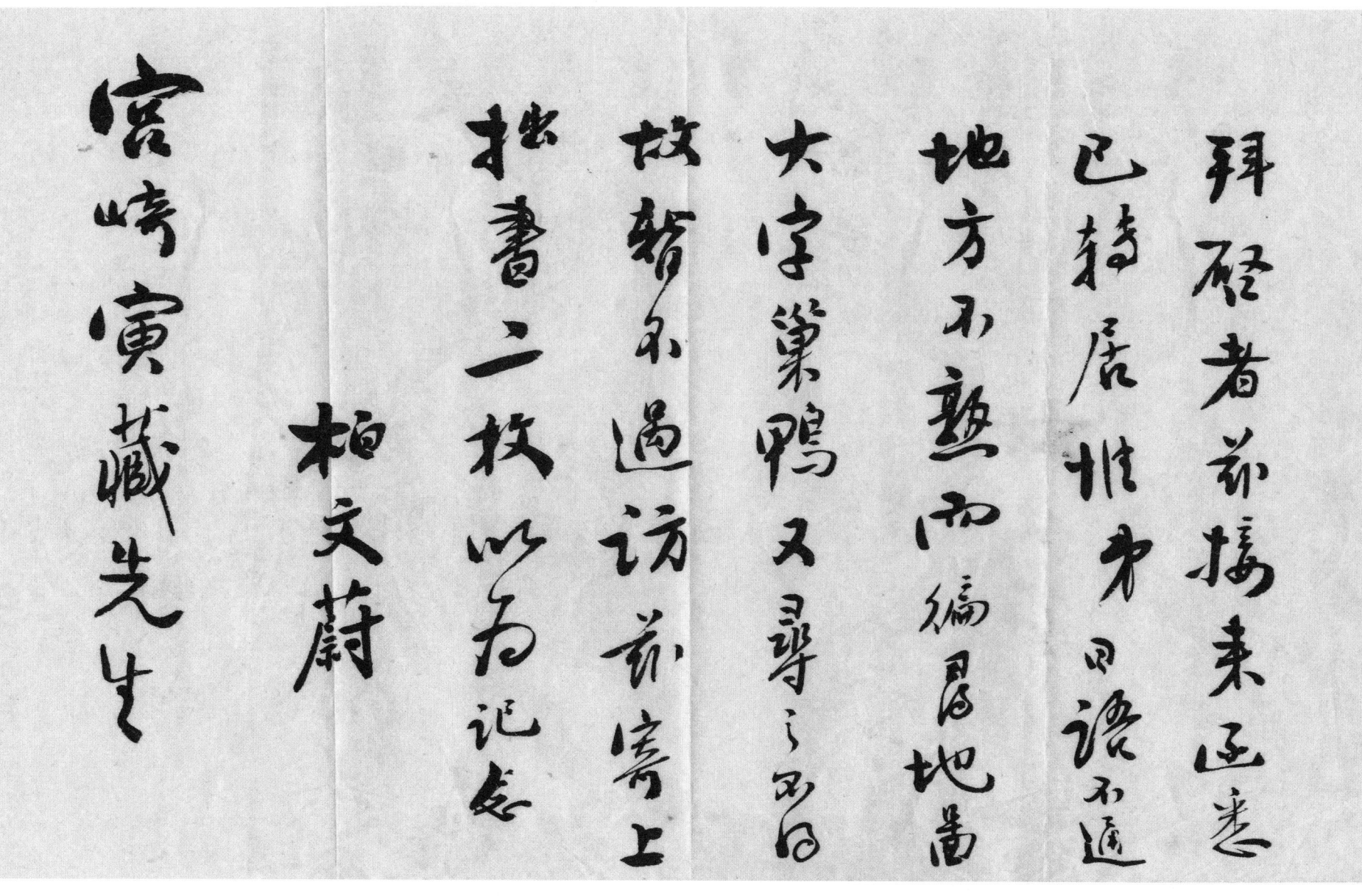

拜啓者前接來函悉
已轉居惟本日語不通
地方不熟雨編昌地面
大字巢鴨又尋之不得
故勢不過访前寄上
拙書二枚以為記念
　　　柏文蔚
宫崎寅藏先生

柏文蔚致宫崎滔天函（1914年6月16日）

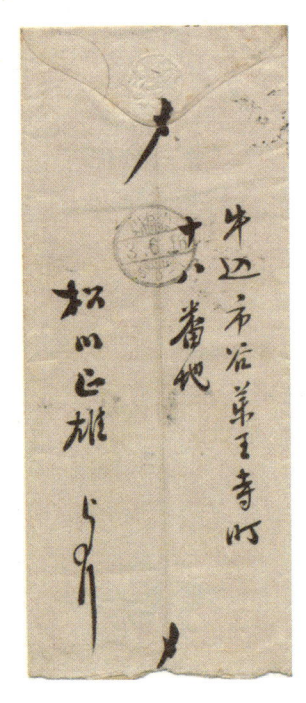 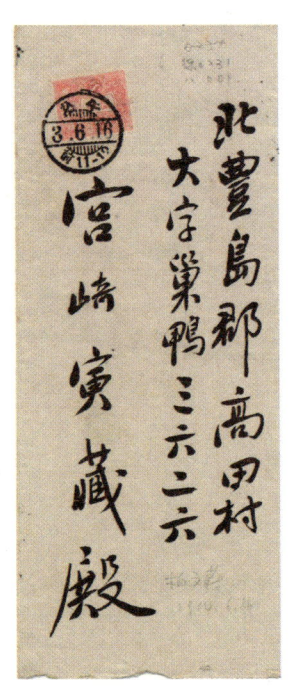

释读

拜启者：

　　兹接来函，悉已转居。惟弟日语不通，地方不熟，而遍寻地图，大字巢鸭又寻之不得，故暂不过访。兹寄上拙书二枚，以为记念。
宫崎寅藏先生

　　　　　　　　　　　　　　　　　　　　　柏文蔚

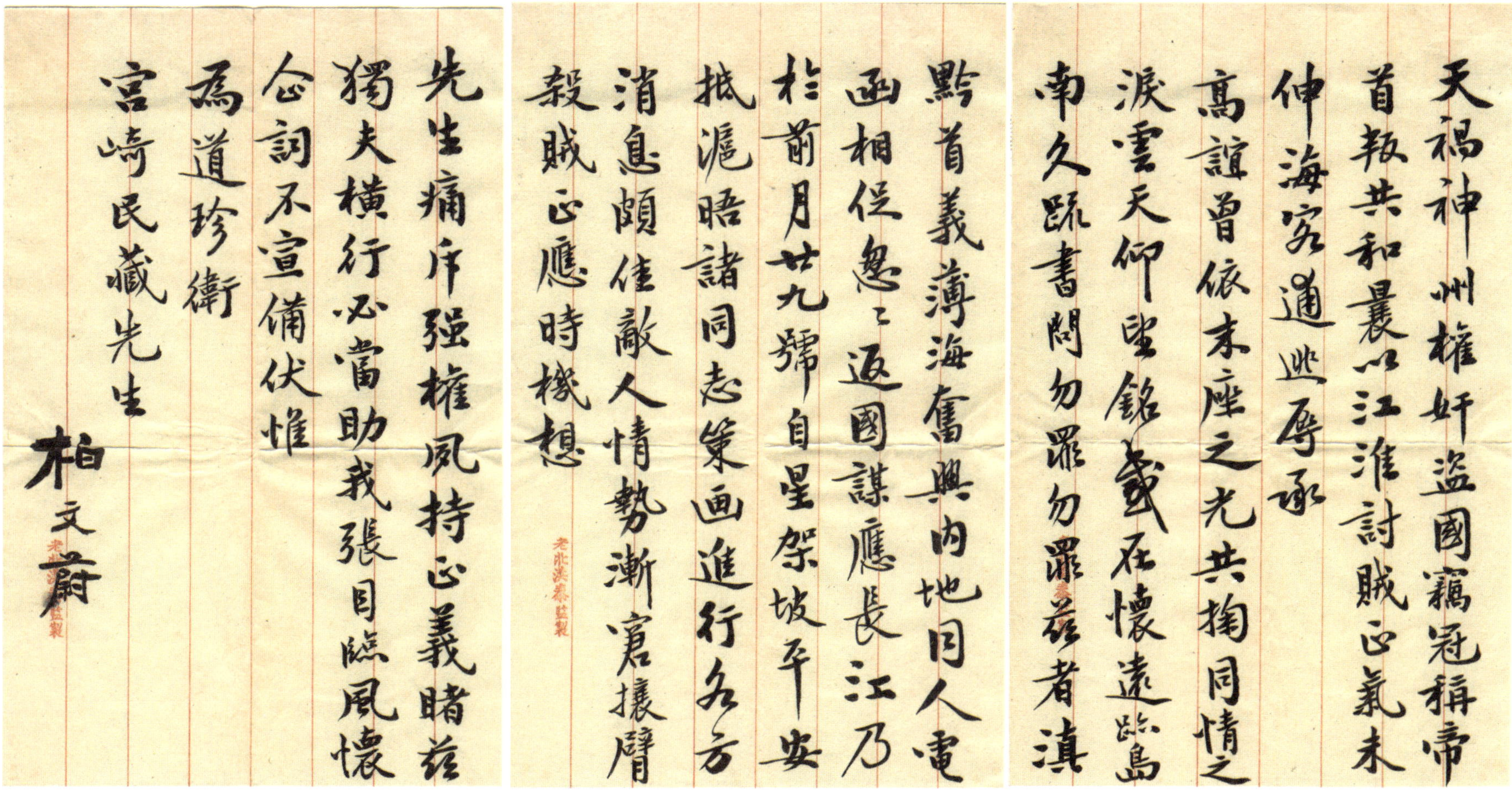

天禍神州權奸盜國竊冠稱帝首報共和曩以江淮討賊正氣未伸海內通逖厚承
高誼曾依末座之光共掬同情之淚雲天仰望銘感在懷遠跡島南久跂書問勿罪勿罪者滇
黔首義薄海奮興內地日人電函相促急々返國謀應長江乃於前月廿九號自星架坡平安抵滬晤諸同志策畫進行各方消息頗佳敵人情勢漸窘攘臂殺賊正應時機想
先生痛序強權扶持正義睹茲獨夫橫行必當助我張目臨風懷念詞不宣備伏惟
為道珍衛
宮崎民藏先生

柏文蔚

柏文蔚致宮崎民藏函（1916年3月10日）

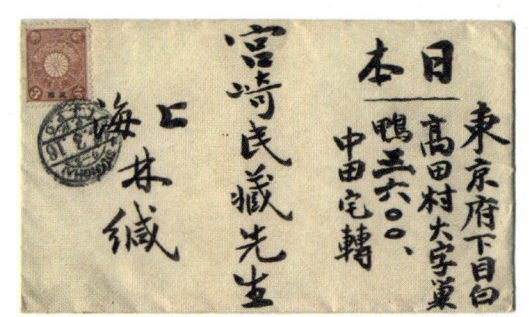

释读

  天祸神州，权奸盗国，窃冠称帝，首叛共和。曩以江淮讨贼，正气未申，海客逋逃，辱承高谊，曾依末座之光，共掬同情之泪，云天仰望，铭感在怀。远迹岛南，久疏书问，勿罪勿罪。兹者滇黔首义，薄海奋兴，内地同人，电函相促。匆匆返国，谋应长江，乃于前月廿九号，自星架坡[新加坡]平安抵沪，晤诸同志，策划进行。各方消息颇佳，敌人情势渐窘。攘臂杀贼，正应时机。想先生痛斥强权，夙持正义，睹兹独夫横行，必当助我张目。临风怀企，词不宣备。伏惟
为道珍卫
宫崎民藏先生

柏文蔚

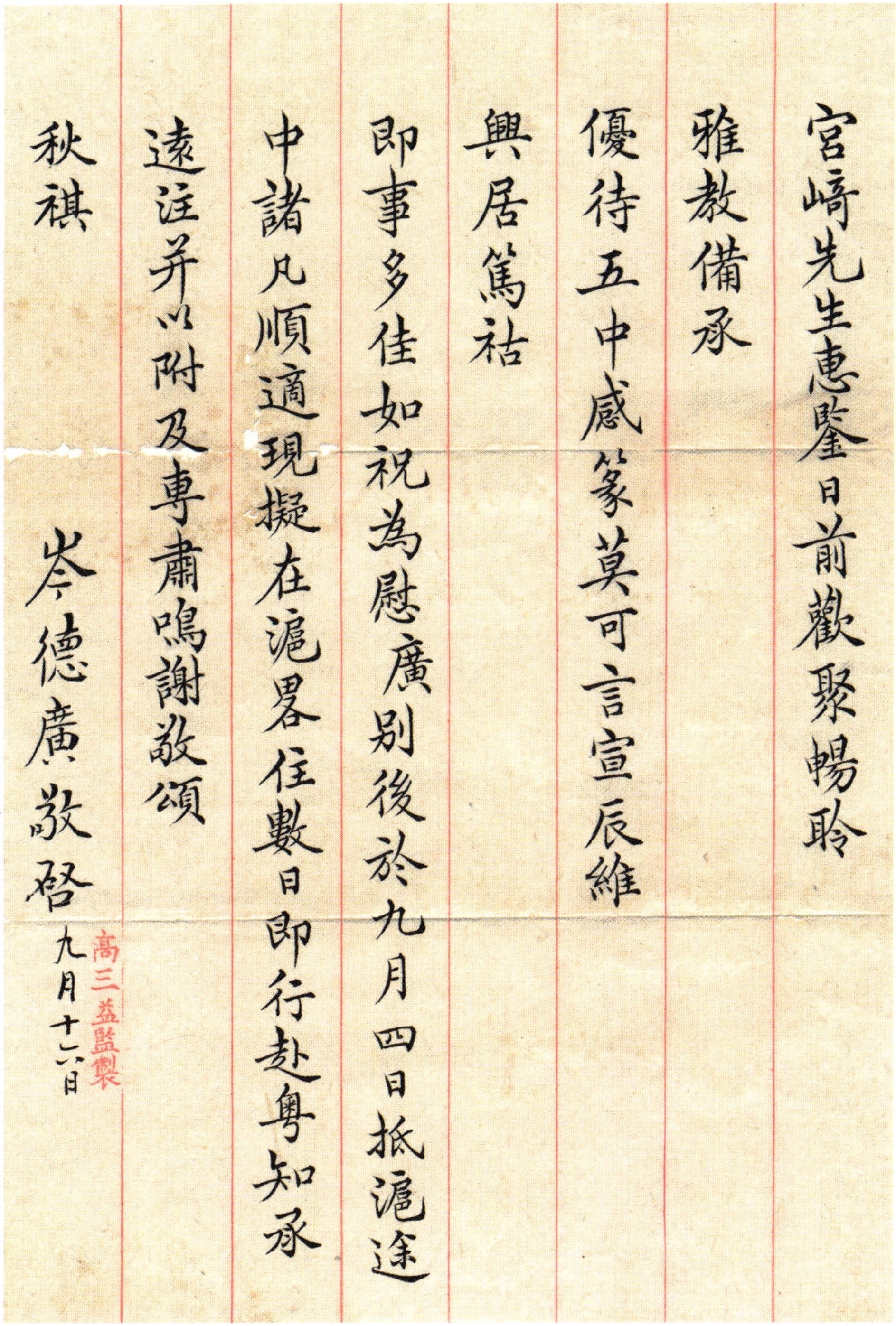

宮崎先生惠鑒日前歡聚暢聆

雅教備承

優待五中感篆莫可言宣辰維

興居篤祜

即事多佳如祝為慰廣別後於九月四日抵滬途中諸凡順適現擬在滬暫住數日即行赴粵知承

遠注并以附及專肅鳴謝敬頌

秋祺

岑德廣敬啟 九月十六日

岑春煊致宮崎滔天函（1918年9月16日）

 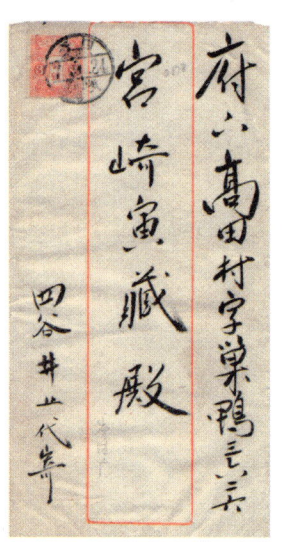

释读

宫崎先生惠鉴：

　　日前欢聚，畅聆雅教，备承优待，五中感篆，莫可言宣。辰维兴居笃祜，即事多佳，如祝为慰。广别后于九月四日抵沪，途中诸凡顺适，现拟在沪略住数日，即行赴粤。知承远注，并以附及。专肃鸣谢，敬颂

秋祺

岑德广敬启

九月十六日

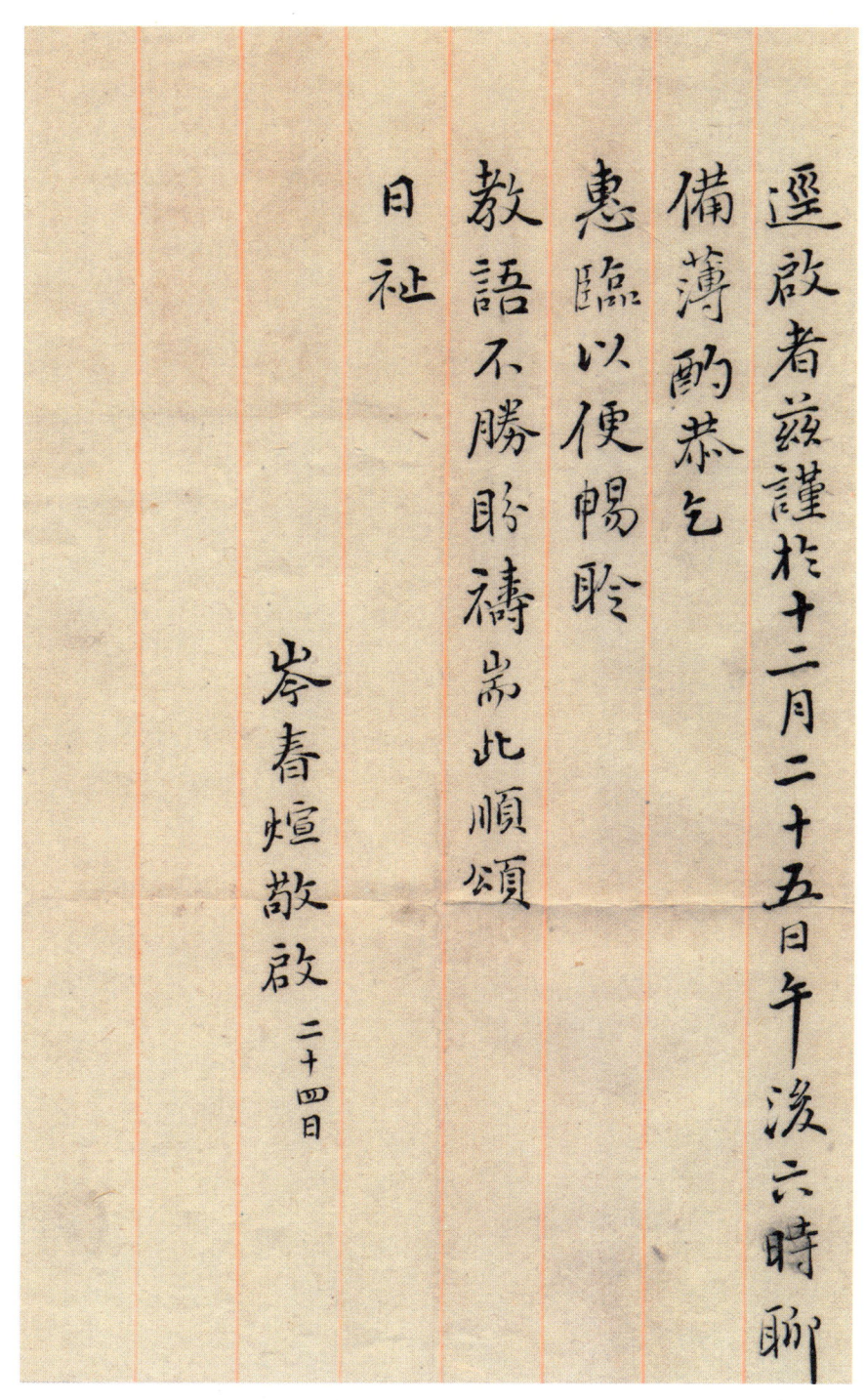

岑春煊致宮崎滔天函（1918年10月24日）

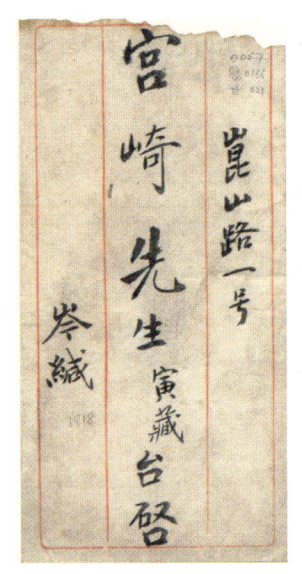

释读

径启者：

　　兹谨于十二月二十五日午后六时，聊备薄酌，恭乞惠临，以便畅聆教语。不胜盼祷。专此。顺颂

日祉

　　　　　　　　　　　　　　　岑春煊敬启
　　　　　　　　　　　　　　　　　二十四日

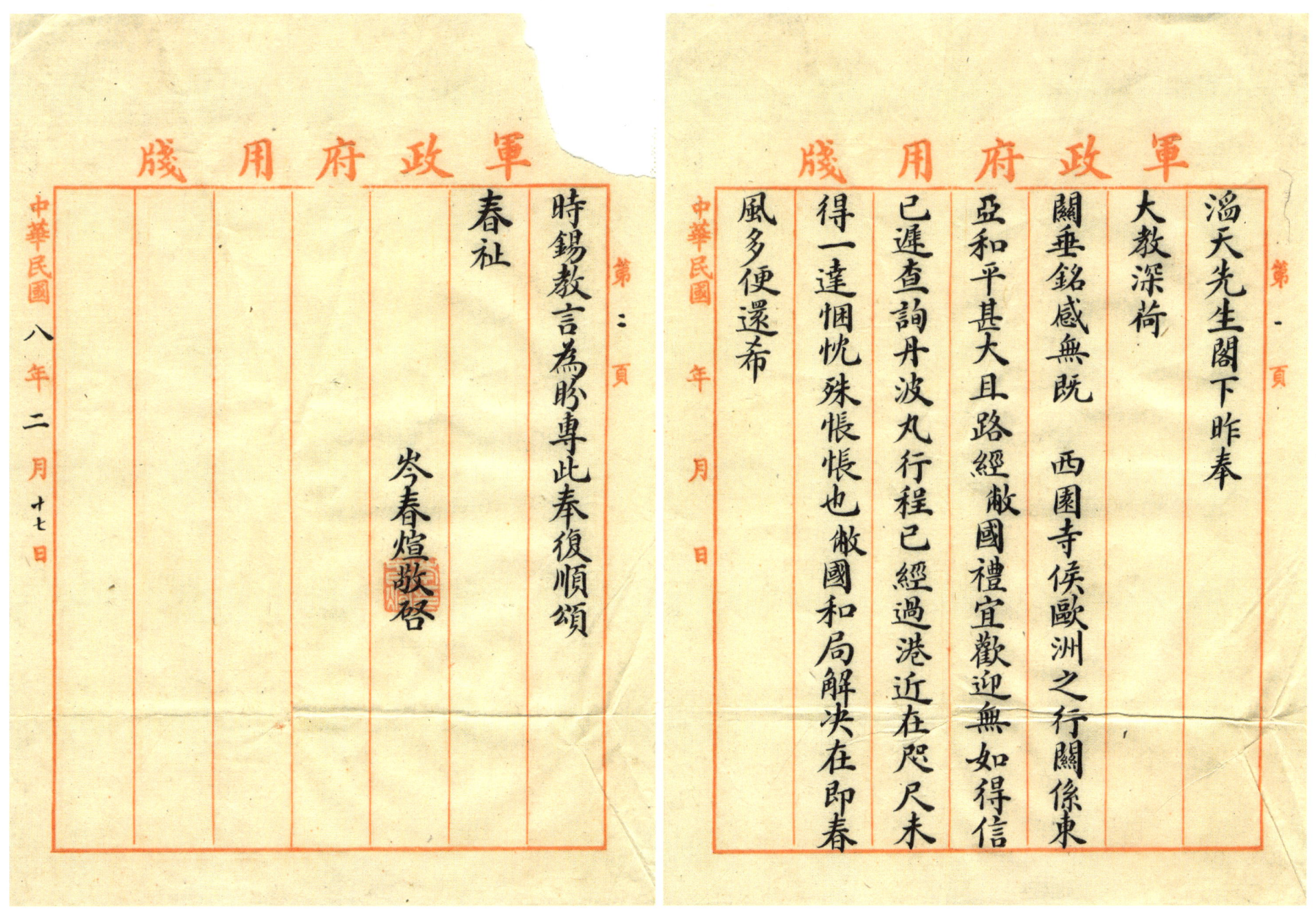

岑春煊致宮崎滔天函（1919年2月17日）

宫崎滔天家藏民国人物书札手迹（第三卷）

释读

滔天先生阁下：

　　昨奉大教，深荷关垂，铭感无既。西园寺侯欧洲之行，关系东亚和平甚大，且路经敝国，礼宜欢迎。无如得信已迟，查询丹波丸行程，已经过港。近在咫尺，未得一达悃忱，殊怅怅也。敝国和局解决在即，春风多便，还希时赐教言为盼。专此奉复，顺颂

春祉

　　　　　　　　　　　　　　　　　　　　　　　　岑春煊敬启

　　　　　　　　　　　　　　　　　　　　　　　　中华民国八年二月十七日

宮崎先生偉鑒曩游江戶承
公厚愛賜我箴言肝膽照人輒為神往煊蹤國
以来承兩粵將士責以討賊大義承乏兩廣都
司令之職而滇黔諸省又以統一機關亟待組
織於是有軍務院之設而責煊以撫軍副長攝
行撫軍長職權受任以来朝夕兢兢經營月餘
編就五軍日內即出贛閩湘分途北伐所幸討
賊大義浹於人心今秦晉蜀湘又告獨立風聲

所被此外各省亦將相繼而起共賦同袍大勢
既成雖有巨奸無能為役索民之倒在指顧間
耳峴間近事經託 文君犀面述茲不多贅煊
賦性戇直酷愛和平峴次以敕國之故不得不
勉趨誅奸一俟內患稍平即當順世界之大勢
力謀日支兩國之提攜以保東亞永遠之平和
凡所設施當循斯旨尚希
諸公力為提倡共策進行使日支國民日臻親

善則東亞幸福何以加茲雲山在望夢想為勞
曷述私衷不盡縷縷耑此敬請
台安

　　　　　弟岑春煊敬啓 六月一日

岑春煊致宮崎滔天函（1919年6月1日）

释读

宫崎先生伟鉴：

曩游江户，承公厚爱，赐我箴言。肝胆照人，辄为神往。煊归国以来，承两粤将士责以讨贼大义，承乏两广都司令之职，而滇黔诸省，又以统一机关，亟待组织，于是有军务院之设，而责煊以抚军副长，摄行抚军长职权。受任以来，朝夕兢兢，经营月余，编就五军，日内即出赣闽湘，分途北伐。所幸讨贼大义，浃于人心，今秦晋蜀湘又告独立，风声所被，此外各省亦将相继而起，共赋同袍。大势既成，虽有巨奸，无能为役。袁氏之倒，在指顾间耳。此间近事，经托文君群面述，兹不多赘。煊赋性戆直，酷爱和平。此次以救国之故，不得不勉起诛奸，一俟内患稍平，即当顺世界之大势，力谋日支两国之提挈，以保东亚永远之平和。凡所设施，当循斯旨。尚希诸公力为提倡，共策进行，使日支国民，日臻亲善，则东亚幸福，何以加兹。云山在望，梦想为劳，略述私衷，不尽缕缕。专此。
敬请
台安

弟岑春煊敬启
六月一日

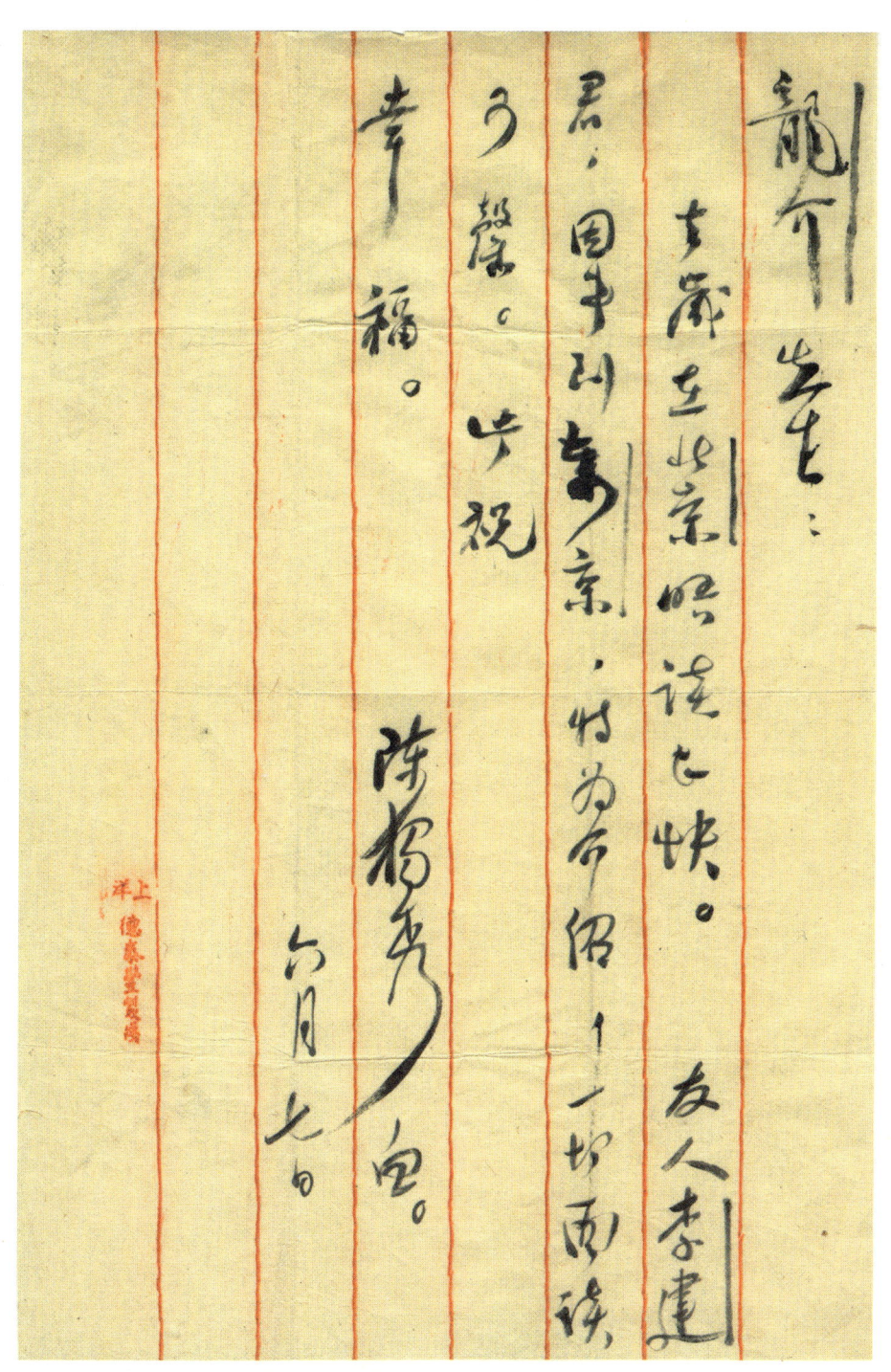

陈独秀致宫崎龙介函（1920年6月7日）

宫崎滔天家藏民国人物书札手迹（第三卷）

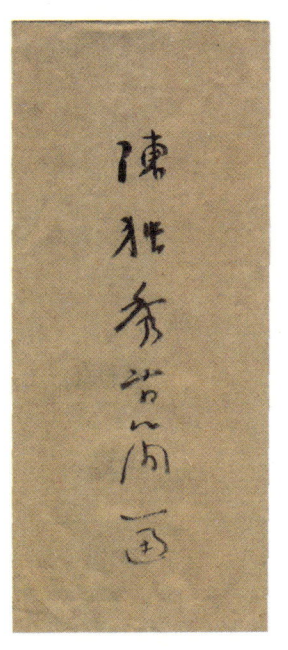
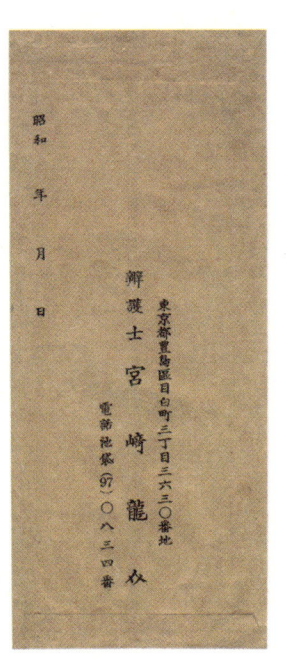

释读

龙介先生：

去岁在北京晤谈甚快。友人李建君，因事到东京，特为介绍，一切面谈可罄。此祝

幸福

　　　　　　　　　　　　　　　　　　陈独秀白

　　　　　　　　　　　　　　　　　　六月七日

龍介仁兄足下僕急動歸思今晚乘佛國船四上海不及西辭至歉足下繼先父志整心做國之事感何可言客自秦時面鈄一切當此奉卻順頌大祺 陳少白拜啟 十月十五日

陈少白致宫崎龙介函（1927年10月15日）

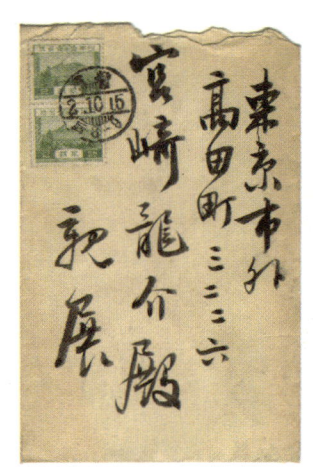

释读

龙介仁兄足下：

仆忽动归思，今晚乘佛国船回上海，不及面辞，至歉。足下继先翁大志，热心敝国之事，感何可言。容再来时面叙一切。专此奉别。

顺颂

大祺

陈少白拜启

丁卯十月十五日

捧誦
華翰我喜奚何如
先生愛吾輩若此澤望吾
輩者至大而愧吾愚拙不肖不
足以副
尊望矣又不娛以死所辨得
以吾等文而謝國民後系之
事立作ら無事恍為新聞之
紙上漆笑罵二次慚愧慚愧
此間事未難動作日未雄靜
臥病宝籍詔痼疾英士之生
之腸胃山田先生之肺以吸
不肖蒼白之風流罪過皆惜
刃主力鑵前聲畫地口近日
人廣風乾淨ゟ見
札影尋公や
尊慧如何景玉西京所聞
竹子沒雲衡門拍断得戲
衣他己當必出甚不肯無一
技之長欲作一逆方當土可
不可得事之何郭民藏兄
生已迎訃答不方條し
阿娃
瘧多
夫人如切切下多
弊人天仇再
十六日
其美附候

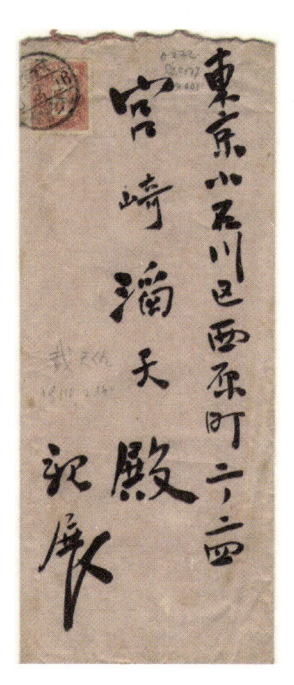

释读

  捧诵华翰，我喜何如！先生爱吾辈者至深，望吾辈者至大，而惜乎愚拙不肖，不足以副尊望。天又不赐以死所，俾得以安旧友而谢国民。徒碌碌奔走，作无事忙，为新闻纸上添笑骂资，惭愧惭愧。此间事殊难动作，日来惟静卧病室，藉治痼疾。英士先生之肠胃，山田先生之肺，以及不肖旧日之风流罪过，皆借刀圭力铲削罄尽，他日返江户，当以干净身见虬髯公也。

  尊恙如何？曩在西京闻公子随云卫门游，颇得盛名，他日当必出蓝。不肖无一技之长，欲作一游方道士而不可得，奈之何哉。民藏先生已返，祈为不肖候之。即颂

痊安

夫人小姐均此叩安

粹人天仇顿首
十六日

其美附候

滔天先生道鉴：前上一椷，想先达鉴。兹因此次先生为口种思，罪匪匪匪，赵秉钧之死因甚耳可疑。据此事传来情实，部其内结与草令实有关，侦察可通。此毒手者有一因，最大之原因。立志老不殷祺瑞赵秉钧二人。皆按有势力，而均不能依之。倘此匪道之侠必然民溃。倒俀理一席，俀赵害无分而资格皆足以居之。故赵中率绕挂之瞻视令换人得利。听以抑出衔按一篠世昌代从理以調合二人之包偞此偞世昌作。听以捶出者亦正为此俀。归匿捨身雲之人。而追未陪居之篠世昌有倒偞世昌即出將赵氏行为遽效之。信其為赵氏之所为而急中知来出遽诗新聞記者俾一路人先生告语
此意。事也此意请
土知其嗛早下哦

弟 戴 傳 賢
三月七日

宫崎滔天家藏民国人物书札手迹（第三卷）

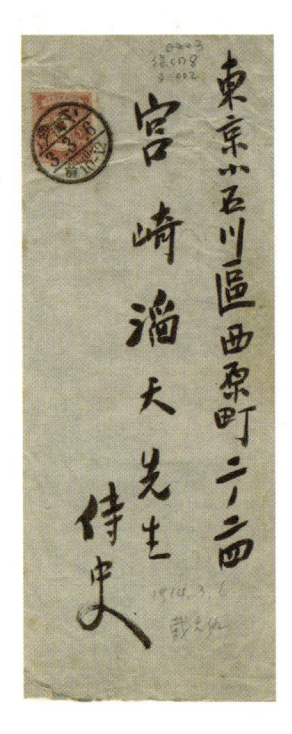

释读

滔天先生道座：

前上一极长冗函，恐因此费先生半日神思，罪过罪过。

此次赵秉钧之死因，甚为奇离，据北京传来消息，谓其确为毒杀。惟赵所居之地，所交之人，皆不能与革命党有关系。然而遭此毒手者，有一最大之原因。在袁之下，段祺瑞、赵秉钧二人，皆极有势力，而均两不相〈上〉下。熊氏之倒，系段氏逼之使然。熊氏既倒，总理一席，段、赵皆有分，而资格皆足以当之，故暗中争总理之暗潮甚烈。袁氏深恐因此两下冲〈突〉，致令渔人得利，所以欲挪出一徐世昌作总理，以调合二人意见。徐世昌之所以极不愿出者，亦正为此系极难题目。不然，袁何必舍身旁之人，而远求隐居之徐世昌也。乃熊氏甫倒，徐世昌未出，而赵氏即有毒杀之信，其为段氏之所为，亦意中事也。此意请先生告诸新闻记者，俾一般人士知其情也。即颂

道安

弟天仇顿首

七日

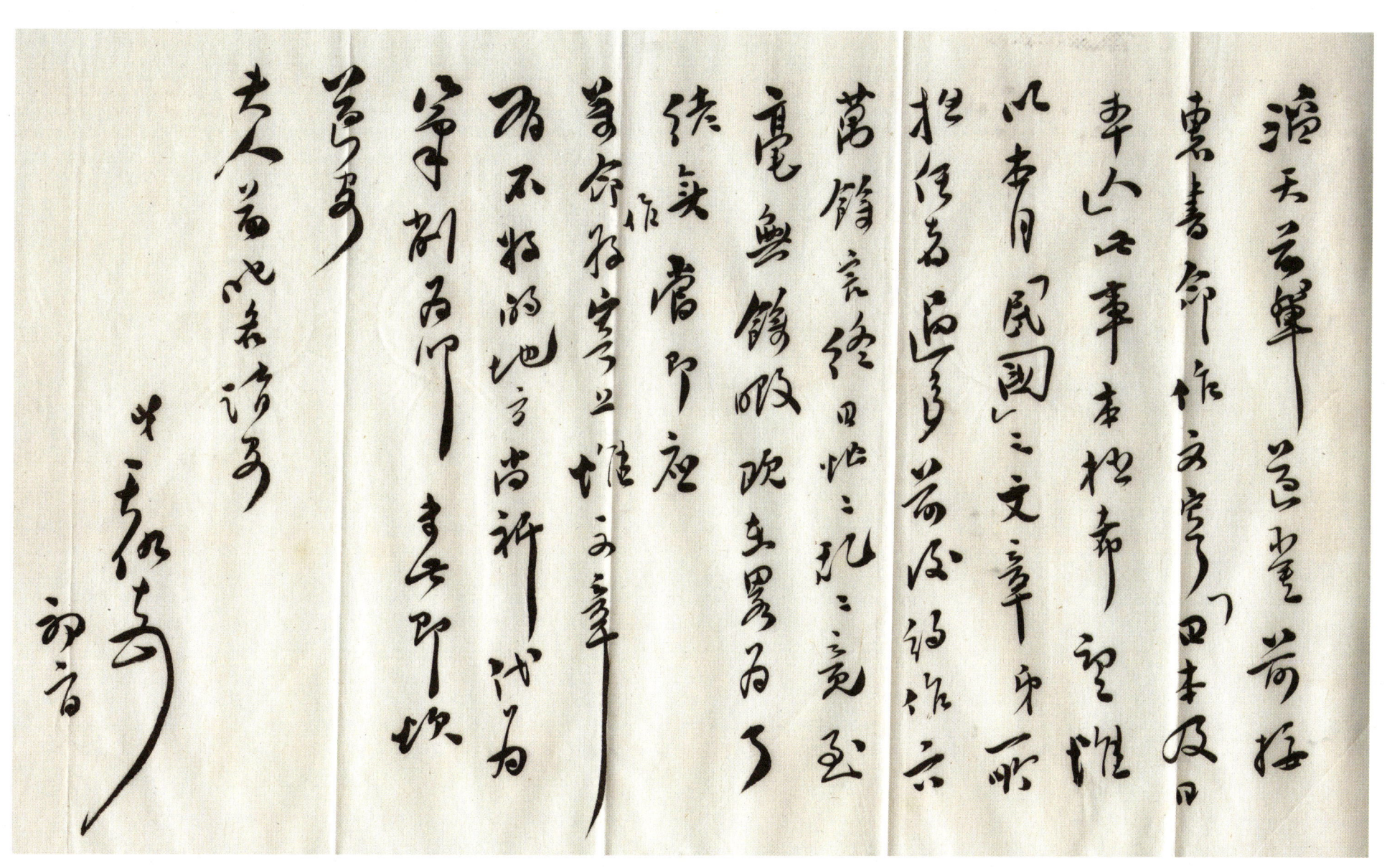

戴季陶致宮崎滔天函（1914年7月2日）

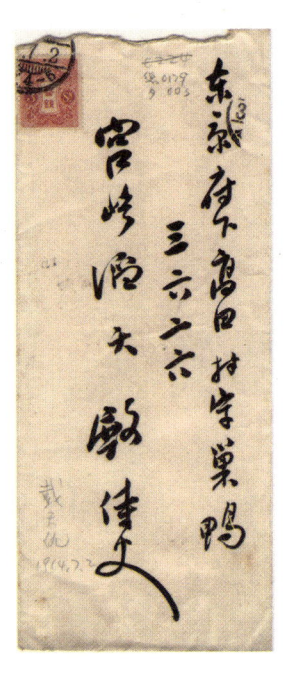 

释读

滔天前辈道鉴：

前接惠书，命作文寄《日本及日本人》，此事本极希望，惟以本月《民国》之文章，弟所担任者过多，前后约作六万余言，终日忙忙乱乱，竟至毫无余暇。现在略为了结矣，当即应尊命，作好寄上。惟文章有不好的地方，尚祈代为笔削为叩。专此。即颂

道安

夫人前叱名请安

　　　　　　　　　　　　　　　　　　　　　　　　弟天仇顿首
　　　　　　　　　　　　　　　　　　　　　　　　　　初二日

戴季陶致宮崎滔天函（1914年7月27日）

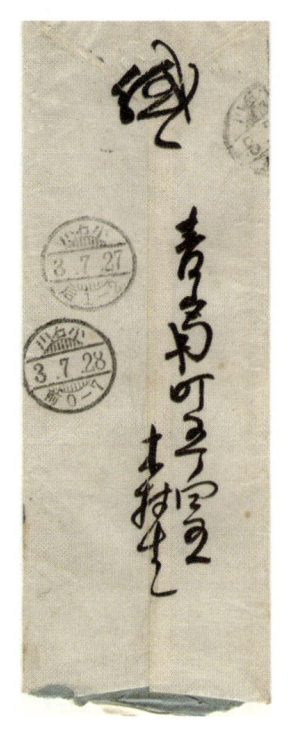 

释读

滔天先辈道座：

捧诵手书，敬悉种种。塚原周造翁处，本早欲奉访，而以日来文债多端，只好俟之来月初旬。现在《民国》杂志，每月担任文字，约至四五万言，自晨至暮，毫无片暇。而又当此炎暑，汗流浃背，苦哉苦哉。前所奉上之拙著论文系未定稿，倘略得寸晷，尚当改正之，另行出版。倘先生肯赐一读，不胜荣幸。且此问题，不肖以为关系于中国前途之安危，东亚前途之祸福，能得多数人讨论之，尤为至妙。何时有暇，便当亲趋前聆教也。再者，前蒙雅命，作文载之《日本及日本人》，亦此文债过多，竟至不能执笔。他日倘有所著，便当呈正也。草此。即颂

道安

夫人前代为问好

后生天仇顿首

二十七日

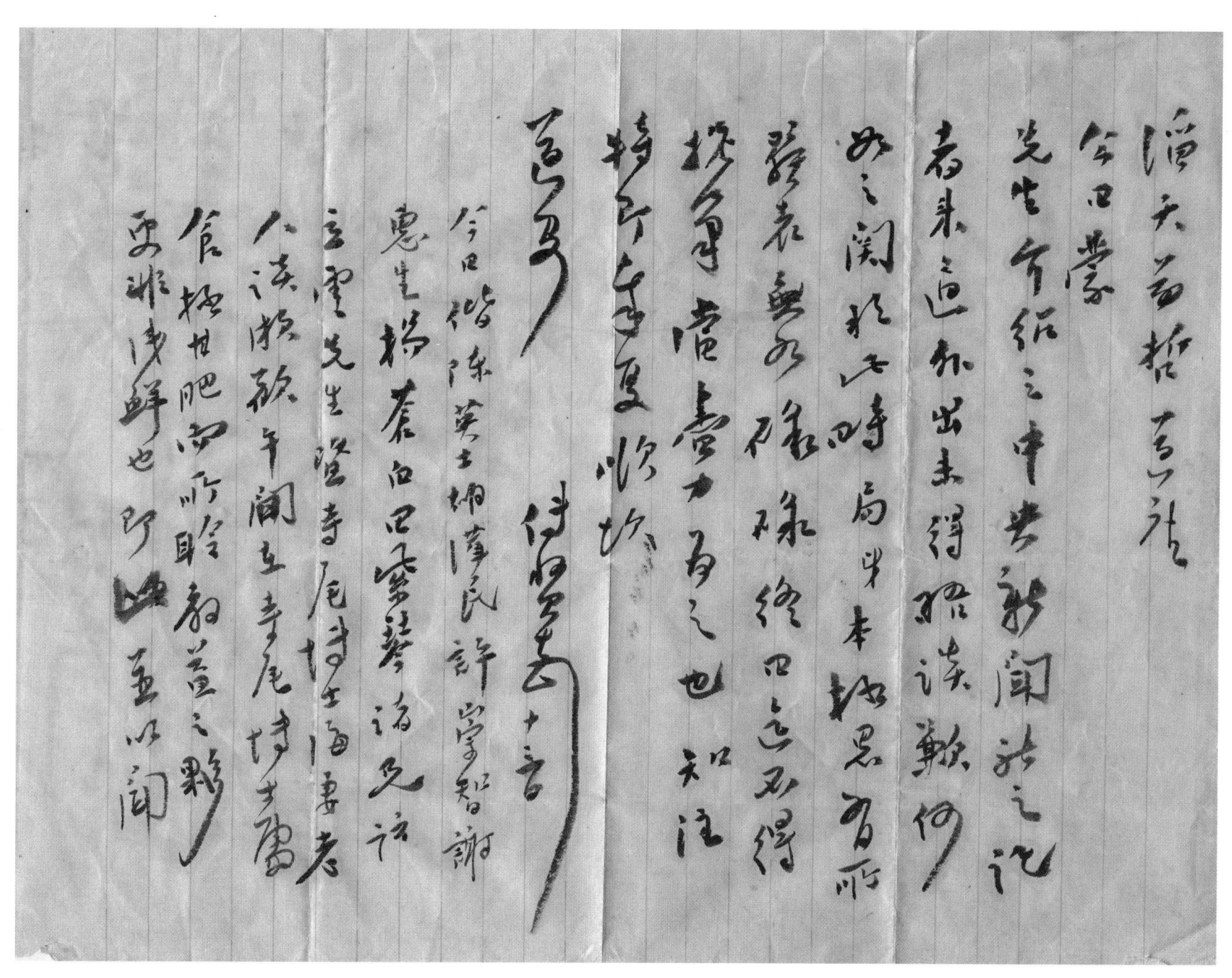

戴季陶致宮崎滔天函（1914年9月13日）

释读

滔天前哲道座：

今日蒙先生介绍之中央新闻社之记者来，适外出未得晤谈，歉何如之。关于此时局，弟本极思有所发表，无乃碌碌终日，迄不得捉笔，当壹〔尽〕力为之也。知注，特即奉复。顺颂

道安

                  传贤顿首

                    十三日

今日偕陈英士、胡汉民、许崇智、谢惠生、杨苍白、田紫琴诸兄访立云先生暨寺尾博士、海妻老人，谈颇欢。午间在寺尾博士处，食极甘肥，而所聆教益之夥，更非浅鲜也。即此，并以闻。

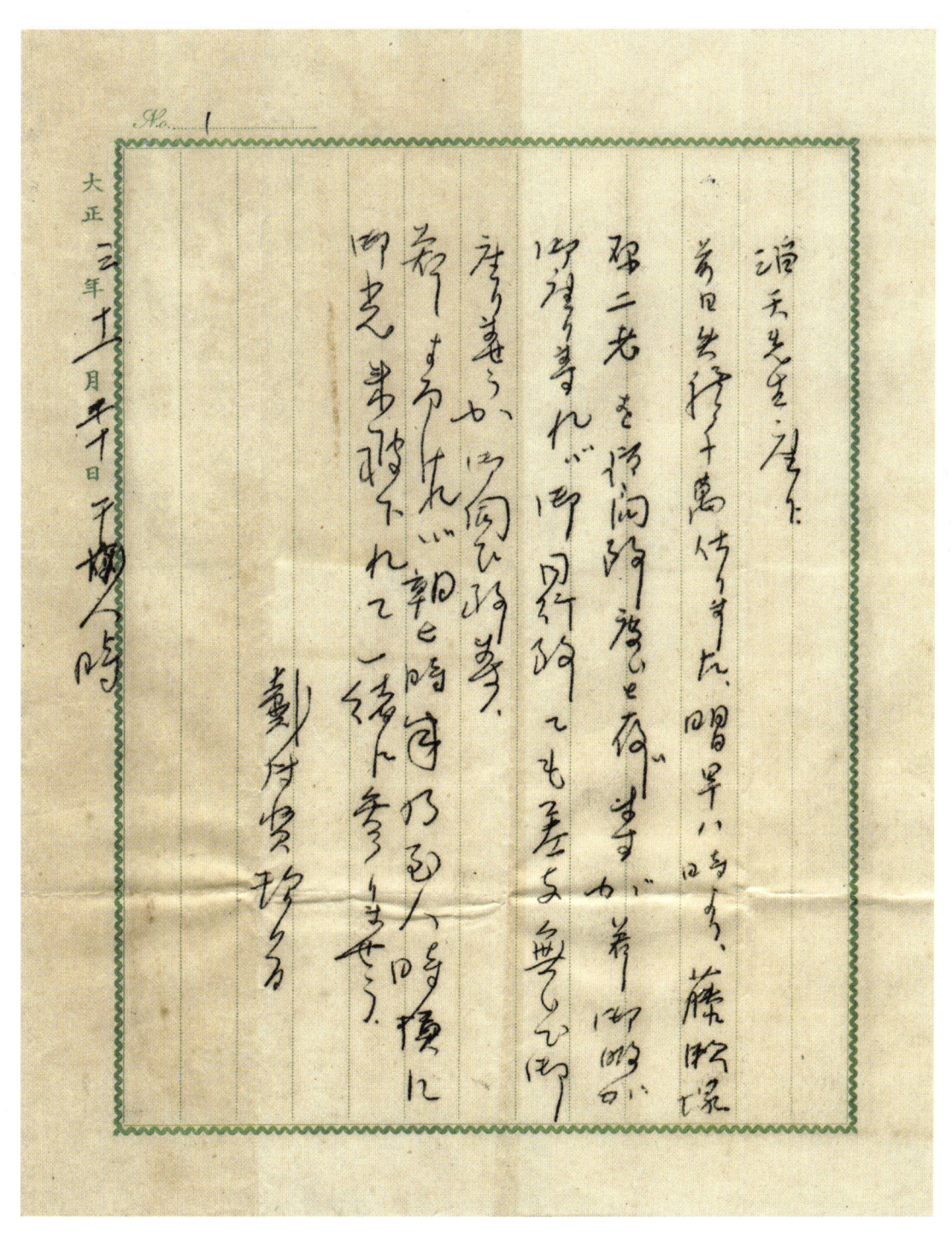

戴季陶致宮崎滔天函（1914年11月20日）

宫崎滔天家藏民国人物书札手迹（第三卷）

 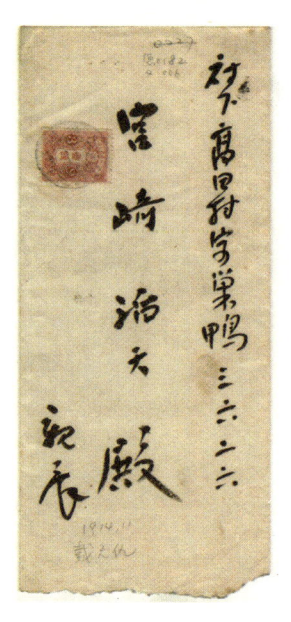

释读

滔天先生座下

　前日失礼千万仕りました。明日早八時より、藤瀬塚原二老を訪問致し度ひと存じますが、若し御暇が御座りますれバ、御同行致しても差支無いで御座りませうか、御伺ひ致します。若しよろしけれバ朝七時半乃至八時頃に御光来被下れて一緒に参りませう。

　　　　　　　　　　　　　　　　　　　　　　　　戴伝賢　頓首
　　　　　　　　　　　　　　　　　　　　　　　大正三年十一月二十日午後八時

中译文

滔天先生座下：

　　前日失礼之至。明早八时之后，预计拜访藤濑、塚原二老，若您方便，可同行前往亦无妨。很愿意和您同行前往。若可能，请于明早七时半至八时左右，先来此处，一起前往。

戴传贤 顿首
大正三年十一月二十日午后八时

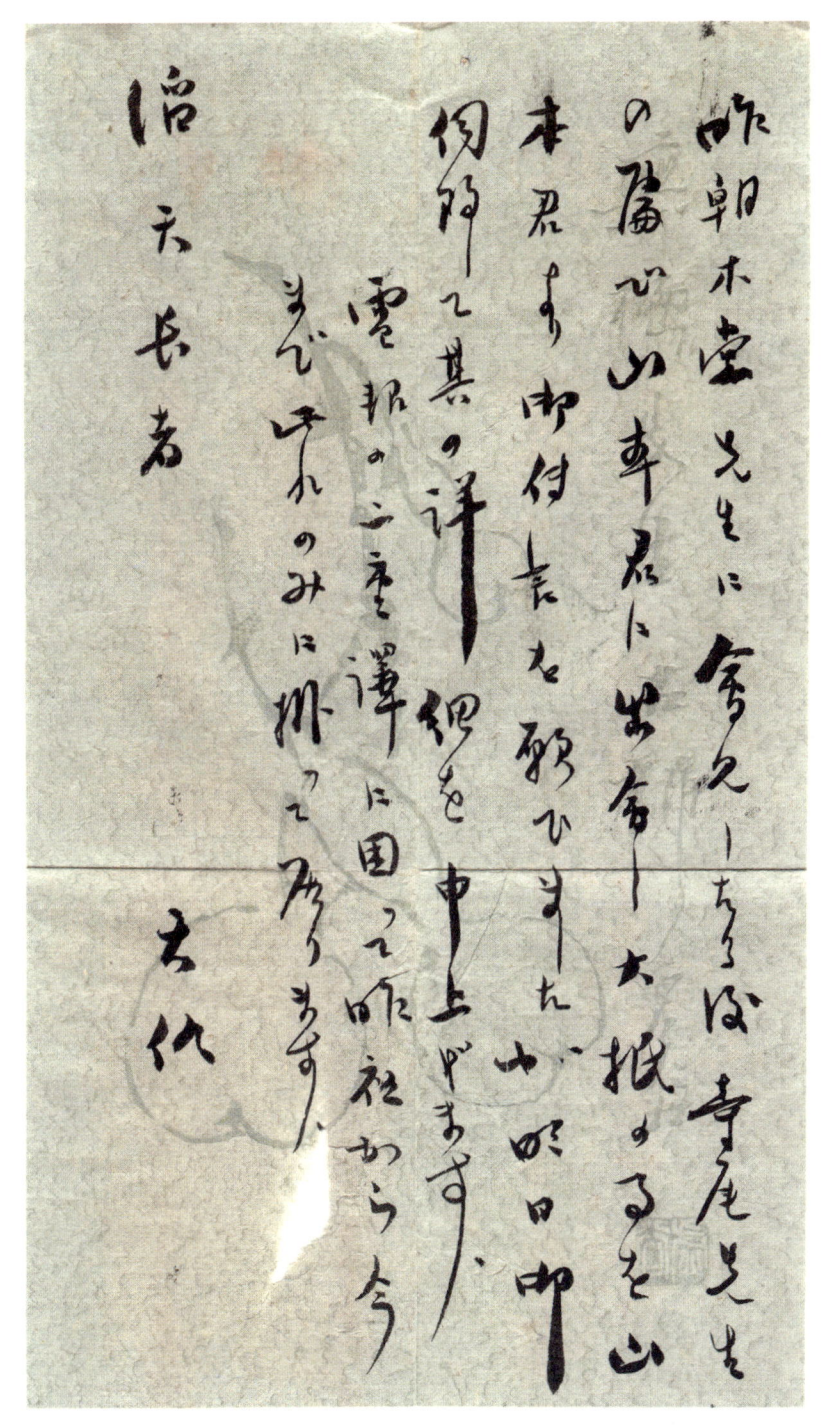

戴季陶致宮崎滔天函（1917年6月24日）

宮崎滔天家藏民国人物书札手迹（第三卷）

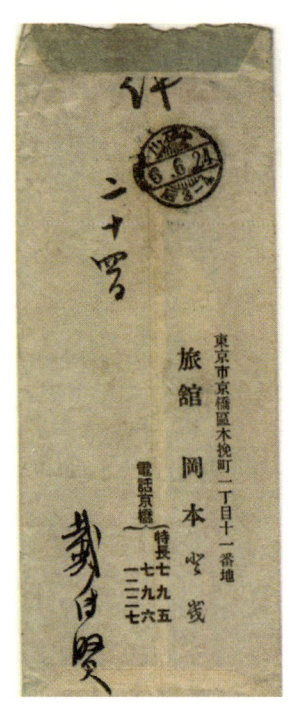 

释读

　　昨朝木堂先生に会見したる後、寺尾先生の処で山本君と出会し、大抵の事を山本君より御伝言を願ひましたが、明日御伺致して其の詳細を申上げます。
　　電報の二重譯に困って、昨夜から今まで此れのみに掛って居ります。
　　滔天長者

天仇

中译文

　　昨日上午会见木堂先生之后，于寺尾先生之处偶遇山本君，大抵之事已拜托山本君转达，具体内容明日拜访之时再详叙。为电报二重译所苦恼，昨夜至今，心思一直在其之上。

滔天长者

天仇

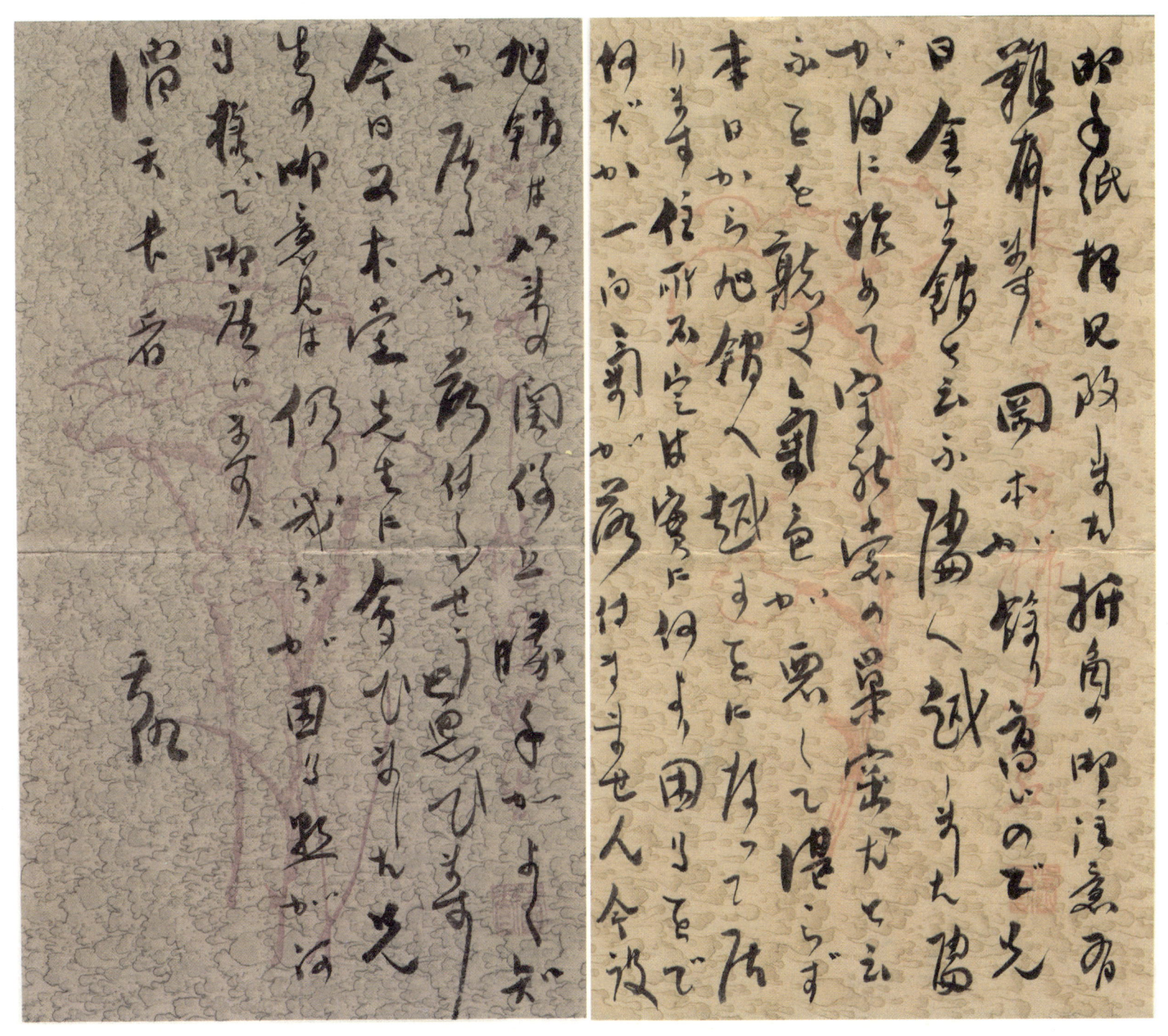

戴季陶致宮崎滔天函（1917年6月28日）

宫崎滔天家藏民国人物书札手迹（第三卷）

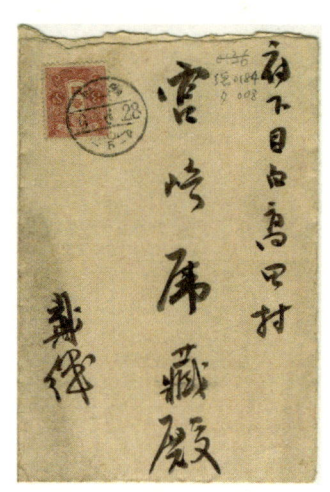

释读

　　御手紙拝見致しました。折角の御注意有難存じます。岡本が余り高いので、先日金生館と云ふ処へ越しました処が後に始めて、宗社党の巣窟だと云ふ事を聴き、気色が悪くて堪らず、本日から旭館へ越す事になって居ります。住所不定は実に何より困る事で何だか一向気が落付きません。今度旭館は以来の関係上勝手がよく知って居るから、落付くでせうと思ひます。今日又木堂先生に会ひました。先生の御意見は仍り幾分が困る点が阿る様で御座ひます。
　　滔天長者

　　　　　　　　　　　　　　　　　　　　　　　　　　　　　　　天仇

中译文

　　贵函拜悉。非常感谢您的善意提醒。冈本实在太贵，前两日已搬至金生馆。但是，搬迁之后才知道，那里是宗社党的巢穴，感觉实在不能接受，今日又搬至旭馆。该地因为之前的关系，非常熟悉，希望能有安定之感。今日又会见了木堂先生，先生之意仍有几点为难之处。
滔天长者

　　　　　　　　　　　　　　　　　　　　　　　　　　　　　天仇

戴季陶致宮崎滔天函（1917年7月1日）

宮崎滔天家藏民国人物书札手迹（第三卷）

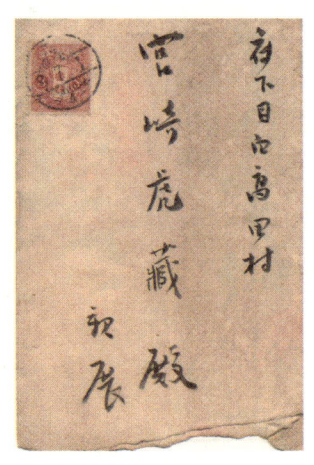

释读

拝啓

　四五日来、毎日二人の私服巡察が私に尾行して、何処へ行っても付いて行くのは實（に）大困りです。此れでは人を訪問にも何でも非常に不便で仕方か阿りません。只今の号外では清帝復活は既に事実として現れました。此れに就き一切の事を相談しなければなりませんが、明日の午十一二時頃甚だ恐れ入りますか、旭館まて御足労を願ふ事か出来ませうか。

　滔天先生

一日午後一時

天仇

中译文

拜启：
　　四五日以来，每日两位私服巡查跟踪，无论去何处均尾随，非常麻烦。现今无论去访问抑或是其它都非常不方便，真是无奈。如今据号外，清帝复辟已为既成事实，与之相关一切均须商量。明日午十一二时左右，非常抱歉，可否劳驾您至旭馆否？
滔天先生

天仇
一日午后一时

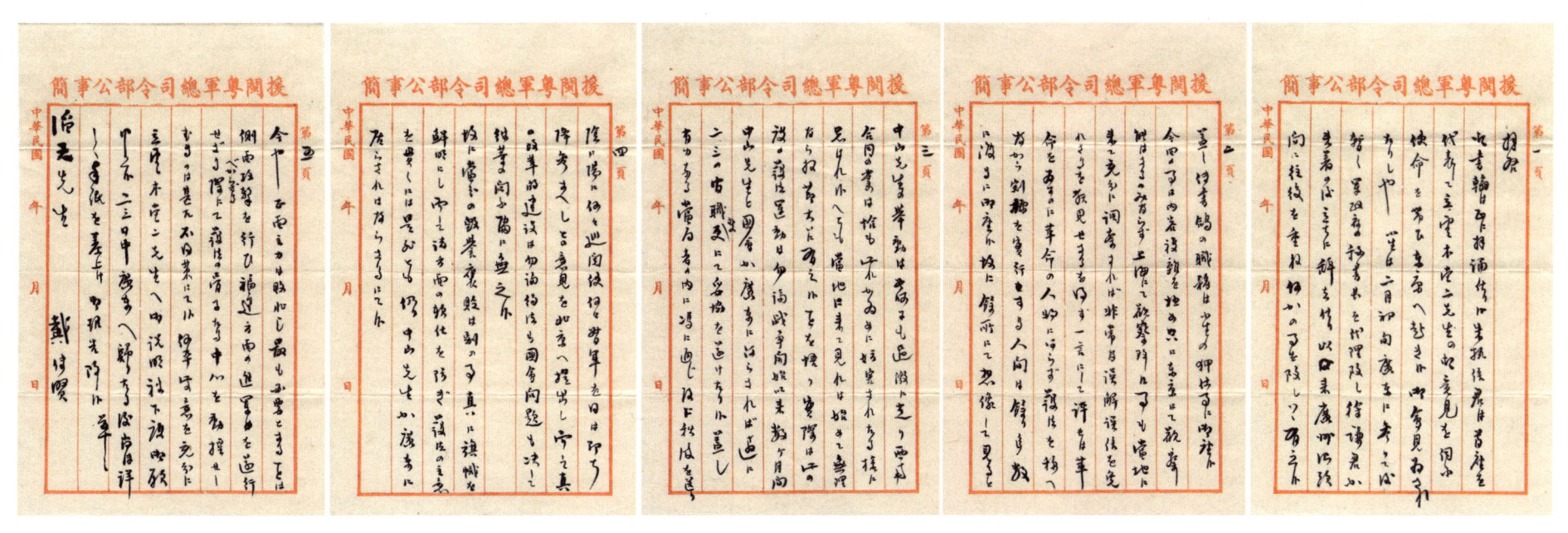

戴季陶致宮崎滔天函（1918年4月4日）

宮崎滔天家藏民国人物书札手迹（第三卷）

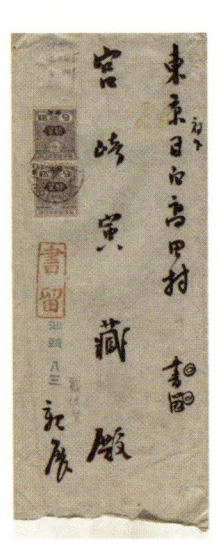

释读

拝啓
　御書翰は正に拝誦仕り候、朱執信君は首座を代表して、立雲・木堂二先生の御意見を伺ふ使命を帯ひ、東京へ赴き候。御会見為されたりしや。小生は二月初旬広東に参りて、後暫く軍政府の秘書長を代理致し、徐謙君が来着の後、立ちに辞去仕候。以来広州湛江間に往復を重ね、何かの事を致しつつ有之候。蓋し伝書鳩の職務は小生の狎仕事に御座候。今回の事は内容複雑を極め、只に東京にて観察能はさるのみならず、上海にて観察致候。事も当地に来て充分に調査すれば非常な誤解誤信を免れざりを狭見せざるを得ず、一言にして評せば革命を成すのに革命の人物にあらず。護法を称へながら割拠を実行する人間は余り多数に渡るに御座候。故に余所にて想像して見ると中山先生に挙動は如何にも過激に走り西南合同の業は恰も此れが為めに妨害されたる様に思はれ候へとも、当地に来て見てば始めて無理ならぬ節大いに有之候ことを悟り実際は此の度の護法運動は勿論戦争開始以来数ヶ月間、中山先生と国会が広東にあらされば、邀に二三の官職変更にて妥協を遂げたり候。蓋し有力なる当事者の内に馮に通じ後に秋波を送り、陰に陽に何々巡閲使何々督軍を呼は即ち降参すべしとの意見を北京へ提出し、而して真の改革的建設は勿論約法も国会問題も決して改革の問ふ処に無之候。故に当分の毀誉褒貶は別の事、真に旗幟を鮮明にし、而して諸方面の軟化を防ぎ、護法の主意を貫くには是非とも、仍り中山先生が広東に居らざればならざりにて候。
　今や、正面主力は敗れし最も必要とする事は側面攻撃を行ひ、福建方面の進軍を遂行せざるべからざる際にて、護法の骨子たる中心を動揺せしむるのは甚だ不得策にて候。何卒此の意を充分に立雲・木堂二先生へ御説明被下度御願申上候。二三日中広東へ帰りたる後尚ほ詳しく手紙を差上げ御報告致候。草草
　滔天先生
　　　　　　　　　　　　　　　　　　　　　　　戴伝賢

中译文

拜启：

贵书翰拜诵，朱执信君代表首座，携带使命赴东京打听立云、木堂两位先生之意见。未知您是否会见？小生2月初旬来广东，暂代理军政府秘书长之职。徐谦君抵达后，当即辞去，往来于广州、湛江之间，什么事情都做。盖传书鸽之职务，乃小生之狎技。此次事件内容极其复杂。不仅在东京能够观察，上海亦可。到当地充分调查之后，非常之误解误信难免，一言以评之，举革命之业者并非革命人物。虽言护法，但实行割据之人实乃多数。故余所能想象中山先生之举动是如何被过激施行，西南合同之业恰因此受妨害。来当地后始悟无理之事太多，事实上，护法运动，当然战争开始以来数月间，中山先生国会不在广东，仅仅是将二三官职变更即达成妥协。盖有力者，通过冯暗送秋波，表里即向北京提出某某巡阅使，某某督军，真正的改革建设，无论是约法还是国会问题，决无有真正过问。故毁誉褒贬乃别事，真正旗帜鲜明，防止诸方面软化，坚定贯彻护法主意，中山先生仍务须居广东。

现今，正面主力虽然失败，但最主要的侧面攻击仍在进行。福建方面进军如不能遂行，护法之中心出现动摇甚不得策。敬请将此向立云、木堂两先生充分说明，二三日中归广东后，再详细报告。草草

滔天先生

戴传贤

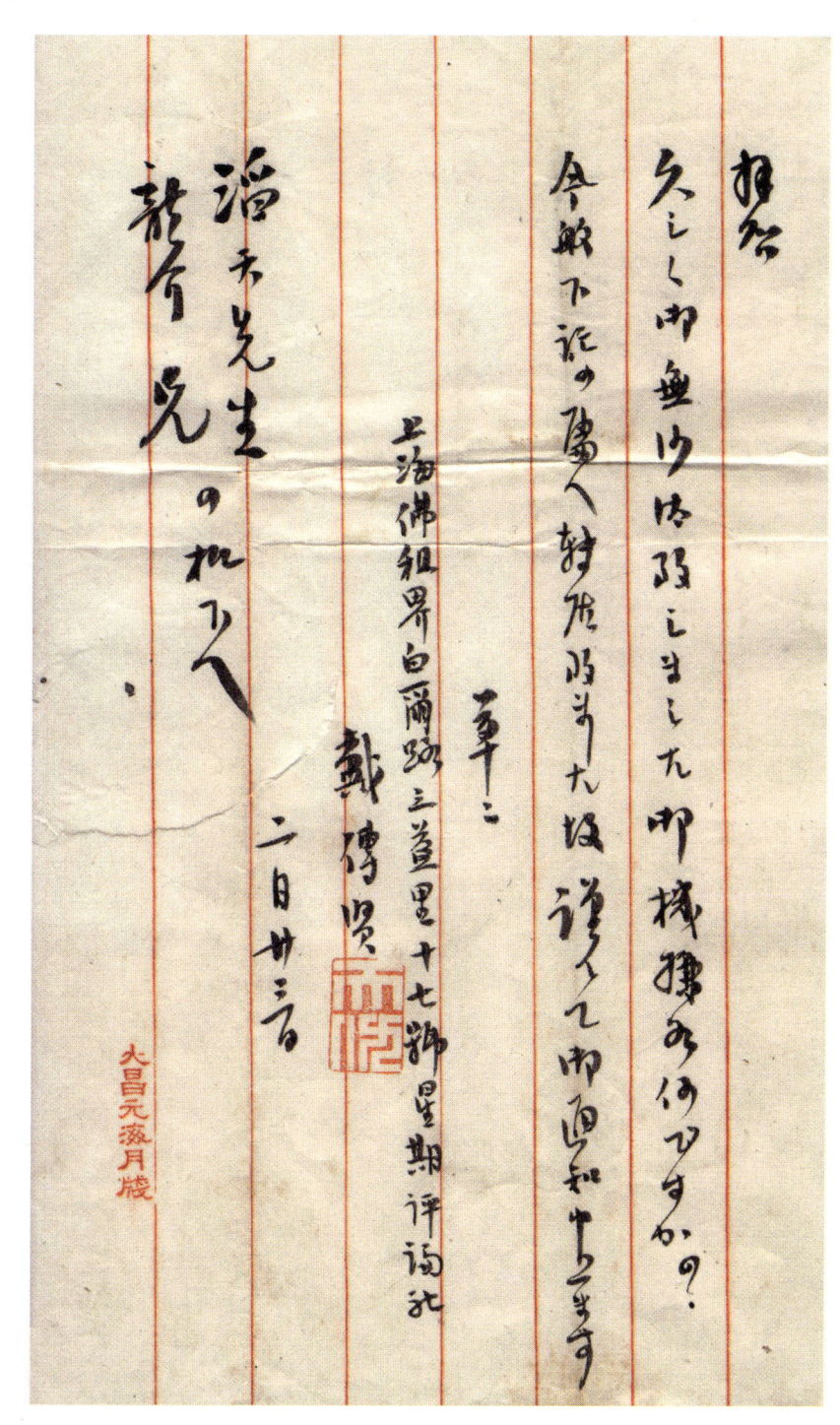

戴季陶致宮崎滔天函（1920年2月23日）

宫崎滔天家藏民国人物书札手迹（第三卷）

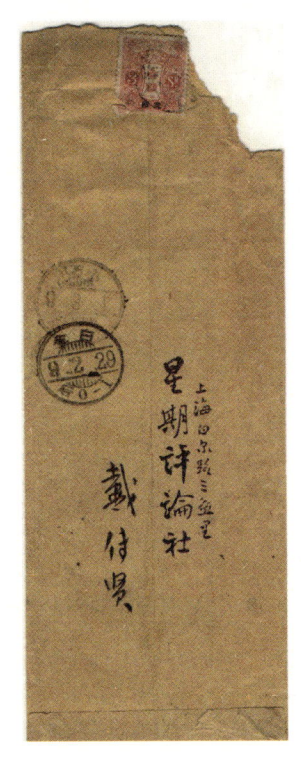
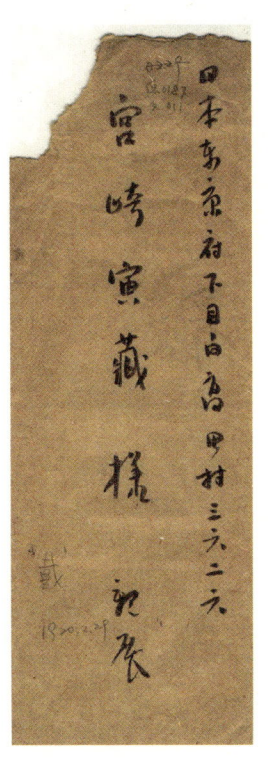

释读

拜啓

久しく御無沙汰致しました。ご機嫌如何ですか？

今般下記の處へ転居致ました故、謹んて御通知申上ます。

草々

上海佛租界白爾路三益里十七号星期評論社

戴伝賢

二月廿三日

滔天先生龍介兄　の机下へ

中译文

拜启：

久未问候，未知近况如何？此次搬迁至以下地址，谨此通知。
草草
上海法租界白尔路三益里十七号星期评论社
滔天先生、龙介兄

戴传贤
二月二十三日

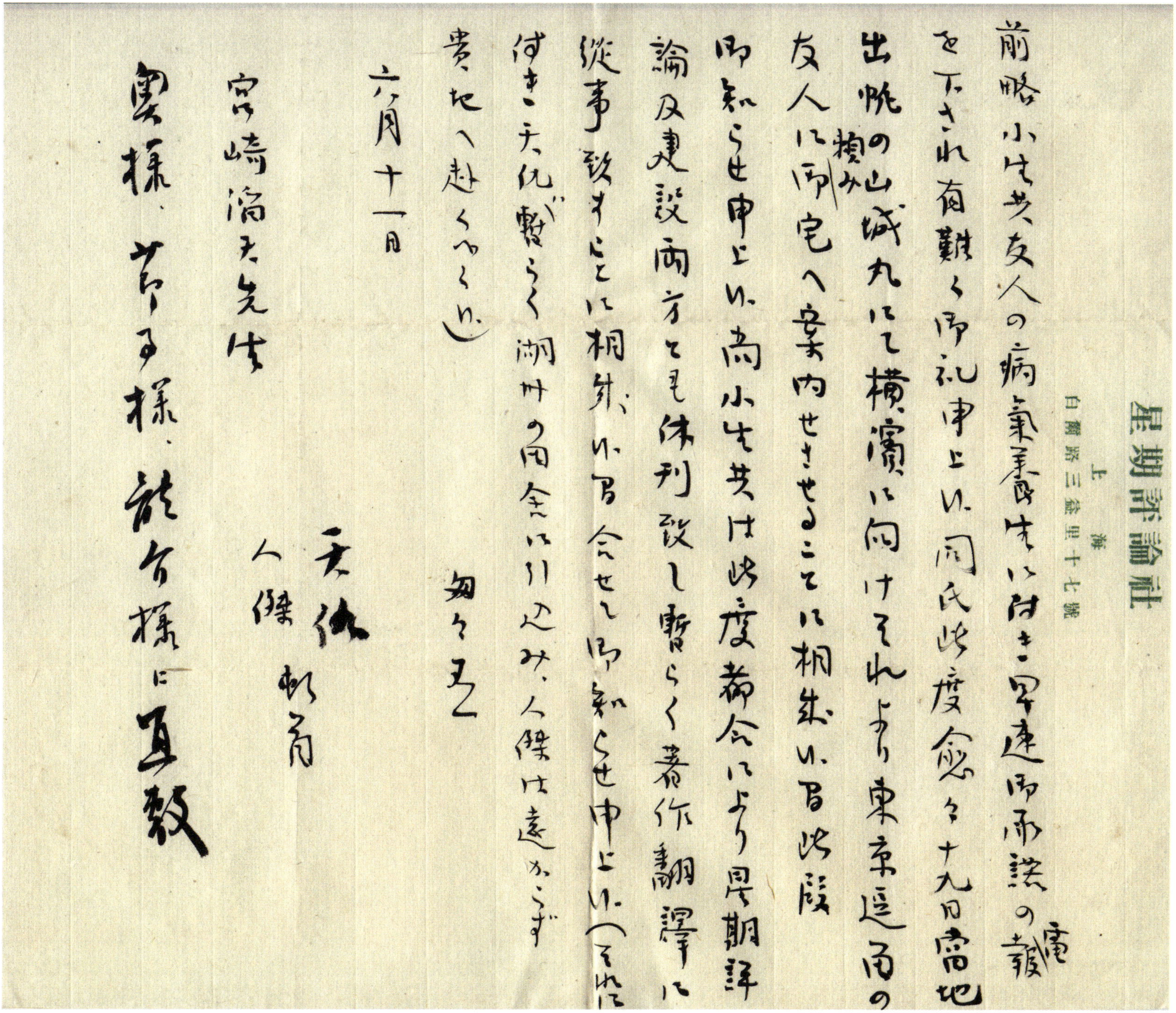

星期評論社
上海
白爾路三益里十七號

前略 小生共友人の病氣養生に付き軍遣兩所談の報を下され有難く御礼申上い同氏此度愈々十九日當地出帆の山城丸にて横濱に向けそれより東京這回の擬みに御宅へ案内せさることに相成い自此度友人に同知らせ申とい高小生共は此度齋會により早期評論及建設兩方とも休刊致し暫らく著作翻譯に従事致すに相決い居合せ御知らせ申とい(それに付き矢張暫らく湖州の田舎に引込み人傑は遠からず貴地へ赴くべく)匆々五之

六月十一日
天仇
人傑 拜具

宮崎滔天先生
雲樣、若子樣、龍介樣に宜敬

戴季陶致宮崎滔天函（1920年6月11日）

宮崎滔天家藏民国人物书札手迹（第三卷）

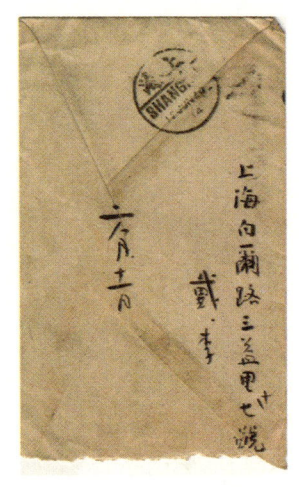 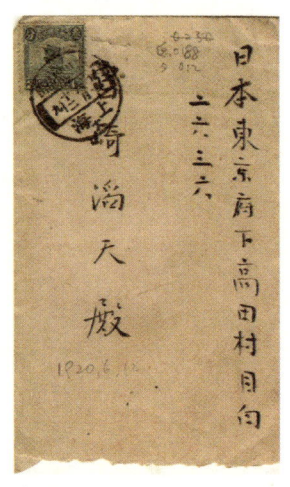

释读

　　前略

　　小生共友人の病気養生に付き、早速御承諾の電報を下され有難く御礼申上候。同氏此度愈々十九日當地出帆の山城丸にて横浜に向け、それより東京逗留の友人に頼み、お宅へ案内せさせることに相成候間、此段御知らせ申上候。尚小生共は此度都合により、星期評論及建設両方とも休刊致し、暫らく著作翻訳に従事致すことに相成候間、合わせて御知らせ申上候。（それに付き天仇暫らく湖州の田舎に引き込み、人傑は遠からず貴地へ赴くべく候）　匆々書

　　　　　　　　　　　　　　　　　　　　　　　　　六月十一日
　　　　　　　　　　　　　　　　　　　　　　　　　　天仇　人傑　頓首

宮崎滔天　先生
奥様　節子様　龍介様に宜敷

中译文

前略

关于小生友人养病一事，您及时发来了电报，深表谢意。该友人将于（本月）十九日乘坐从当地发船的山城丸前往横滨。为此，我委托了在东京的一位朋友，届时，由东京的这位朋友带该友人登门拜访，特此告知。此外，迫于局势，《星期评论》和《建设》两刊均已停刊，今后一段时日小生将做些著书、翻译之事，特此一并告知（与此同时，天仇将暂时隐居湖州乡下，人杰应该会在不久的将来前往贵处）。

匆匆书此

六月十一日
天仇　人杰　顿首

宫崎滔天　先生

向夫人　节子　龙介君问候

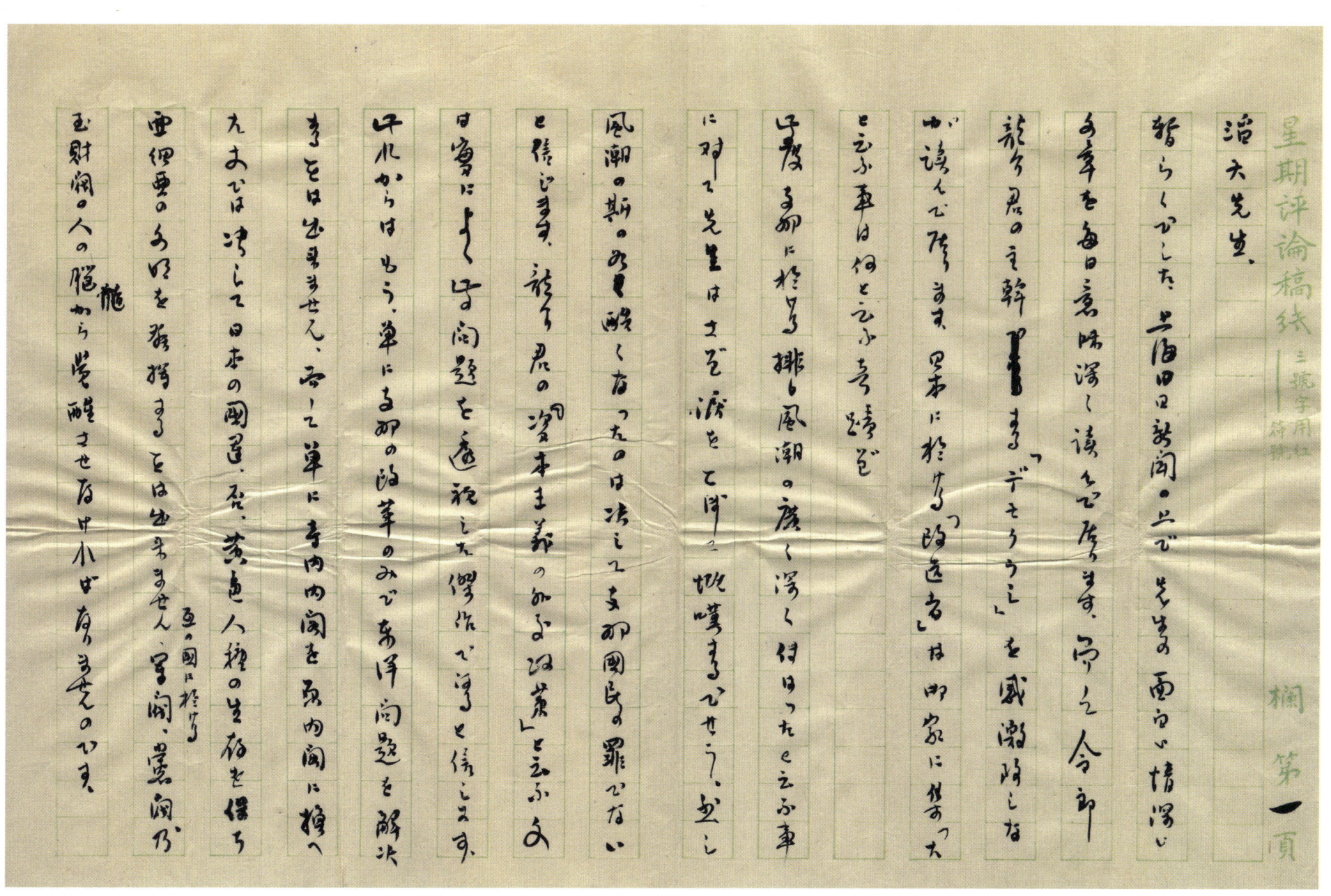

戴季陶致宮崎滔天函（1920年6月14日）（一）

宫崎滔天家藏民国人物书札手迹（第三卷）

 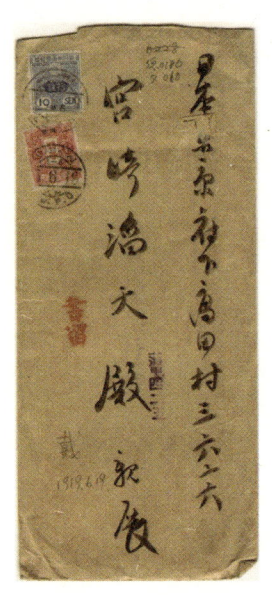

释读

滔天先生：

　　暫らくでした。上海日日新聞の上で先生の面白い情深い文章を毎日意味深く読んで居ります。而して令郎龍介君の主幹する「デモクラシ」を感激致しながら読んで居ります。日本に於ける「改造者」は御家に集ったと云ふ事は何と云ふ奇蹟ぞ。

　　此度支那に於ける排日風潮の廣く深く伝はったと云ふ事に対して先生はさぞ涙をこぼして慨嘆するでせう。然し風潮の斯の如く酷くなったのは決して支那国民の罪ではないと信じます。龍介君の『資本主義の外交政策』と云ふ文は実によく此の問題を透視した傑作で阿ると信じます。此れからはもう単に支那の改革のみで東洋問題を解決する事は出来ません。而して単に寺内内閣を原内閣に換へた丈では決して日本の国運、否、黄色人種の生存を保ち亜細亜の文明を発揮することは出来ません。互の国に於ける軍閥、党閥乃至財閥の人の脳髄から覚醒させなければなりませんのです。

中译文

滔天先生：

　　许久不见。上海《日日新闻》刊载了您的文章，该文既有趣又深情，我日日都在细细品读。令郎主办的《民主主义》也非常鼓舞人心，此刊我也在看。日本的"改造者"云集您家，这是何等的奇迹啊。

　　此次中国的排日风潮散播深广，这一定会令您洒泪长叹吧。当然，我坚信此种风潮非中国国人之过错。令郎龙介君的《资本主义外交政策》一文实属透视了此类问题的杰作。今后，仅依靠中国的改革，是无法解决东洋问题的。同时，仅依靠把寺内内阁换成原内阁，日本的国运，不，黄色人种的存续以及亚细亚文明的发挥也是无法实现的。必须谋求中日两国军阀、党阀、财阀等人群的意识的觉醒才行。

僕等は今後の風潮に対して實に一個の反抗路である。日本国民の覚悟を為すべきは真理である。虎と日本両国の守両的資本的思想をお破きすべきも真理である。守る二つの真理を明白に解する事は實に容易ならず（一つの時間と空間とに於いて二理を明白に解せしむると云ふ事は實に容易ならざるの能力の為め僕で有りません。僕等は沈黙を守る外になりません、虎と子れは又僕等の様な青年の神經に血液との許さぬ所で有ります。僕等は、實に君達に寄せらる大様な若さと空室運命に陥欲されよう。

虎と、僕等は、到底、僕等の方向に向って進行する外に行くべき邑はない。僕等は、この本分である宣伝事業に盡す外なく、この僕等自身の運命に「星期評論」と「建設」との二つの雑誌を發刊する事は實に鏡等の若き心中に唯々の塔を舉げる上になりました。

日をむと山令後の排作風潮に対する尊生と令命とを呼び僕ふ芭を寫く書いて戴きたい、日本にもそう云ふ平民がこの批評を寫く書いて載き私が国民に紹介したい。

释读

　　僕等は今度の風潮に対して実に『進退維谷』で阿った。日支国民の親善を図るべきは真理で阿る。然シ日支両国の軍国的資本的頑冥思想を打破すべき事も真理で阿る。

　　此の二ツの真理を一ツの時間と空間とに於いて理を明白に群衆に了解せシむると云ふことは実に吾れ吾れの能力の及ぶ處で阿りません。僕等は沈黙を守る外に阿りません。然し此れは又僕等の様な青年の神経と血液との許す處では阿りません。僕等は実に悪魔に魅せられた様な苦シい窒息運命に陥落されました。

　　然シ、僕等は到底、信する方面に向って進行する外に行くべき道はない。僕等は竟に僕等の本分で阿る宣伝事業に盡す外にない。「星期評論」と「建設」との二ツの雑誌を発刊する事は竟に我等の苦シい中に呱々の聲を挙げる事になりました。

　　是非とも今度の風潮に対する先生と令郎龍介君との批評を寄書して戴きたい。日本にも此う云ふ平民が居ると云ふ事を我が国民に紹介したい。

中译文

　　面对此番风潮，我等真的是陷入了"进退维谷"的境地。中日两国人民理应谋求亲善，这是真理。应当打破中日两国的军事资本主义顽固思想，这也是真理。

　　我等无能，不能把这两个真理置于同一时空使人们都清楚了解，我等只能保持沉默。但是，沉默却是像我这样的青年的神经和血液所不能允许的。我等已无法摆脱着魔的痛苦的年轻的令人窒息的命运。

　　我等只能朝着自己相信的方向前进，除此之外别无它道可行。我等只能对自己本分内的宣传事业尽力而为。《星期评论》和《建设》这两个刊物的发行，就是我等发出的痛苦的呼号声。

　　针对此次风潮，还望先生和令郎龙介君一定寄稿给我们。我想借此告诉国人：日本也有像先生和令郎这样想法的平民百姓。

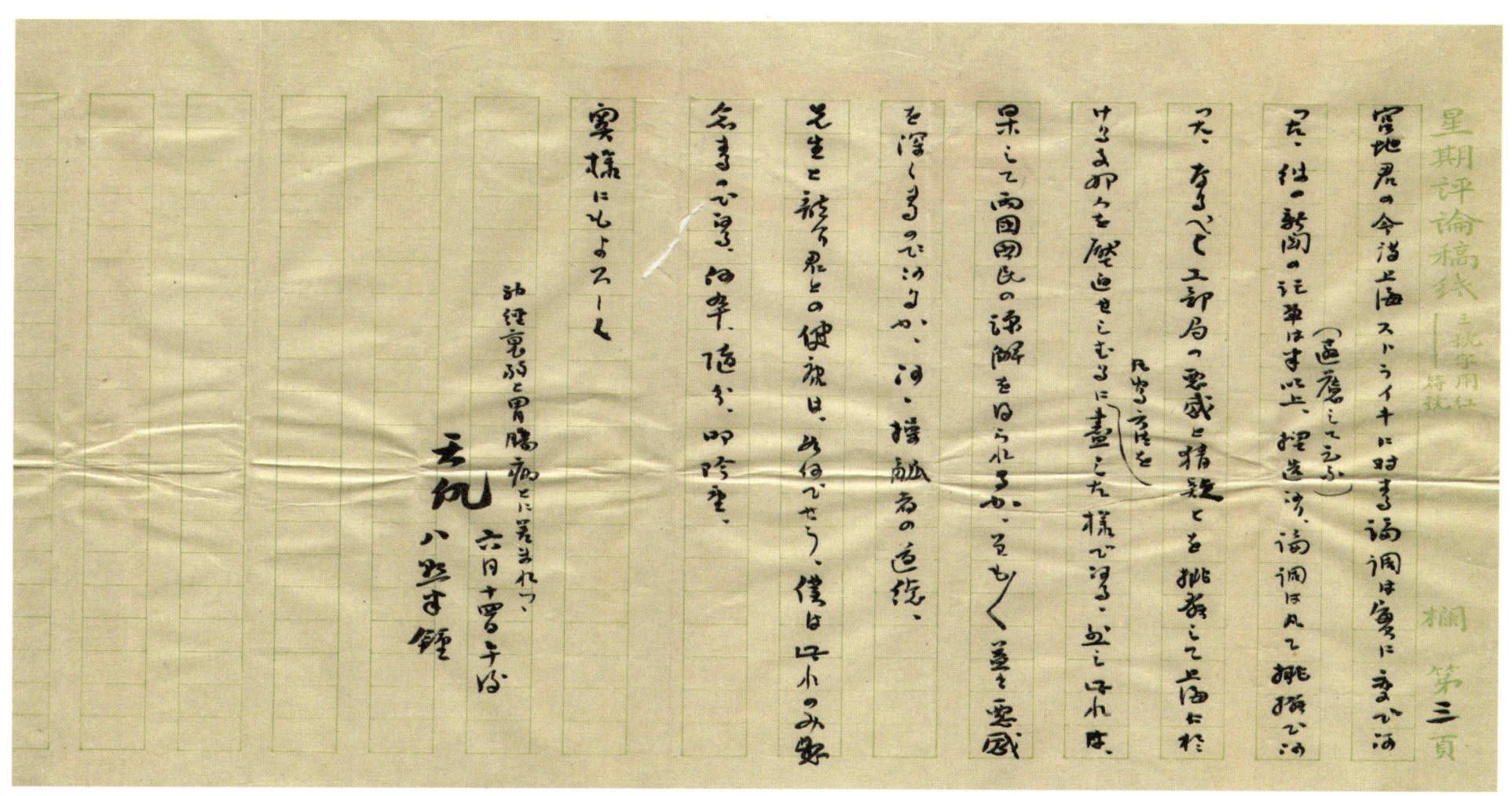

戴季陶致宮崎滔天函（1920年6月14日）（三）

释读

　　宮地君の今度上海ストライキに対する論調は実に変で阿った。彼の新聞の記事は半以上（遠慮シテ云ふ）、捏造阿り、論調は凡て挑発で阿った。なるべく工部局の悪感と猜疑とを挑発して上海に於ける支那人を圧迫セシむるに凡ゆる方法を盡シた様で阿る。然し、此れは果たして両国国民の諒解を得られるか、そもそも益々悪感を深くするので阿るか、阿々、操觚者の道徳。

　　先生と龍介君との健康は、如何でせう。僕は此れのみ懸念するので阿る。何卒、随分、叩珍重

　奥様にもよろしく

　（神経衰弱と胃腸病とに苦まれつつ）

天仇
六月十四日午後　八點半鐘

中译文

  宫地君这次针对上海罢工的论调确实很奇怪。他的新闻稿一半以上（客气地说）的内容都是捏造的，论调也满是挑衅。该稿一方面挑拨工部局的恶感和猜疑，一方面尽其所能地模糊淡化上海国人受压迫一事。可是，这样做就能取得两国国民的谅解了吗？恐怕恶感将越来越深吧。啊，操觚者的道德！

  先生和龙介君的健康状况都还好吧？我在这方面很是牵挂。望珍重。

向您夫人问好

  （目前我正在经受神经衰弱和肠胃病的折磨）

天仇
六月十四日下午 八点半钟

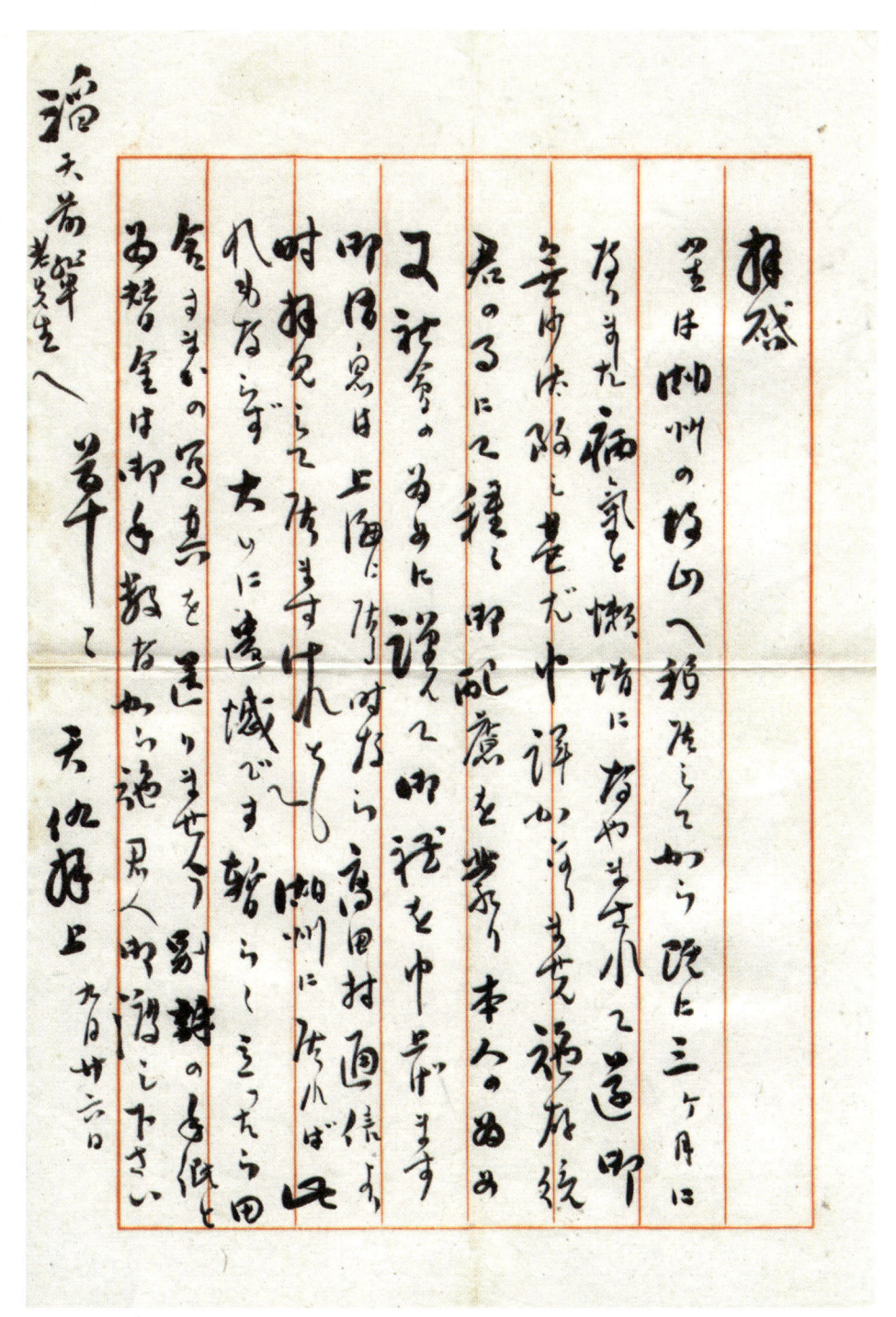

戴季陶致宮崎滔天函（1920年9月26日）

宫崎滔天家藏民国人物书札手迹（第三卷）

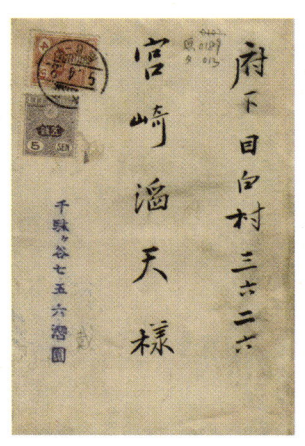

释读

拝啓

　小生は湖州の故乡へ移居してから既に三ヶ月になりました。病気と懶惰になやまされて、遂御無沙汰致し、甚だ申譯か阿りません。施存統君の事にて種々御配慮を蒙り、本人の為め又社会の為めに謹んて御礼を申上げます。御消息は上海に居る時なら高田村通信より時拝見して居ますけれとも、湖州に居れば此れもならず大いに遺憾です。暫らく立ったら田舎すまいの写真送りませう。別封の手紙と為替金は御手数なから施君へ御渡し下さい。

　草々
　滔天前輩
　老先生へ

　　　　　　　　　　　　　　　　　　　　　　天仇拝上
　　　　　　　　　　　　　　　　　　　　　　九月廿六日

中译文

拜启：

　　小生移居湖州故乡已逾三月。久病加之懒惰，遂至久未问候，还望见谅。施存统君之事，承蒙您多虑，无论从本人还是从社会，均感激不尽。您的消息，在上海之时可通过高田村通信拜悉，但我居湖州的话确实不能，非常遗憾。过几天，给您奉上乡下的写真。另函及汇兑经费还请麻烦您交于施君。

草草

滔天前辈老先生

天仇拜上

九月二十六日

雄子夫人鑒：隆介世兄世嫂惠馨，忽驚意外之哭，不知所措。愚夫婦乃盡其至誠，開戶誦經為諸蔦衣家屬祈福。又緣力淺薄，無以致感，乃請隆昌寺諸師發心為諸究竟追悼。凡屬三寶弟子茲乃分所應爾，重蒙諸師名木嘉惠，感何可言。一俟岑到，便當如命故人友誼，亦以分植各區，以話勝緣，因家多難，私人友誼亦以偶絕無明煩惱之為患，誠不可說。惟願共同發

心祈世人心念早轉，俾彼此舊誼重敘。後昔日之雅從滕談心，其樂何如。銅像志已於送往四天王寺甚慰。茲再奉上佘利丸三粒，誠心於
佛前拜禱三七日，即之足增福慧。經中所云阿伽陀藥者，即此乃一大士七世舍身以其舍利和藥為丸，布艷萬眾，傳聞蒙
大師賜以十粒，今分其二，以為

夫人暨世兄嫂祝福祝壽，並再分兩粒贈之野夫妻同修共慶。斯亦緣成，不可思量皆感。三寶之惠也。閒近年目力腦力漸入衰境，而有恆以心腎病尤歲辛苦是亦風業，惟有自儆耳。但以在知交故以瑣情相告。千祈勿以為意也。即頌
閒節吉祥。

小弟 傳閒 拜啓
十一月一日

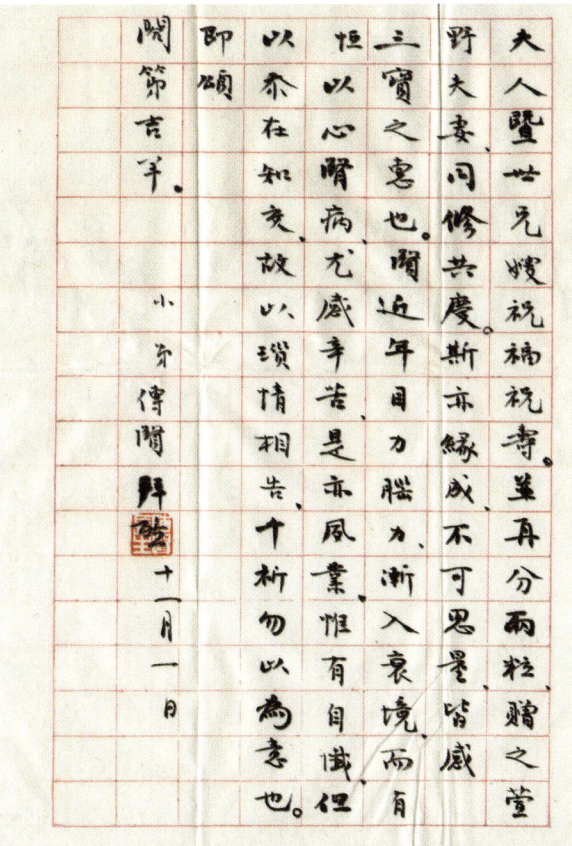

戴季陶致宮崎滔天夫人函（1923年？11月1日）

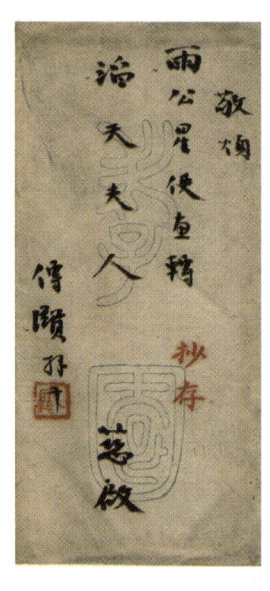

释读

槌子夫人暨隆介世兄世嫂惠鉴：

忽惊意外之灾，不知所措，愚夫妇乃尽其至诚，闭户诵经，为诸旧友家属祈福。又以缘力愿力浅薄，无以致感，乃请隆昌寺诸师，发心为诸儿童追悼。凡属三宝弟子，兹乃分所应尔，重蒙齿及，又荷赠以名木，故人嘉惠，感何可言。一俟客到，便当如命分植各区，以志胜缘。

国家多难，私人友谊，亦以隔绝，无明烦恼之为患，诚不可说。惟愿共同发心，祈世人心念早转，俾彼此旧谊，重恢复昔日之雅，促膝谈心，其乐何如。

铜像悉已于供养后送往四天王寺，甚慰。兹再奉上七生舍利丸三粒，诚心于佛前拜祷三七日服之，足增福慧。经中所云"阿伽陀药"者，即此。乃一大士，七世舍身，以其舍利，和药为丸，布施万众。传贤蒙大师赐以十粒，今分其三，以为夫人暨世兄嫂祝福祝寿。并再分两粒，赠之萱野夫妻，同修共庆。斯亦缘成，不可思量，皆感三宝之惠也。

贤近年目力脑力，渐入衰境；而有恒以心肾病，尤感辛苦。是亦夙业，惟有自忏，但以忝在知交，故以琐情相告，千祈勿以为意也。

即颂

合第吉羊

小弟传贤拜启
十一月一日

宮崎龍介殿

拝啓　久しく御無沙汰致しました　此の度御國の大學の事務管理並に醫院の事務管理を見學する爲に中山大學の職員周湘埼、毫壽權二君を東京へ派遣する事に致します。兩君とも中山大學の事務管理の爲多年勤務致した人であり非常に熱心な方です。此の度の見學の目的は深い理論や大い制度等に注目するよりも寧ろ事務の執り方、極く微細にして緊要なる部分に力を用ひたい故に今度の見學振りは從來の視察員や學省達と頗る其の實任と目的を異にして居ります。東京にては帝國大學は勿論其の他二三の主なる私立大學をも詳しく見學致したいのですから是非細到に亙って指導して頂き度い。實は

（１）如何に事務管理の組織を作るか、(人員の選擇、俸給、獎勵、退

職年金等如何）
（２）如何に人員を節約し何るべく少くない人員で多くの事務を處理し得るか
（３）如何にして始めて事務の時間を節約し無駄に時間を浪費する弊害を如何にして矯正し得るか
（４）如何にして總ての材料（例へば事務の爲に用ふる文房具や電氣水道其の他一切の消費材料等）を節約して無駄に材料浪費するを防ぐか
（５）大學事務の各部分を如何に聯絡して成るべく事務を徹底に活潑にして間違無く運ぶ事が出來るか（例へば本部と各學部との間、本部に於ては出納係と會計係と學生の登記係、而して庶務や工務や

戴季陶致宮崎滔天函（１９３５年４月７日）（一）

宫崎滔天家藏民国人物书札手迹（第三卷）

释读

宮崎龍介　殿

拝啓

久しくご無沙汰いたしました。

　此の度御国の大學の事務管理立に醫院の事務管理を見學する為に中山大學の職員周鼎培、姜壽椿二君を東京へ派遣することに致しました。

　両君とも中山大學の為多年勤務致した人であり非常に熱心な方です。此の度の見學の目的は深い理論や大い制度等に注目するよりも寧ろ事務の執り方、極く微細にして緊要なる部分に力を用ひたい故に今度の見學振りは従来の視察員や學者達と頗る其の責任と目的を異にして居ります。東京にては帝国大學は勿論其の他二三の主なる私立大學をも詳しく見學致し度いのですから是非細密に亘（わた）って指導して頂き度い。要は

　（1）如何に事務管理の組織を作るか（人事の進退、俸給、奨励、退職年金如何）

　（2）如何に人員を節約し何るべく少ない人員で多くの事務を処理し得るか

　（3）如何にして始めて事務の時間を節約し無駄に時間を浪費する弊害を如何にして矯正し得るか

　（4）如何にして総ての材料、（例へば事務の為に用ひる文房具や電気水道其の他一切の消費材料）を節約して無駄に材料浪費するを防ぐか

　（5）大學事務の各部分を如何に聯絡して成るべく事務を敏捷に活溌に而（しか）して間遠（あいどう）無く運ぶことが出来るか（例へば本部と各學部との間、本部に於て出納係と會計係と學生の登記係、而して庶務や工務や（续下页）

中译文

拜启：

久未问候。

此次为考察贵国大学事务管理及医院事务管理，将派遣中山大学周鼎培、姜寿春二君前往东京见习。两位均是为中山大学工作多年且非常有热情之人。此次实习，比起深奥的理论知识和大的制度，更注重于工作执行方法，哪怕极其微小紧要的事情，也想尽力做好。故此次见习活动有着和以往视察员和学者们颇为不同的责任与目的。在东京，帝国大学毫无疑问，除此之外，也想拜托安排两三个主要的私立大学中实习，请务必教导他们一些详细事项。要点如下：

（1）如何建立事务管理组织。（比如人员之进退、工资、奖励、退休金等）

（2）如何节约人员，做到尽量以少的员工来处理多的事务。

（3）如何在开始工作时节约时间以及如何去纠正无端浪费时间的弊病。

（4）如何节约（像工作时需用的文具用品和水电等）消费材料，防止浪费。

（5）大学事务各部门如何衔接才能尽可能让工作敏捷、活跃、及时地进行。（例如本部门和其他部门之间，在本部中担任收支和担任会计以及担任学生信息登记的负责人之间，还有是总务、工务、（续下页）

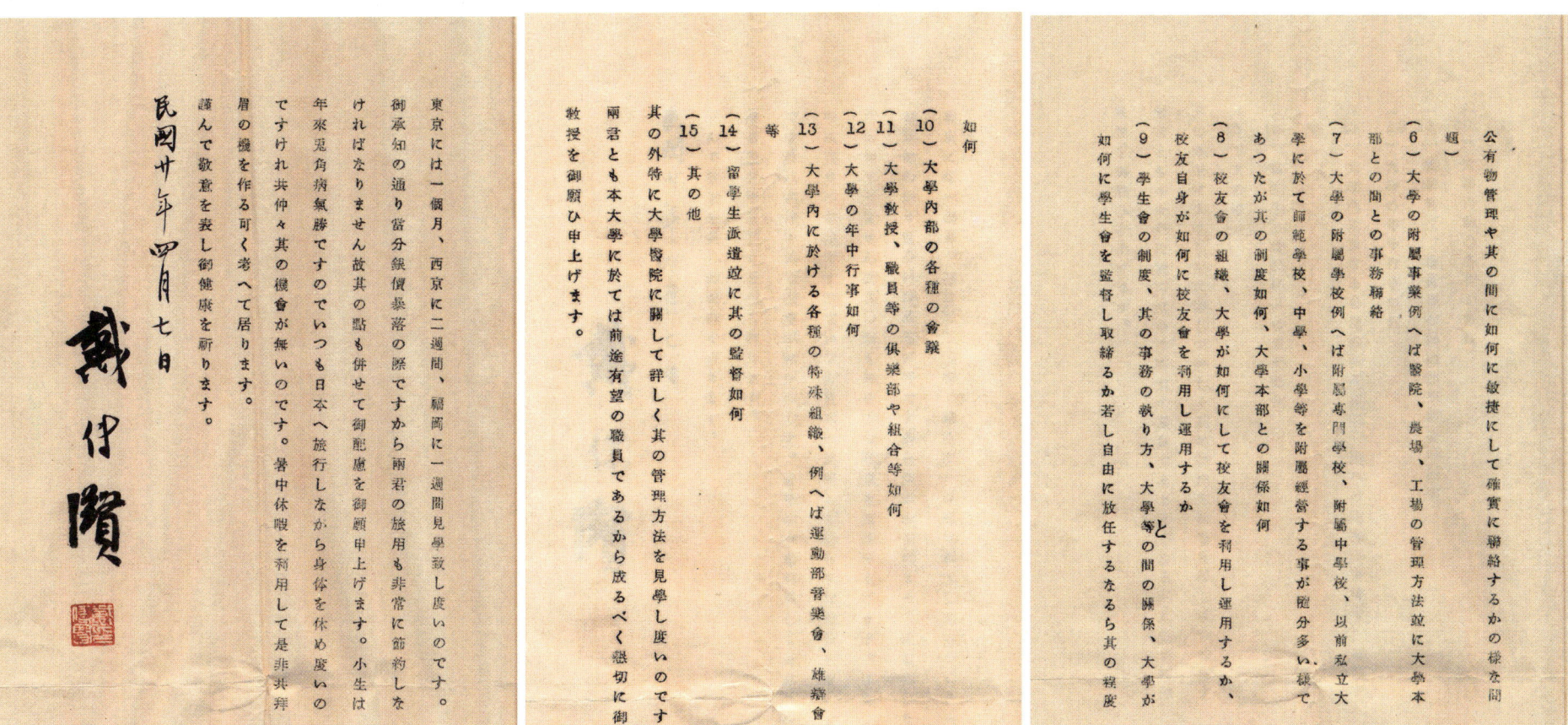

公有物管理や其の間に如何に敏捷にして確實に聯絡するかの様な問題）

（6）大學の附屬事業例へば醫院、農場、工塲の管理方法竝に大學本部との間との事務聯絡

（7）大學の附屬學校例へば附屬專門學校、附屬中學校、以前私立大學に於て師範學校、中學、小學等を附屬經營する事が隨分多い様であつたが其の制度如何、大學本部との關係如何

（8）校友會の組織、大學が如何にして校友會を利用し運用するか、校友會自身が如何に校友會を利用し運用するか

（9）學生會の制度、其の事務の執り方、大學等の間の關係、大學が如何に學生會を監督し取締るか若し自由に放任するなら其の程度如何に學生會を

如何

（10）大學內部の各種の會議
（11）大學教授、職員等の俱樂部や組合等如何
（12）大學の年中行事如何
（13）大學內に於ける各種の特殊組織、例へば運動部音樂會、雄辯會等
（14）留學生派遣竝に其の監督如何
（15）其の他

其の外特に大學醫院に關して詳しく其の管理方法を見學し度いのです兩君とも本大學に於ては前途有望の職員であるから成るべく懇切に御敎授を御願ひ申上げます。

東京には一個月、西京に二週間、福岡に一週間見學致し度いのです。御承知の通り當分銀價暴落の際ですから兩君の旅用も非常に節約しなければなりません故其の點も併せて御配慮を御願申上げます。小生は年來兎角病氣勝ですのでいつも日本へ旅行しながら身體を休め度いのですけれ共仲々其の機會が無いのです。暑中休暇を利用して是非共眉の機を作る可く其へて居ります。謹んで敬意を表し御健康を祈ります。

民國廿年四月七日

戴伝賢

释读

（接上页）

公有物管理や其の他の間に如何に敏捷にして確實に聯絡するかの様な問題）

（6）大學の附屬事業例へば醫院、農場、工場の管理方法竝に大學本部との間との事務聯絡

（7）大學の附屬學校例へば附屬專門學校、附屬中學校、以前私立大學に於て師範學校、中學、小學校を附屬經營する事が隨分多い樣であったが其の制度如何、大學本部との關係如何

（8）校友會の組織、大學が如何にして校友會を利用して運用するか、校友自身が如何に校友會を利用し運用するか

（9）學生會の制度、其の事務の執り方、大學等との間の關係、大學が如何に學生會を監督し取り締まるか若し自由に放任するならら其の程度如何

（10）大學内部の各種會議

（11）大學教授、職員等の倶樂部や組合等如何

（12）大學の年中行事如何

（13）大學内に於ける各種特殊組織、例へば運動部音樂會、雄辯會等

（14）留學生派遣竝に其の監督如何

（15）其の他

其の外特に大學醫院に關して詳しく其の管理方法を見學し度いのです。

兩君とも本大學に於ては前途有望の職員であるから成るべく懇切に御教授を御願ひ申し上げます。

東京には一個月、西京に二週間、福岡に一週間見學致し度いのです。

御承知の通り當分銀價暴落の際ですから兩君の旅用も非常に節約しなければなりません。故其の點も併せて御配慮を御願い申し上げます。小生は年來兎角病氣勝ですのでいつも日本へ旅行しながら身体を休め度いのですけれ共仲々其の機會が無いのです。暑中休暇を利用して是非共拜眉の機を作る可く考へて居ります。

謹んで敬意を表し御健康を祈ります。

民國二十年四月七日

戴传賢

中译文

（接上页）

公共物管理以及其他方面之间如何确保有效协调进展等类似问题）

（6）大学附属企业例如医院、农场、工厂的管理方法以及大学本部和其之间的工作连接。

（7）大学附属学校例如附属职业学校、附属中学、过去是私立大学以及师范学校、中学、小学学校运行制度如何建立，大学本部又是如何建立和他们的联系。

（8）校友会组织，大学是如何活用校友会，校友自身又是如何活用校友会。

（9）学生会制度，其工作处理方法，大学和它们之间的关系等，大学如何去监督管束学生会，如果自由放任的话又会是如何呢。

（10）大学内部各种会议如何有效召开。

（11）大学教授职员等小集团和组合应当如何对待。

（12）大学的例年活动如何展开。

（13）大学内部各种特殊组织活动如何对待，例如运动音乐会、辩论赛等。

（14）派遣留学生以及对其监督如何进行。

（15）其他事项。

此外，特别想见学关于大学医院相关详细的管理方法。

本次派去的两位都是本校未来可期的职员，所以诚恳地希望多多指教。

他们预计在东京见习一月，西京见习两周，福冈见习一周。正如您所知，目前正值银价暴跌之时，两位的费用也必须厉行节约，关于此也希望多多体谅。小生年来多病，虽然想去日本旅行，顺便调养身体，但总是没有这个机会。我想利用暑假一定要来拜访您。

谨表敬意，祝您身体健康！

戴传贤

民国二十四年四月七日

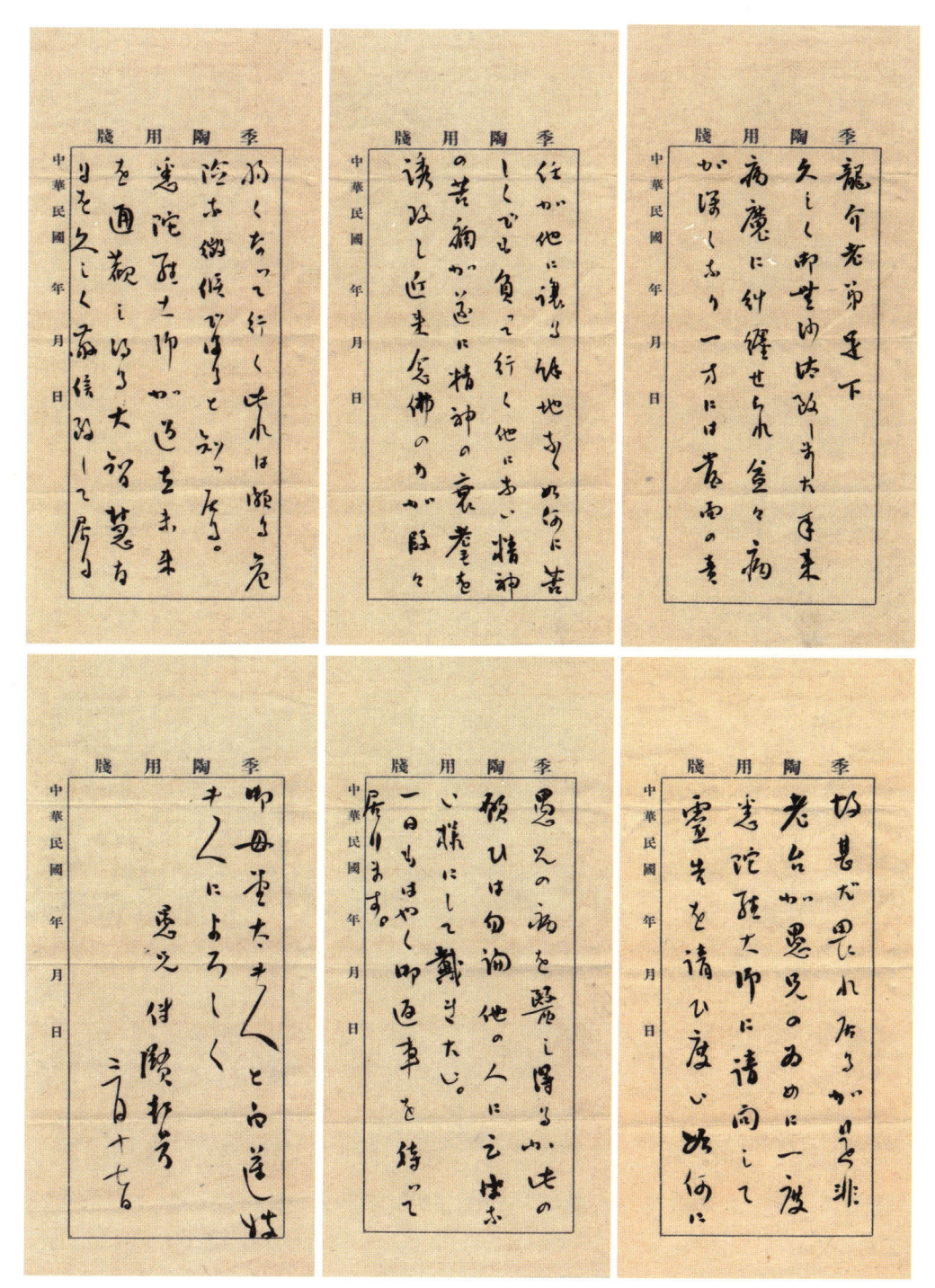

戴季陶致宮崎龍介函（□年3月17日）

宫崎滔天家藏民国人物书札手迹（第三卷）

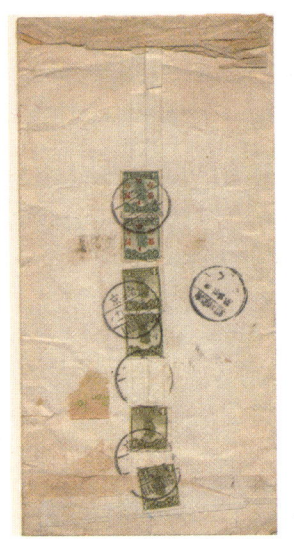
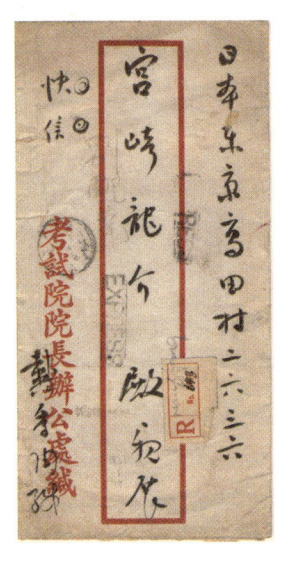

释读

龍介老弟足下

久しく御無沙汰致しました。爾来病魔に糾纏せられ益々病が深くなり、一方には当面の責任が他に譲る余地なく、如何に苦しくでも負って行く他にない。精神の苦痛が遂に精神の衰耄を誘致し、近来念仏の力が段々弱くなって行く。此れは願ふ危険な徴候で阿ると知っ居る。悉陀羅大師が過去未来を通観し得る大智慧なるを久しく敬信致して居る故甚だ畏れ居るが、是非老台が愚兄の為めに、一度悉陀羅大師に請問して霊告を請ひ度い、如何に愚兄の病を医し得るか此の願ひは勿論他の人に云はない様にして戴きたい。

一日もはやく御返事を待って居ります。

御母堂太夫人と白蓮嫂夫人によろしく

　　　　　　　　　　　　　　　　　　　　　　　愚兄伝賢　頓首
　　　　　　　　　　　　　　　　　　　　　　　　　三月十七日

中译文

龙介老弟足下：

　　久未问候。本来就被病魔所纠缠，近日愈感严重。一切乃本人之责任，不能怪责其它。无论如何痛苦，也必努力前行。而精神之苦痛遂引起精神之衰老。近来念佛之力渐渐衰弱，亦深知此乃颇危险之症状。悉陀罗大师通观过去未来，得大智慧，久敬信之。故甚畏惧，特拜请老台为愚兄向悉陀罗大师请一次灵告，如何能医治愚兄之病，当然也请保密，勿向他人言及。期待早日回信。

　　向令母亲大人及白莲嫂夫人问候

愚兄传贤 顿首
三月十七日

敬啓者奉
尊示並蒙化元書附來慈院羅上人
開示不勝感激爾近來日課早晚率
是念誦
觀世音菩薩
地藏王菩薩

名師前月並念地藏菩薩本願經典
上人所開示者不謀而合可見
佛法神通不可思議自前月起到京
東寶華山延僧開水陸道場二七日
每日隨眾誦經昨日圓滿日來賤軀
乃漸平後惟夜來腳痛仍不可耐當

如上人所示信上加信俟會議完畢
再求政府給以休假專誠奉佛上報
四恩下濟三途此願成就則一二年
後或可大痊耳即頌
槐子老夫人佛安並候
龍介兄
白蓮妓大安
傳闡廠啟 四月六日
寰化元同士不另

戴季陶致宮崎龍介函（□年4月6日）

释读

敬启者：

奉尊示并震作兄书附来悉陀罗上人开示，不胜感激。贤近来日课早晚本是念诵观世音菩萨、地藏王菩萨名号，前月并念《地藏菩萨本愿经》，与上人所开示者不谋而合，可见佛法神通，不可思议。自前月起到京东宝华山延僧开水陆道场二七日，每日随众诵经，昨日圆满。日来贱躯乃渐平复，惟夜来脚痛仍不可耐，当如上人所示，信上加信，俟会议完毕，再求政府给以休假，专诚奉佛，上报四恩，下济三途。此愿成就，则一二年后，或可大痊耳。即颂

槌子老夫人佛安并候龙介兄、白莲嫂大安

　　震作兄同此不另。

传贤敬启
四月六日

欄第一頁　毎張半欄四百二十字

前略改造の期に當り相互に消息を交換する暇を得ず誠に遺憾なこと、存ずると共にまたはえを得ざること、信じます扨れども相互の心靈の常に相通じて未だ曾て渝りしことなきだけ私共の信じて疑はざるところでありますから餘計なことも餘り云ふ必要もないと思ひますさて私共に於いては來るメーデーを機とし言論並に形式上に於いて勞働問題に關する赤感運動をなしして沉靜せる敵國の勞働界に聲計からの刺戰を與へ且つ一般社會の注意を喚起せんと思て共まず先づ言論上に於いては赤色副の勞働號を發行し形式上に於いては出來得る限の範圍に於いて勞働者をして一日の休業をなさしめんと思て居ます勞働界に於いても今岭も運動中にて相當成功の見込はあると思て居ますが言論界に於いてす就いては敵社に於いてもかゝる計畫の下に只今の所本誌の賛同者飯にす餘烏ばかりあります又今の所木地の賛同者飯にす餘烏ばかりありま今匪に材料蒐集に從事して居りますて就いて伬大作の御寄稿を偏に懇望致しの御援助をも懇望致します殊に世界各國のメーデー運動に關して致りまず残に世界各國のメーデー運動に關

星期評論社

宮崎滔天家藏民国人物书札手迹（第三卷）

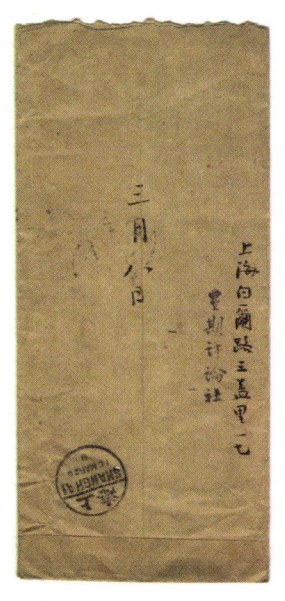 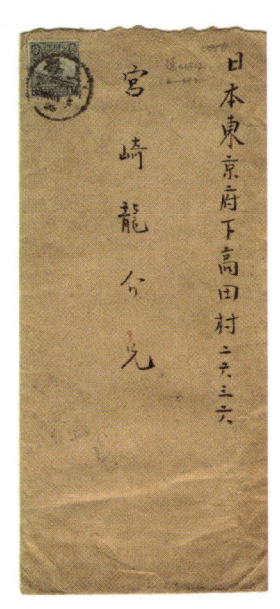

释读

前略

　　改造の期に当り、相互に消息を交換する暇を得ず、誠に遺憾なことと存ずると共に、また止むを得ざることと信じます。然れども相互の心霊の常に相通じて、未だ嘗て渝りしことなきことだけは私共の信じて疑はざるところであります。だから、余計なことも余り云ふ必要もないと思ひます。さて、私共に於いては来るメーデーを機とし、言論上並に形式上に於いて、労働問題に関する示威運動をなし以て、沈静せる敝国の労働界に幾許かの刺激を與へ、且つ一般社会の注意を喚起せんと思て居ます。先づ言論上に於いては赤色刷の労働号を発行し、形式上に於いては出来得る限りの範囲に於いて、労働者をして一日の休業をなさしめんと思て居ます。労働界に於いては、只今恰も運動中にて、相当成功の見込はあると思て居ます。言論界に於いては、只今の処、各地の賛同者既に十余家ばかりあります。就いて弊社に於いてもかかる計画の下に、只今正に材料蒐集に従事して居ます。従て諸先生の御援助をも熱望し、御大作の御寄稿を偏に熱望して居ます。（续下页）

中译文

前略

　　正值改造之期,不得相互交换信息之暇,诚感遗憾,亦深知无奈。然我等坚信彼此之心灵常相通,未尝有任何不渝之事。所以,无关之事根本无必要言及。我等在接下来之五一国际劳动节之机,言论上或形式上关于劳动问题筹备以示威运动给予敝国沉静的劳动界以刺激,以期唤起社会普通大众之注意。首先于言论上,发行红色版劳动号;形式上尽最大力量,在所有可能的范围内,使劳动者休业一天。在劳动界,现今正在运动中,成果的几率相当高。于言论界,如今各处赞同者已达十多家。敝社热切期待您大作,寄厚望于您的投稿,尤其(续下页)

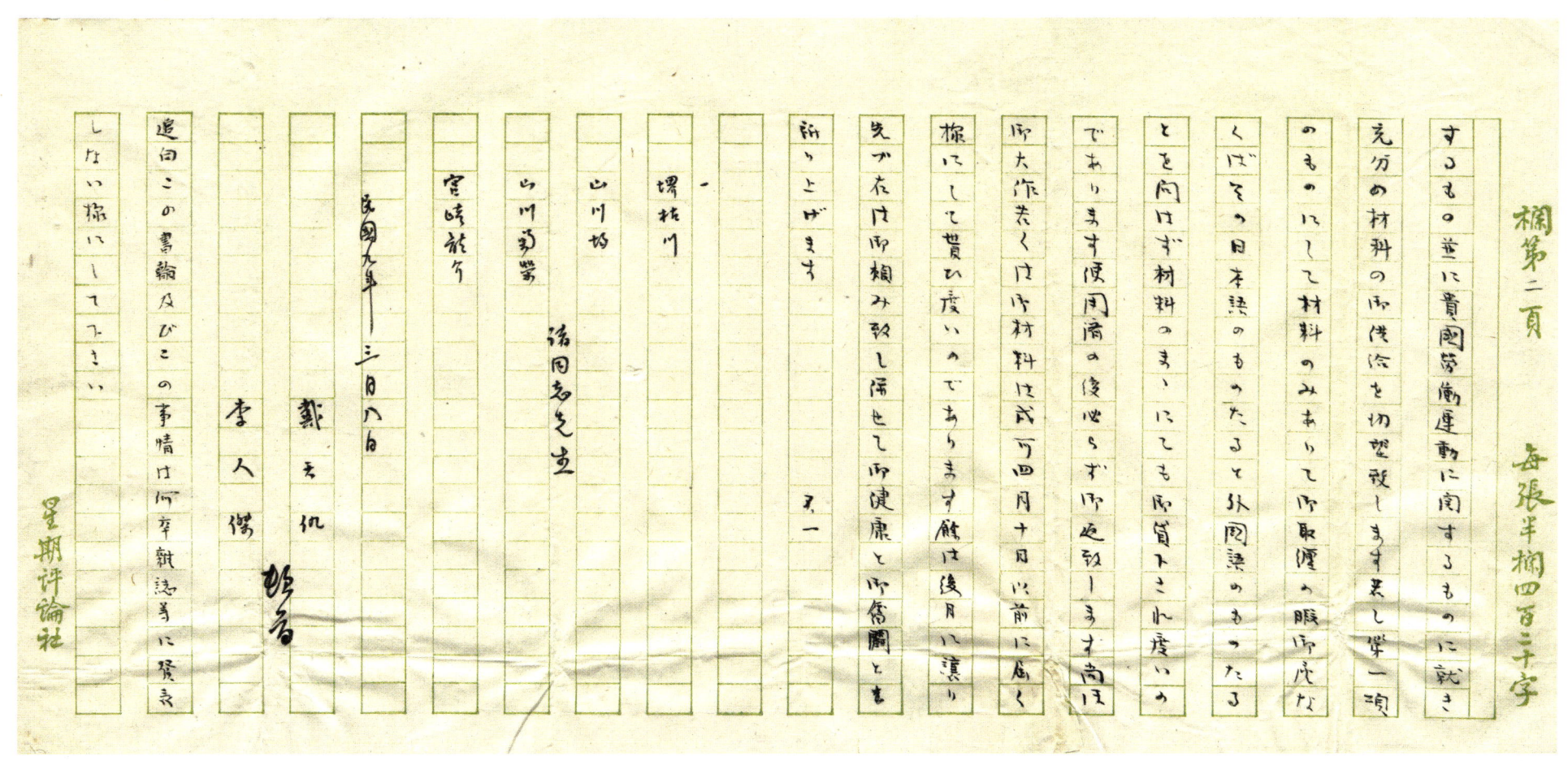

戴季陶、李汉俊致宫崎龙介函（1920年3月8日）（二）

宮崎滔天家藏民国人物书札手迹（第三卷）

释读

（接上页）
殊に世界各国のメーデー運動に関するもの、並に貴国労働運動に関するものに就き、充分の材料の御供給を切望致します。若し第一項のものにして、材料のみありて御取纏の暇御座なくばその日本語のものたると、外国語のものたるとを問はず、材料のままにても御貸下され度いのであります。使用済の後必らず御返致します。尚ほ御大作若くは御材料は成可四月十日以前に届く様にして貰ひ度いのであります。餘は後日に譲り、先づ右は御頼み致し併せて御健康と御奮闘とを祈り上げます。
　　不一
　　　堺枯川
　　　山川均
　　　山川角栄
　　　宮崎龍介
　　　諸同志先生

民国九年三月八日
戴天仇
李人傑

　　頓首
　　追白　この書翰及びこの事情は何卒雑誌等に発表しない様にして下さい。

中译文

（接上页）

是关于世界各国的国际劳动节运动及贵国劳动运动相关之作，真切期望您能够提供充足的材料。若关于第一项相关的材料，如您无整理之闲暇，请将日语之稿件或其它外语稿件就那样均可直接寄来，使用之后必返还。您大作或材料如有可能期待在4月10前寄到，其余之后也可。先拜托如上，并祝身体康健，万事顺遂。

堺枯川、山川均、山川角荣、宫崎龙介诸同志先生

戴天仇 李人杰顿首
民国九年三月八日

追白：此书翰及此事还请不用发表在任何杂志。

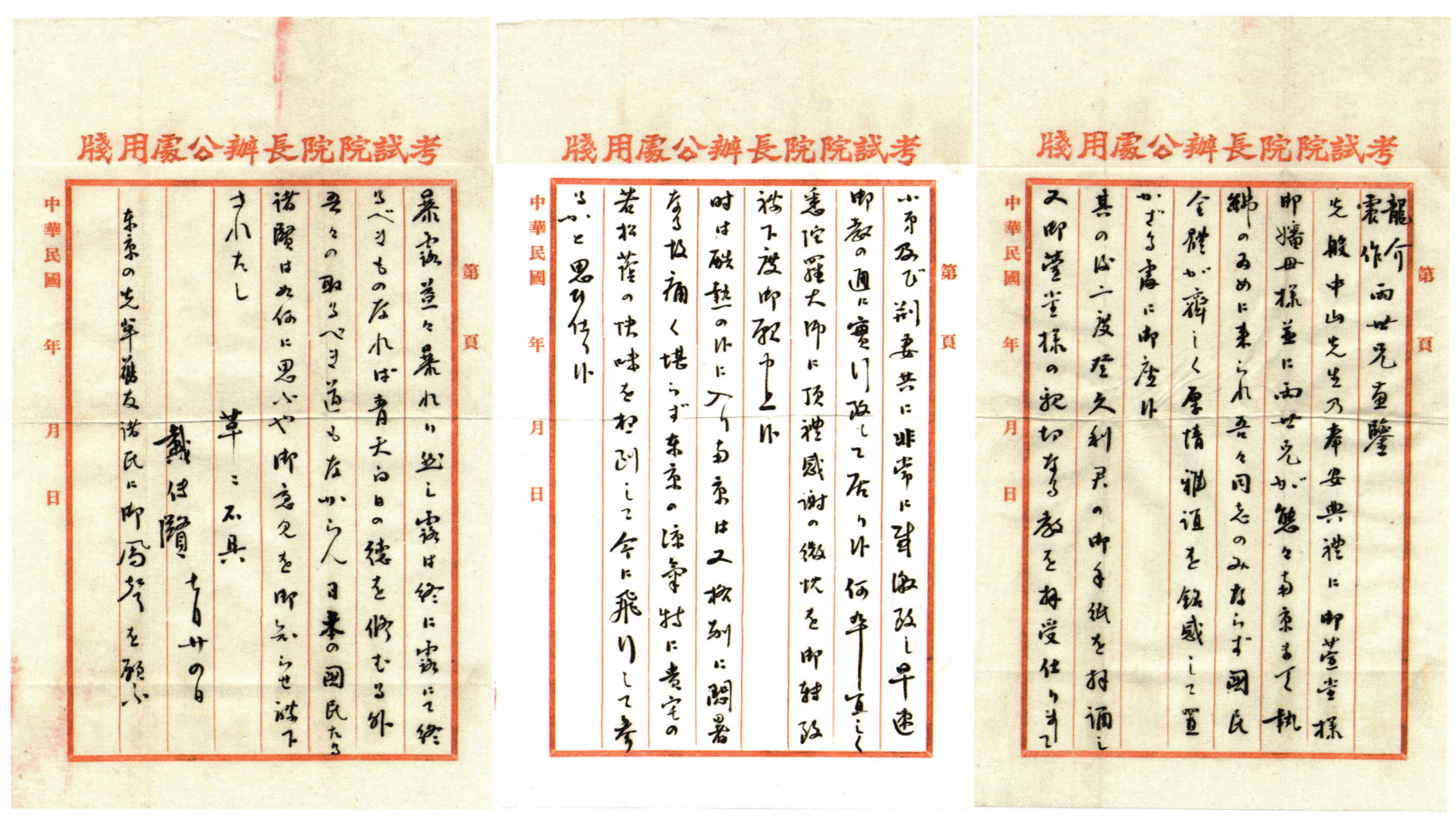

戴季陶致宮崎龙介、宮崎震作函（1929年7月24日）

释读

龍介 震作 両世兄弟鈞鑑

先般中山先生乃奉安典礼に御萱堂様御嬬母様並に両世兄が態々南京まて、執紼の為めに来られ、吾々同志のみならず国民全体が、齋しく厚情雅誼を銘感して置かざる処に御座候。

其の後二度登久利君の御手紙を拝誦し又御萱堂様の親切なる教を拝受仕候まして小弟及び荊妻共に非常に感激致し、早速御教の通に実行致して居り候。何卒宜しく悉陀羅大師に頂禮感謝の微忱を御転致被下度御願申上候。

時は酷熱の候に入り、南京は又格別に悶暑なる故痛く堪らず。東京の涼気特に貴宅の若松蔭の快味を想到して今に飛行して参るかと思ひ仕り候。

暴露益々暴れ候然し露は終に露にて終るべきものなれば、青天白日の徳を修むる外吾々の取るべき道もなからん。日本の国民たる諸賢は如何に思ふや御意見を御知らせ被下されたし。草々不具

　　　　　　　　　　　　　　　　　七月廿四日
　　　　　　　　　　　　　　　　　　戴伝賢

東京の先輩舊友諸氏に御鳳声を願ふ

中译文

龙介、震作两世兄弟钧鉴：

先前，中山先生奉安典礼上，萱堂伯母及两世兄亲自来南京执绋，不仅我等同志，甚至国民全体均对此厚情雅谊铭记在心。

那之后，两次拜读登久利君之来函，同时也拜受萱堂先生之亲切教诲，小弟及荆妻对此感激不尽。当即遵照教诲实行，还请多多指教。悉陀罗大师顶礼感谢之微忱还请麻烦转达。

时令已至酷热之节，南京又格外闷热，故特别怀念东京的清凉，特别是贵宅松荫下之快感，恨不能马上飞去。暴露（当时日本文献中称俄国为露国，本句内"露"字有双关之意。——译者注）越来越残暴，然最终也只能如露水一般结束。除修青天白日之德外，均非我等不应取之道。日本国民的诸贤未知作何考虑，万望能转达其意见。

草草不具

戴传贤
七月二十四日

并问候东京的前辈旧友诸位

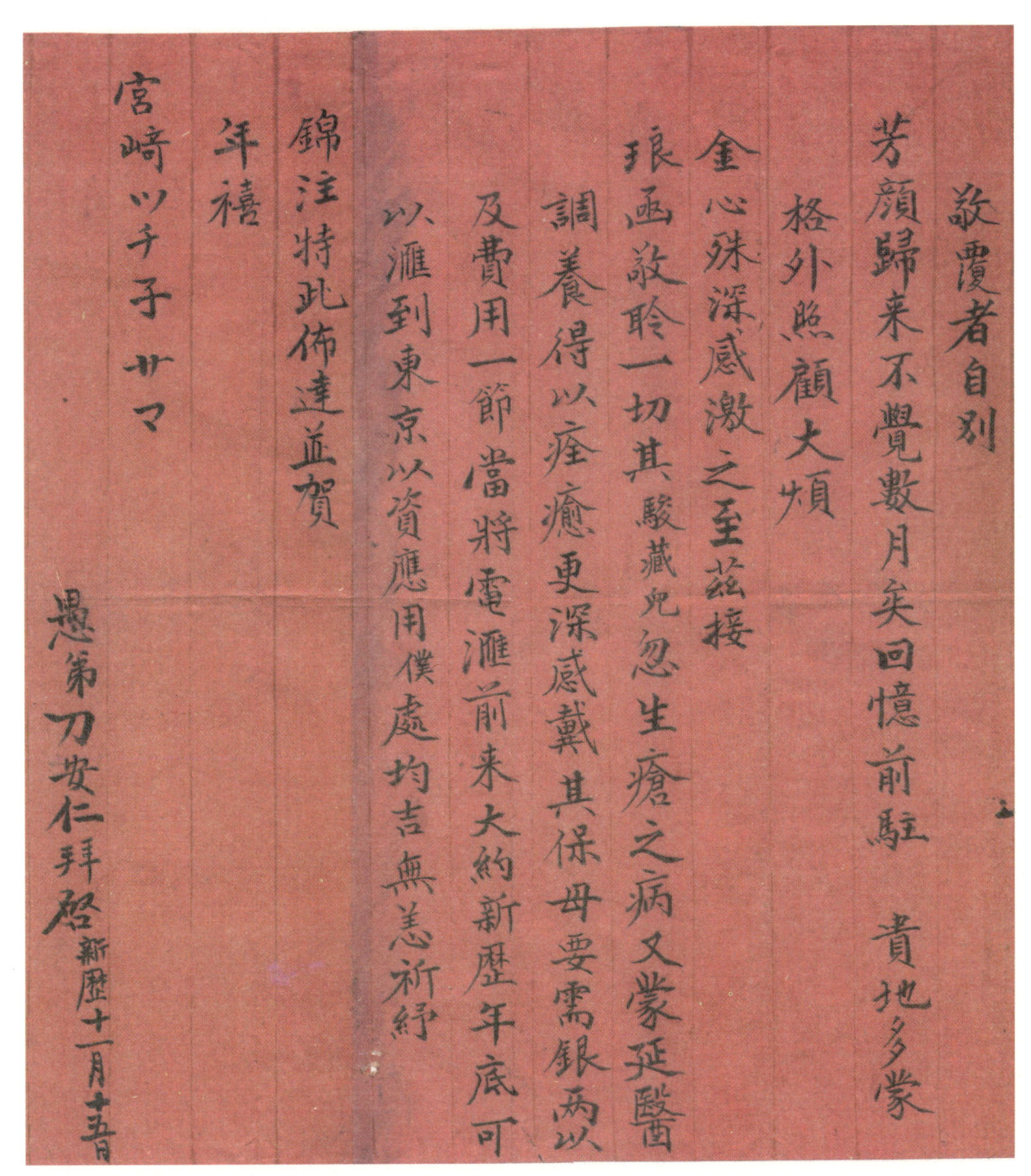

敬覆者自別
芳顏歸來不覺數月矣回憶前駐 貴地多蒙
格外照顧大煩
金心殊深感激之至茲接
琅函敬聆一切其駿藏兒忽生瘡之病又蒙延醫
調養得以痊癒更深感戴其保母要需銀兩以
及費用一節當將電滙前來大約新歷年底可
以滙到東京以資應用僕處均吉無恙祈紓
錦注特此佈達並賀
年禧
宮崎ツチ子サマ
　　　　　　愚第刀安仁拜啟 新歷十一月十五日

刀安仁致宮崎滔天夫人函（1908年11月15日）

释读

敬复者：自别芳颜归来，不觉数月矣。回忆前驻贵地，多蒙格外照顾，大烦金心，殊深感激之至。兹接琅函，敬聆一切，其（骏藏儿）忽生疮之病，又蒙延医调养，得以痊愈，更深感戴。其保母〔姆〕要需银两以及费用一节，当将电汇前来，大约新历年底可以汇到东京，以资应用。仆处均吉无恙，祈纡锦注。特此布达，并贺
年禧
宫崎槌子様

愚弟　刀安仁拜启
新历十一月十五日

来函照録

先生大鉴 云南民军光复河口叠告各事情形陈经电
报外谨详述之
初国民军之围河口也 谴师旋边界者百余人共散布
於车路一带装为苦力者二百人清军暗约反正 届
降者日众 顾我军以河口原屯重兵除警察汛兵
外别有督办亲带二营黄元贞管带一营岑连柱
管带一营黄元贞素通特於我两督办玉玉藩
则顽固若杨柱反情之知诚者也皆办一部
下能字偏勇而有谋自愿以身尚督办而以其二部
从我相约已三旬督办乃告密者言额为偏及
黄元贞已有调有之信督办辞职之文书亦
将回滇然字偏黄元贞二人乃决意速举有
清谋者倾知法界有我军指挥者数名寓
为竟通一切集靖法英拘留之 仰 实苦矣
闻此予急催我军首领黄明堂 阅人南张德卿
八八四

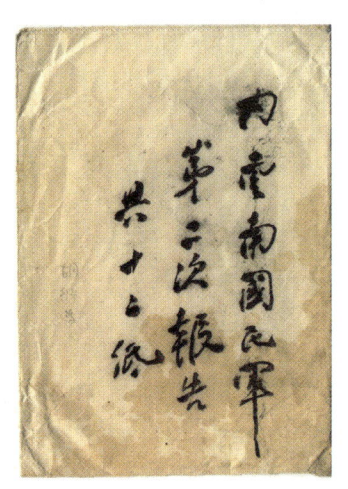

释读

来函照录

先生大鉴：

云南国民军光复河口、蛮浩各等情形，除经电报外，谨详述之。

初国民军之图河口也，潜师于边界者百余人，其散布于车路一带装为苦力者二百人。清军暗约反正投降者日众。顾我军以河口原屯重兵，除警察汛兵外，则有督办亲带二营，黄元贞管带一营，岑德柱管带一营。黄元贞素通情于我，而督办王玉藩则顽固老物，岑德柱更懵无知识者也。督办部下熊守备勇而有谋，自愿以身当督办而以其部从我，相约已二旬。督办得告密者言，颇为备及。黄元贞已有调省之信，督办辞职之文书亦将回复，熊守备、黄元贞二人乃决意速举。

有清谍者侦知法界有我军指挥者数名寓焉，竟诬以劫案，请法吏拘留之，即仲实等八人也。弟闻此事，急催我军首领黄明堂、关人甫、张德卿（续下页）

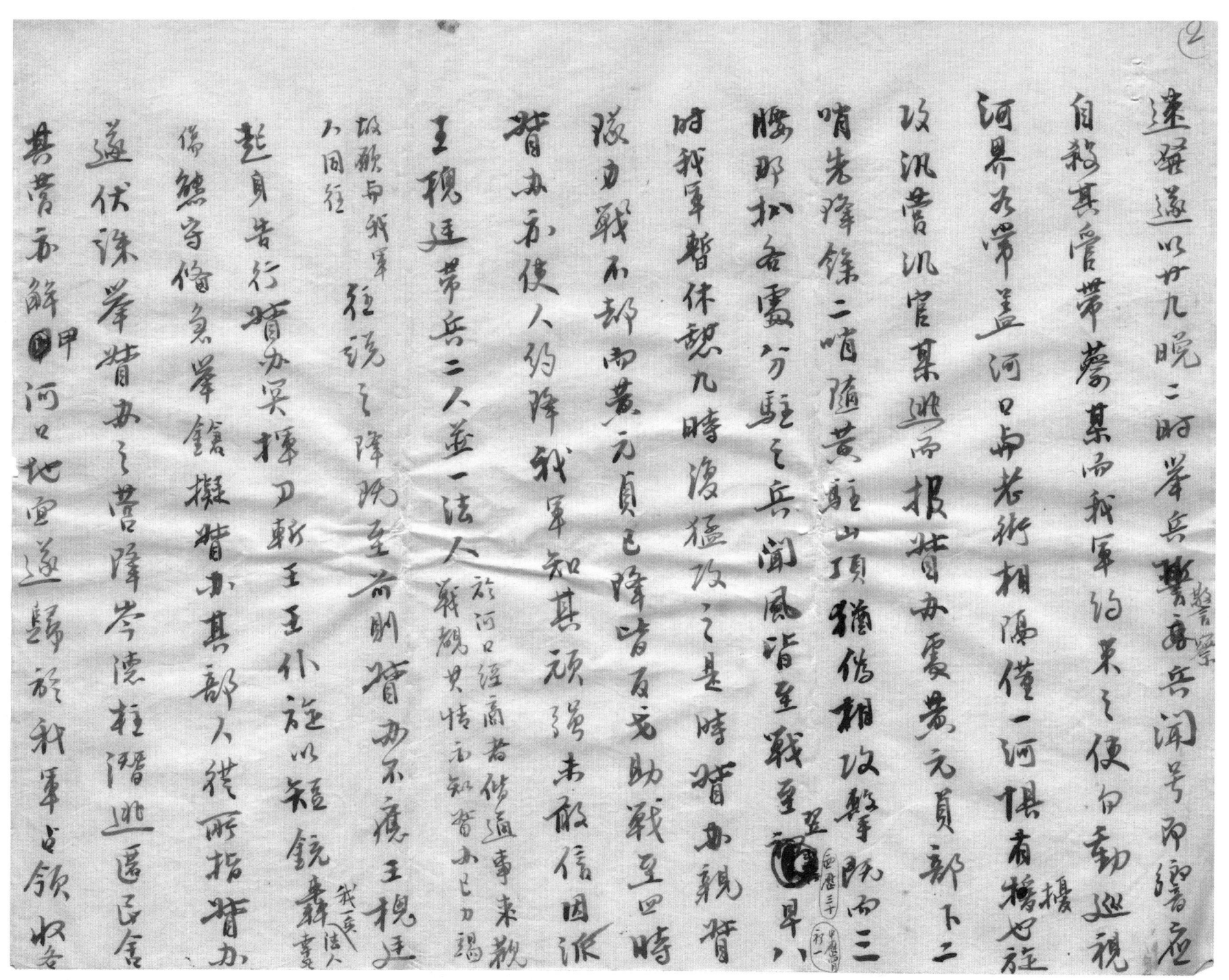

胡汉民致宫崎滔天函（1908年）（二）

释读

（接上页）

速发，遂以廿九晚二时举兵，警察兵闻号即响应，自杀其管带蔡某，而我军约束之，使勿动，巡视河界如常。盖河口与老街相隔仅一河，惧有扰也。旋攻汛营，汛官某逃而报督办处。黄元贞部下二哨先降，余二哨随黄驻山顶，犹伪相攻击。既而三腰、那扒各处分驻之兵，闻风皆至。

战至翌（西历三十，中历四月初一）早八时，我军暂休憩，九时复猛攻之。是时，督办亲督队，力战不却，而黄元贞已降，皆反戈助战。至四时，督办亦使人约降。我军知其顽强，未敢信，因派王槐廷带兵二人，并一法人（于河口经商者，偕通事来观战，见其情亦知督办已力竭，故愿与我军人同往）往说之降。既至前，则督办不应，王槐廷起身告行，督办突挥刀斩王，王仆。旋以短铳轰我一兵，法人幸免伤。熊守备急举枪拟督办，其部人从所指，督办遂伏诛，举督办之营降。岑德柱潜逃匿民舍，其营亦解甲。河口地面遂归于我军占领，收各（续下页）

营之枪千条陈身佩之子弹外另乃贮存之子弹
大万。河口四砲台亦归我有。惟墓下令安民益派兵
保护领于税关洋人送往法粤广民大悦，法颇依此
勋为纸依发国际法而行。一面点收军实编正队，他一面谕功我等之业
颂扬备至。

行赏高议进兵黄元填既降，则自为书勤谕
路。上李二阑及黄茂兰友正初三晚李亲率合营
束降缴枪二百余枝，子弹三万粒。穀一百担黄茂
兰部下二哨亦于闻风束来初三闽仁甫引家四百
进攻曹浩实大引偏师上甫西河。此为功蒙自军乙百
黄茂兰面复书许黄某为真言。黄茂兰雨驻教李
基胜黄左七千八条。我军到日自尚宁合营投降初四
他一哨官王玉珠六相约缴炮，我军更前行抓他
新衔柯积呈要浩官带兵三百条入登山旅卡我
阑仁甫兵上至南溪遇有胡华甫营一哨束降
基胜波李先降

释读

（接上页）

营之枪千余，除身佩之子弹外，另得贮存之子弹七万，河口四炮台亦归我有。于是下令安民，并派兵保护领事、税关，洋人送往法界，居民大悦。（法报纸以我军之举动，为能依于国际法而行，颂扬备至。）一面点收军实、编正队伍，一面论功行赏，商议进兵。

    黄元贞既降，则自为书劝铁路上李兰廷及黄茂兰反正。初二晚，李亲率合营来降，缴枪二百余枝，子弹三万，谷一百担。黄茂兰部下二哨，亦已闻风而来。初三，关仁甫引众四百进攻蛮浩、宁大，引偏师上南西河（此为攻蒙自军之偏师也，而德兴则正兵）。黄茂兰亦复书于黄元贞言（黄茂兰所驻较李兰亭为远，李在二十几条基胜，黄在七十八条基胜，故李先降）：我军到日，自当率合营投降。初四，关仁甫兵上至南溪，适有胡华甫营一哨来降，他一哨官王玉珠亦相约响应。我军更前行，抵新街。柯积臣（蛮浩管带也）带兵二百余人，登山放卡，我（续下页）

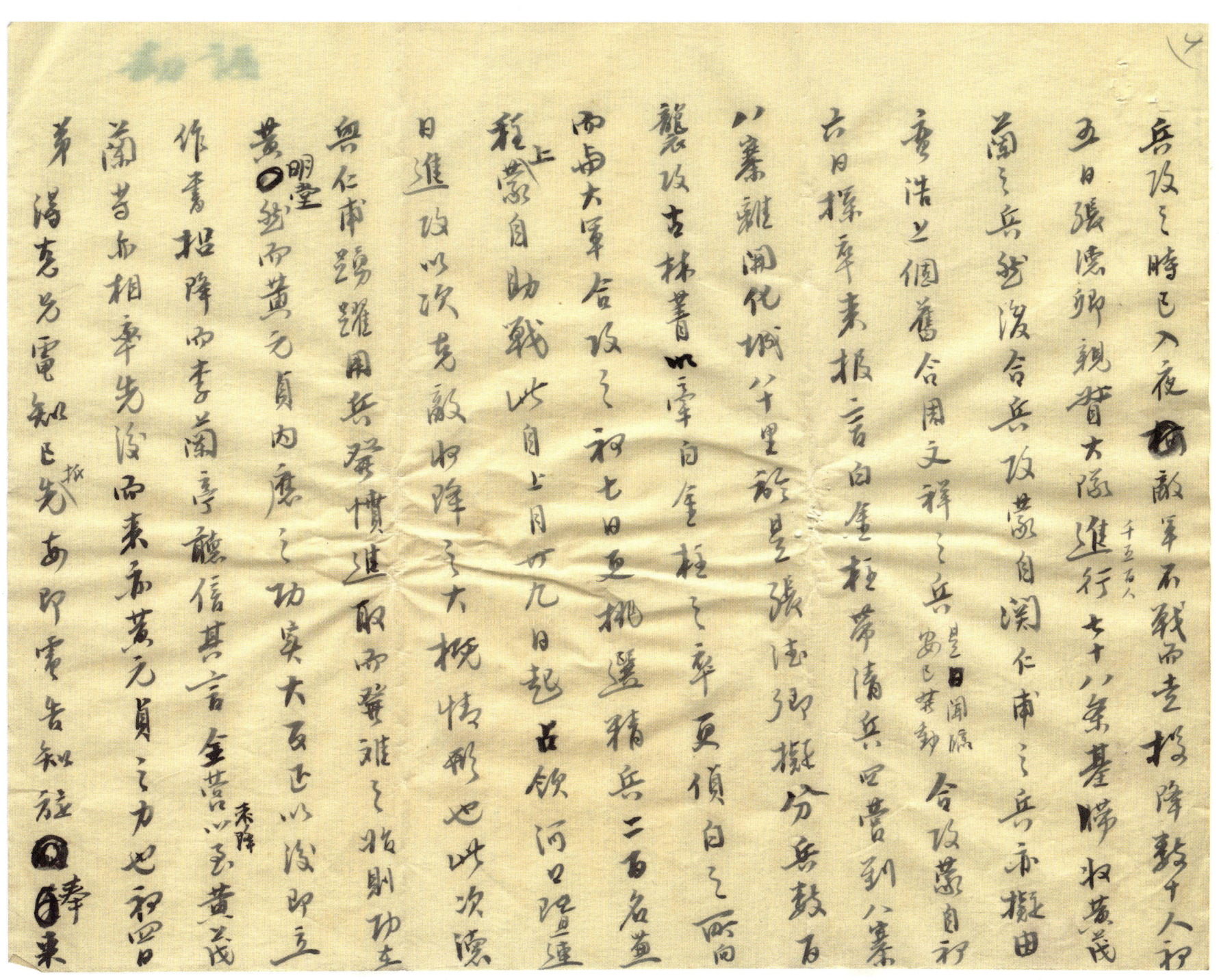

胡汉民致宫崎滔天函（1908年）（四）

宫崎滔天家藏民国人物书札手迹（第三卷）

释读

（接上页）

兵攻之，时已入夜，敌军不战而走，投降数十人。初五日，张德卿亲督大队（千五百人）进行七十八条基勝，收黄茂兰之兵，然后合兵攻蒙自。关仁甫之兵亦拟由蛮浩上个旧，合周文祥之兵（是日闻临安已发动）合攻蒙自。初六日，探卒来报，言白金柱带清兵四营到八寨，八寨离开化城八十里，于是张德卿拟分兵数百，袭攻古林菁，以牵白金柱之卒，更侦白之所向，而与大军合攻之。初七日，更挑选精兵二百名，兼程上蒙自助战。此自上月廿九日起占领河口，暨连日进攻，以次克敌收降之大概情形也。此次德兴[卿]、仁甫踊跃用兵，发愤进取，而发难之始，则功在黄明堂。然而黄元贞内应之功实大，反正以后，即立作书招降，而李兰亭听信其言，全营来降。以至黄茂兰等亦相率先后而来，亦黄元贞之力也。初四日，弟得克兄电，知已抵先安，即电告知。旋奉来电令考訏即之督傅师初六晚率亮由海防入河内，令各□以甲率上老街行之河口督师第六已将河口各游击才辞及进行之近情陷细告知克先精神究是疲乏鞍马劳顿之状频行谓云南旅甚间亟谋去一喘搭强顺以壮军之气敌兵岂不能为我患则威取廉西之兵自极宜以…想

袁兄亲行督师志气正当百倍也陆仰频经诣此行收轶之事可为克以敌方克以敌势晚骆亡会党相通女上产莫为发扬用命也惟是自河口以上粮采极贵每日每人至少须巷伏食眠现查驻兵已三千余人河口所有之义师三百余人人至河口投降者甚多讯首及处防四营李兰亭一营黄毘兰来降二哨胡華 第二哨王玉琛一哨安隆新街事浩当有降者每日用长粮食一项而歀及千元即游河口即就菅义捐得银三千三百元杯巷雖时款地微如囘捐增办之花红二千各以上砲台及元啃官首级

释读

（接上页）

电，令克到，即上督滇师。初六晚车克由海防入河内，今晨以早车上老街，往河口督师。弟亦已将河口各将士之才干，及进行之近情，备细告知。克兄精神完足，殊无鞍马劳顿之状。濒行，谓云南敌兵若不能为我患，则或取广西之兵自救，宜于其间更谋出一路兵于归顺，以牵制之云。想克兄亲行督师，士气更当百倍也。德卿濒行，谓此行攻战之事可必克，以我力充足，而敌势脆弱，又会党相通，其士卒莫为彼虏用命也。惟是自河口以上，粮米极贵，每日每人至少须发伙食三毛。现在我兵已三千余人（河口原有之义师三百余人，在河口投降者，警察汛营及巡防四营，李兰亭来降一营，黄茂兰来降二哨，胡华甫一哨，王玉珠一哨，其余新街、蛮浩尚有降者）每日用银，粮食一项，亦几及千元。收复河口，即就地征收义捐，得银三千五百元。惟发难时，杀督办之花红二千，占山上炮台及以哨官首级（续下页）

献者去山花红又三千八百共花红四千八百贝因行成茨彼食电

清亦须费但初二日第一次飘书带款二千二百元上次日间长成之队艺程初四日第一次款船至带二千二百元上次日张佐弥陇之队艺程初六晚责亭携二日队携持三日粮抑至河内调述情郴郑知陇陇之队艺程初三日粮抑至胡携侨勤鱼为接食运送供给使虏为行军之

时铺户之相已雖为繇西兵起河口占领已迫一遇不见外洋大款接济士心虽国不为摇动纷若粮食不週则情見挚继外继见笑穆勒囵而恐降者之襄岂羞降者之来成于情谊者三所动辞卖扬者七由此對且之情藝爨不数顿顽寿附而郴勒年阻以量守收取之州绐辞风寿附而郴勒年阻以量守收取金復也不雖著因铜纵之故使来者闻知不骨躁踂素附而由河口但兵郁军得利正左有越北供援之餘援之食而进州两至西西献

释读

（接上页）

献者，大小花红又二千八百，共花红四千八百（其得河口后来降者，即皆不给赏，但发伙食而已）。初二日弟交甄吉亭带款二千二百元上，次日关仁甫之队起程。初四日，弟交黄龙生带二千二百元上，次日张德卿之队起程。初六晚，吉亭归河内，细述情形，知德卿之队，仅持三日粮，非立加接济，并多办粮食运送供给，便虑为行军之窒碍。是时铺户之捐，已难于为继。而兵起河口，占领已逾一周，不见外洋大款接济，士心虽固，不为摇动，然若粮食不周，则情见势绌，外恐见笑于邻国，内亦恐降者之裹足。盖降者之来，感于情谊者三，而动于声势者七。由此数日之情势度之，则彼敌望风奔附，而我师无阻，以是而收取全滇也不难。若因饷绌之故，使来者闻知，不肯踊跃来附，而由河口进兵，我军得利，正在有越地供给之后援，足食而进兵，则所至所向，能（续下页）

敬启者 敝政府内同志力踪于前先生两晓之报告遂再电罗如告危急旦复捣何以来电言译者见粮食因乏颇有不安者第为焦急旋译罢先生复电三日有敕略为欲愿知仍多以演两日之困急愈张敕商议果附来子梁秋便由伊捣敕三千两仍以年论何时罢敕剑立即归逞罢秋前月已为我觉擒效千前修以此番实为贝助力以第欲实云堂大府碎有把握哥老会之钟息之相通水黄元员之营译两降者相继兴驱世固文祥曾破胁安云南晶有声名者今而皆为我国民军而起转会觉党凡值前之兵荷者俱会党今如不雅实为革命党可服陴而于国民军笑此云南全局可开者敕军一方端也蒙自闻化藻塘各敕千此招国蔓而字兵备不过西三营会共附近可

胡汉民致宫崎滔天函（1908年）（七）

释读

（接上页）

战能攻。河内同志力竭于前，先生所晓。弟见吉亭之报告，遂再电星州告危。是日复接河口来电，言降者见粮食困乏，颇有一二不安者，弟尤为焦急。旋得星州先生复电，三日有款，略为欣慰，然仍无以济两日内之困急。勉强就商于梁成泰之子梁秋，使由伊捐款三千，而约以无论何时星款到，立即归还。梁秋前月已为我党捐款二千（前信已告知），此番实得其助力。以弟观察，云南大局确有把握，哥老会之纠合息息相通。如黄元贞之营降，而降者相继，此其验也。周文祥曾破临安，云南最有声名者，今亦皆为我国民军而起，转会党而为革命党。凡滇省之兵，前者俱会党，今则不难立变为革命党，而服从于国民军矣。此云南全局可图者一大端也。蒙自、开化藏枪各数千（藏置为招募新军用者），而守兵各不过两三营，合其附近可（续下页）

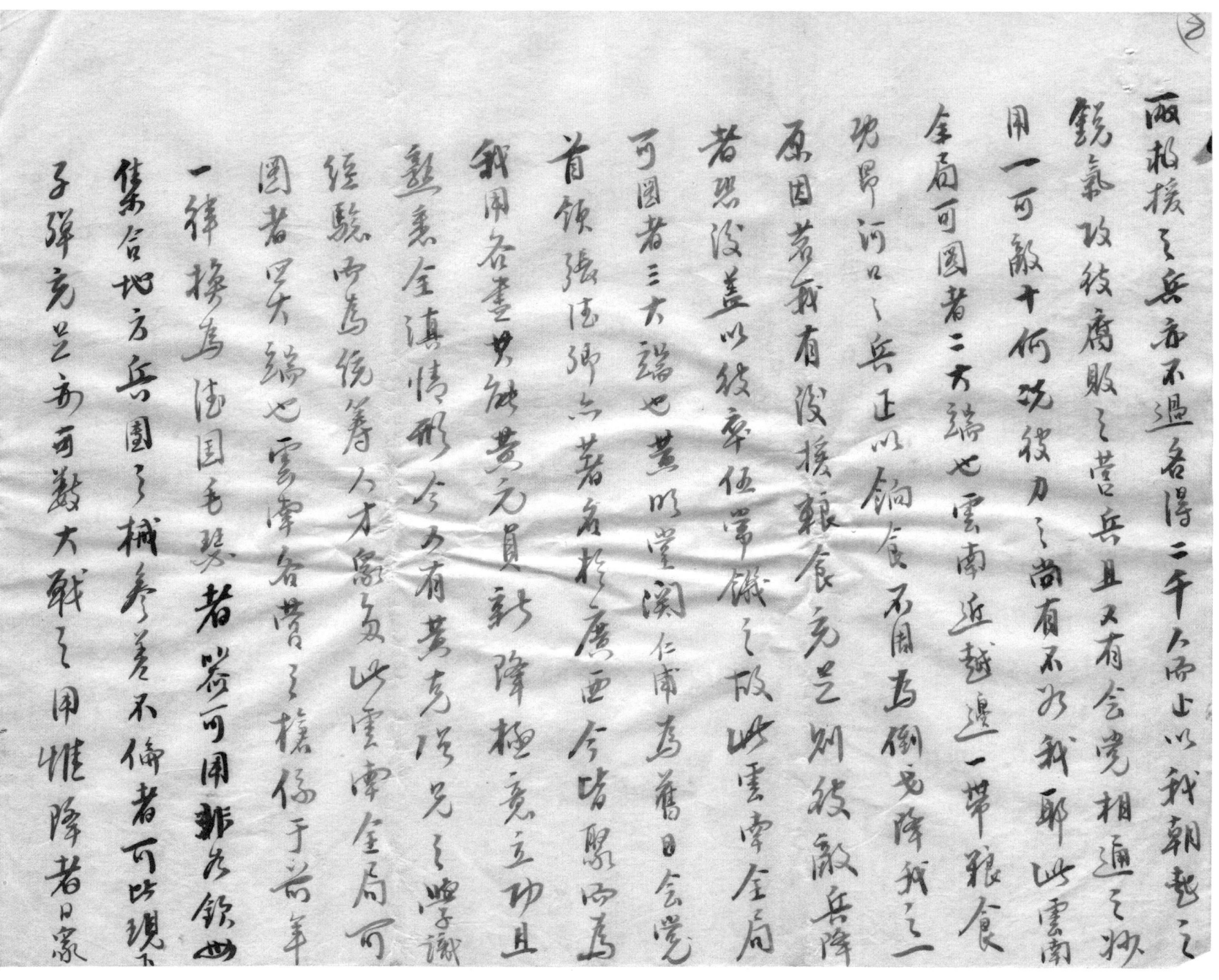

胡汉民致宫崎滔天函（1908年）（八）

释读

（接上页）

取救援之兵，亦不过各得二千人而止。以我朝起之锐气，攻彼腐败之营兵，且又有会党相通之妙用，一可敌十，何况彼力之尚有不如我耶？此云南全局可图者二大端也。云南近越边一带，粮食既昂，河口之兵，正以饷食不周，为倒戈降我之一原因。若我有后援，粮食充足，则彼敌兵降者恐后，盖以彼卒伍常饥之故，此云南全局可图者三大端也。黄明堂、关仁甫为旧日会党首领，张德卿亦著名于广西，今皆聚而为我用，各尽其能。黄元贞新降，极意立功，且熟悉全滇情形。今又有黄克强兄之学识经验，而为统筹，人才众多，此云南全局可图者四大端也。云南各营之枪，系于前年一律换为德国毛瑟者，器可用，非如钦州集合地方兵团之械参差不伦者可比，现下子弹充足，亦可数〔敷〕大战之用。惟降者日众，（续下页）

州饷食日增河内目捐輸千
有大欵可堪撥濟蓋得丁萬金分半先為糧
餉之用另有預為子彈之神克州大軍所至勢
必破化攻城暗地各没顧之憂暑以現在情
那論之別開化蒙自立我軍掌握惟兩城
防守驟加因糧勢不能給（蒙自省城河口巳此处
無法而發有巾着朝得城地再夕為因糧以完軍實
势之雖也故為預籌欵項以為臨時之用）星以
不能不先備外洋之接濟糧食等一子藥之
補充項之 辰波泽行私鉤亦可照取長行大班私徒解籍
養云若有台餉蒙消息請覚人告我我有大疑
相酬蒙自領事闻我軍行於河口即歸蒙自伊有洋行立役
我寄助革命党感恩大概蒙軍攻蒙自他人市云
故頗歸為通情嘉後徑之祥助他第左河内向
當参加逮勒俊做到而惟望先生郅星坡备
夫州當未能

释读

（接上页）

则饷食日增，河内一隅（河内已捐款千余，力已尽矣），乌能仰给？必有大款，方堪接济。若得十万金，分半先为粮饷之用，分半预备子弹之补充，则大军所至，势如破竹，攻城略地，无后顾之忧。若以现在情形论之，则开化、蒙自，在我军掌握。惟两城既得，骤办因粮，必不能给。（蒙自等虽非河口之比，然既得大城，则军费浩繁，亦非现在可比。因粮之事，必徐议办法而后有功，若朝得城地，而夕办因粮，以充军实，势之难也。故必预筹款项，以为临时之用。）是以不能不先仰外洋之接济，粮食第一，子药之补充次之。（底波洋行私约，如得蒙自，伊有洋行在彼，军用品可以任取；银行大班，私语孖氊养云：若有占领蒙自消息，请党人告我，我有大好意相酬；蒙自领事，闻我占领河口，即归蒙自。语人云：我素助革命党，或恐党军攻蒙自，他法人有误会，故须归为通情。意大抵若得蒙自，弟在河内，亦当尽力运动，使得种种之裨助。然第一级之工夫，则尚未能做到，而惟望先生与星〈加〉坡各（续下页）

弟说日去之方力先助之欵济报派之言曰革命军以浈乃真有革命之所当多有饷衡者吾人何敢量刄力之所至命之刄亦岂参乎其经济之困乏耶以黠千金之十万不能骤乃西方筹济五六万

饷须就地以筹军用刉岂参外力之大助耶知吾革命党岂银于平日耶外人所以知也今云南之橹局实谓非常之遑岂有智慧不为乘势况非祖国之偏嬌手墨谋人之手巨二百条举今何幸西河口至蒙自之间已胱汉人光复领峨蒙自而自底定全滇立轩范围广州惊魂袁魄两轩同胞曾手喜愿之馀 转生感呼而内外有血气者同心协力各尽其羲羲奸岂徒奋力行间者之希筮
我同胞实负责任也至如何筹金局指

胡汉民致宫崎滔天函（1908年）（十）

释读

（接上页）

埠诸同志之大力先助），十万不能骤得，亦必筹济五六万之款。法报纸之言曰：革命军此次乃真有革命之力矣，然何其经济之困乏耶。以数千金之款，而用数千人，何其神也。又有以革命军之所当无有能御者，吾人何敢量其力之所至。然须就地以筹军用，则岂无外力之大助耶？（在河口征捐，法亦知之。）盖我革命党之艰难于平日，非外人所得知也。今云南之机局，实所谓非常之遇，虽有智慧，不如乘势。况我祖国之沦替于异族人之手，已二百余年，今何幸而河口至蒙自之间，已归汉人光复占领，开化、蒙自，不日底定，全滇在我范围。虏则惊魂丧魄，而我同胞当于喜慰之余，转生感喟；而内外有血气者，同心协力，各尽义务，斯岂徒奋力行间者之希望，我同胞实其责任也。至如何统筹全局，指（续下页）

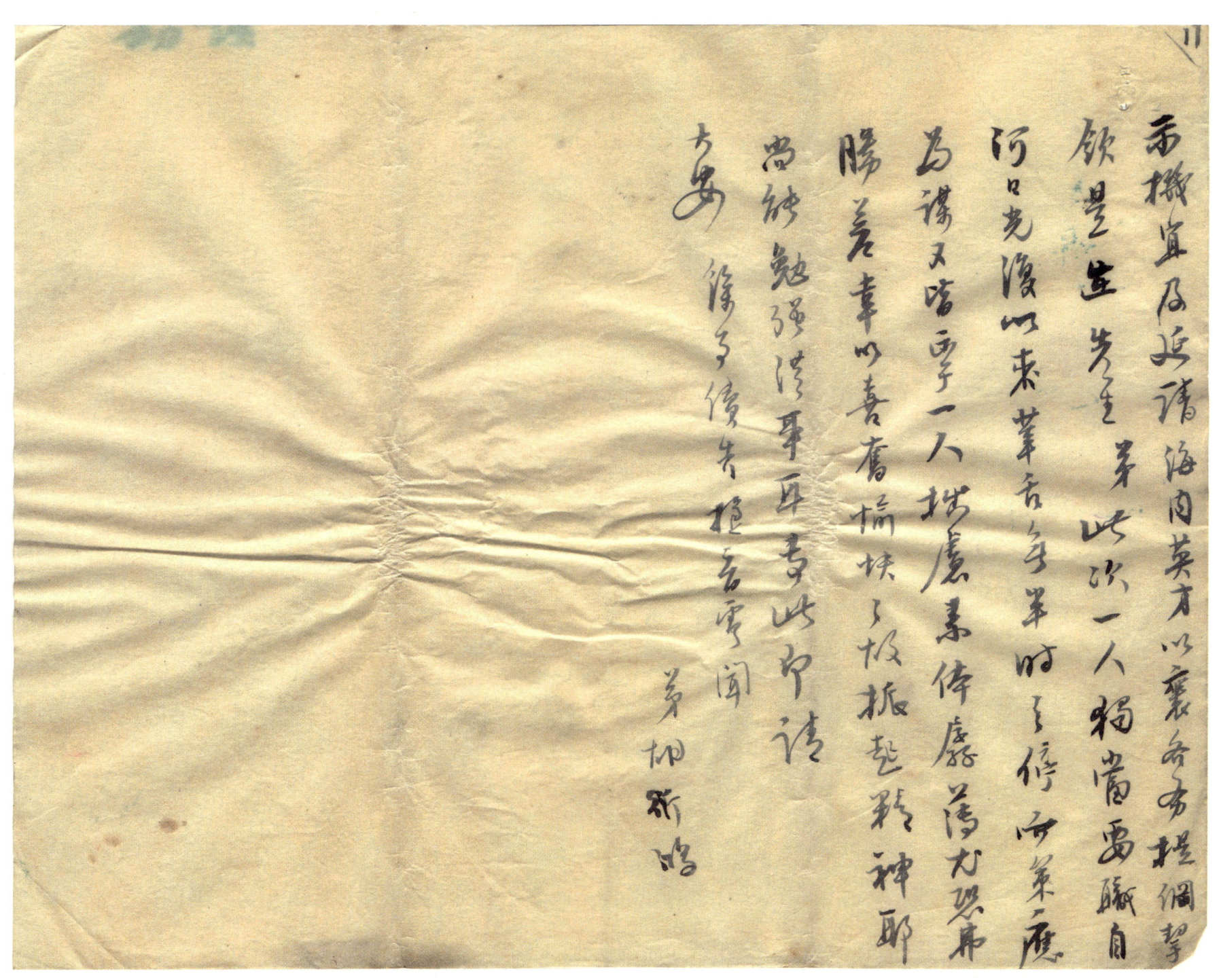

胡汉民致宫崎滔天函（1908年）（十一）

释读

（接上页）

示机宜，及延请海内英才，以襄各务，提纲挈领，是在先生。弟此次一人独当要职，自河口光复以来，笔舌无半时之停，而策应为谋，又皆出于一人拙虑。素体孱薄，尤恐弗胜。差幸以喜奋愉快之故，振起精神耶，尚能勉强从事耳。专此即请

大安

余事续告，捷音电闻

弟胡衍鸿

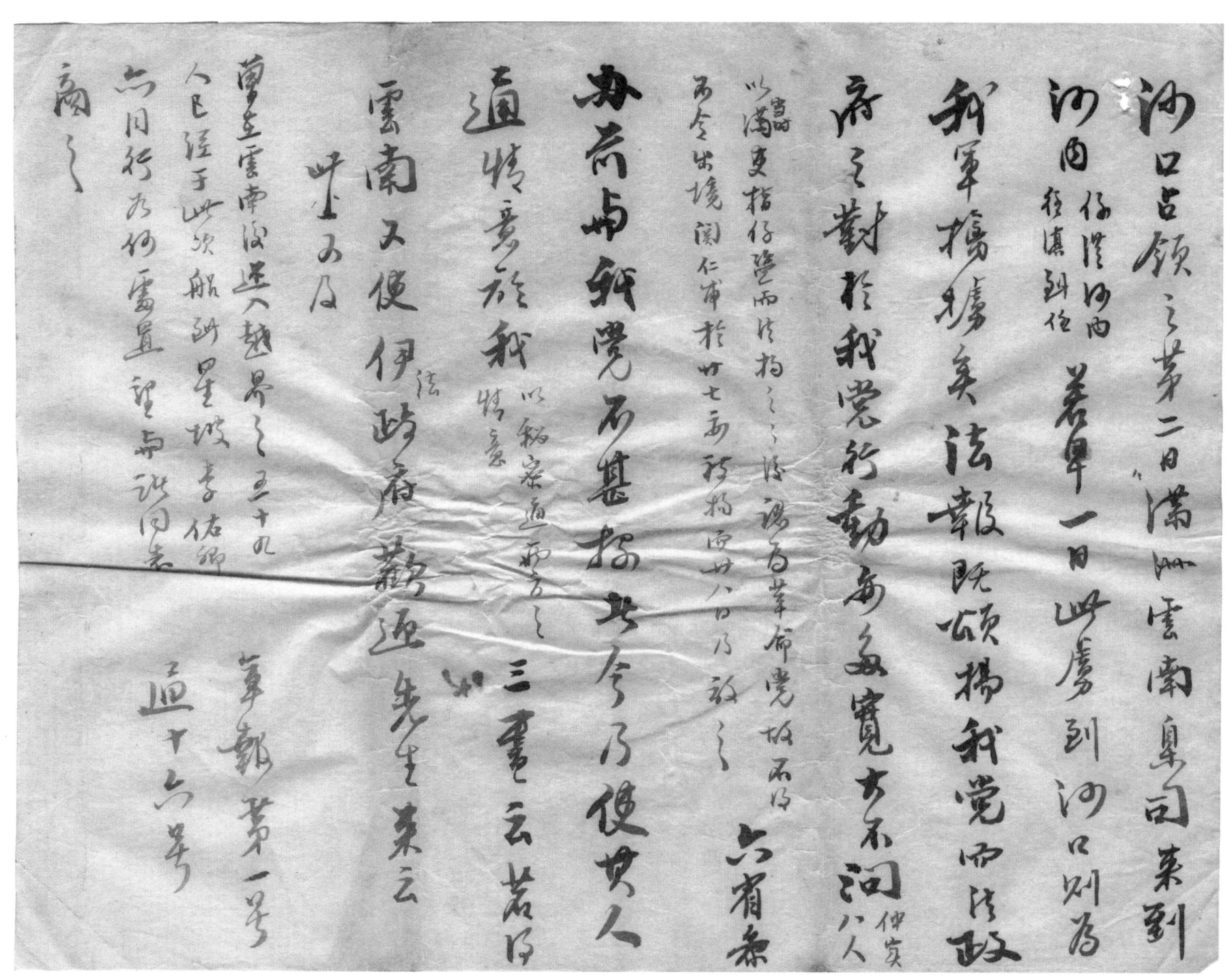

胡汉民致宫崎滔天函（1908年）

释读

　　河口占领之第二日，满洲云南枭司来到河内（系从河内经滇到任）。若早一日，此虏到河口则为我军擒掳矣。法报既颂扬我党，而法政府之对于我党行动亦多宽大不问（仲实八人以当时满吏指仔盗而法拘之。之后，认为革命党，故不得不令出境。关仁甫于廿七亦被拘，而廿八日及放之）。六省参办前与我党不甚投者，今乃使其人通情意于我（以秘密通两方之情意）。三画云若得云南，又使伊法政府欢迎先生来云。此上，又及。

　　曾在云南后还入越界之五十几人，已经于此次船到星坡（新加坡），李佑卿亦同行。如何处置，望与诸同志商之。

　　军报第一号

通十六号

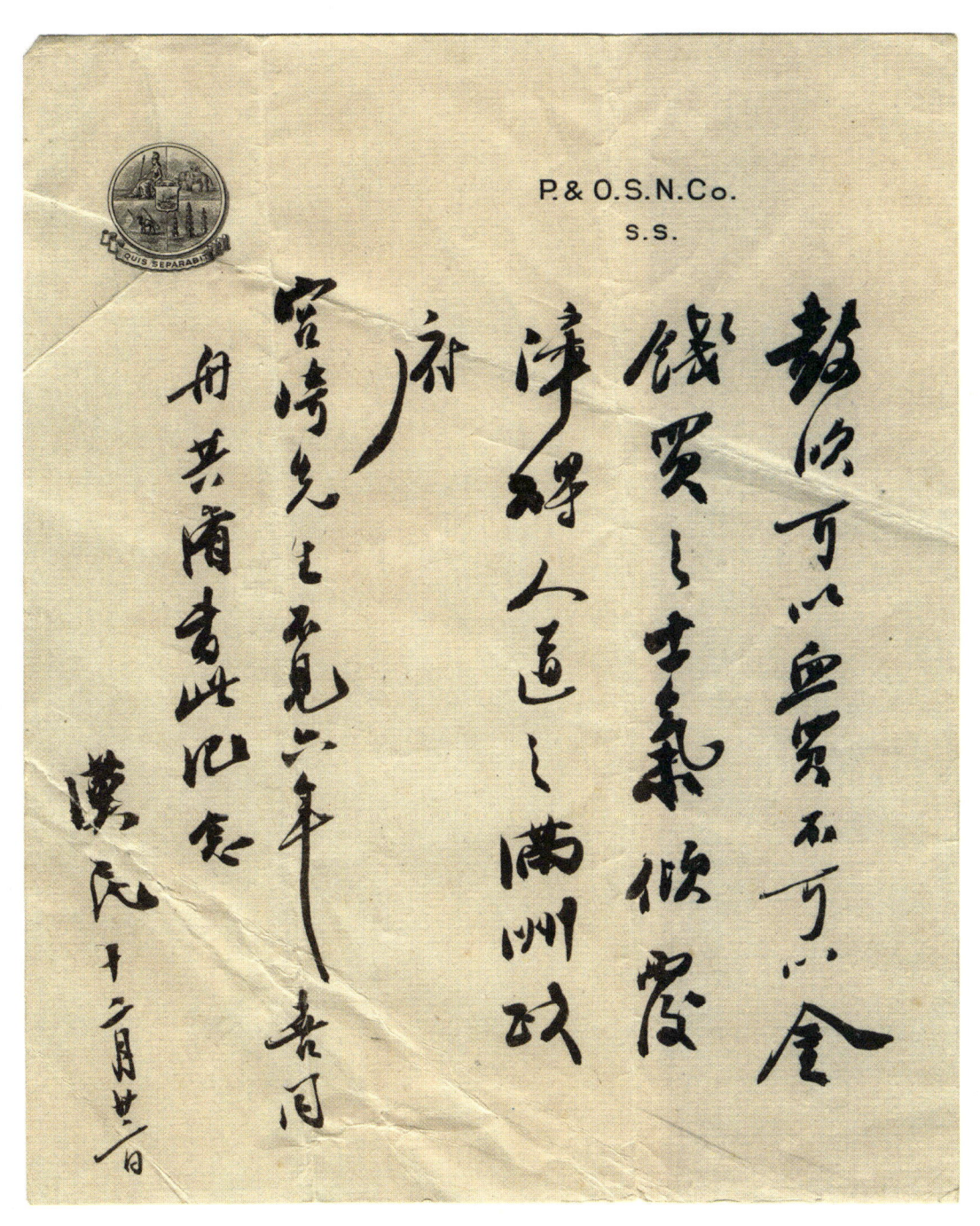

胡汉民致宫崎滔天函（1911年12月22日）

释读

鼓吹可以血买不可以金钱买之士气，倾覆障碍人道之满洲政府。宫崎先生不见六年，喜同舟共济，书此记念。

汉民

十二月二十二日

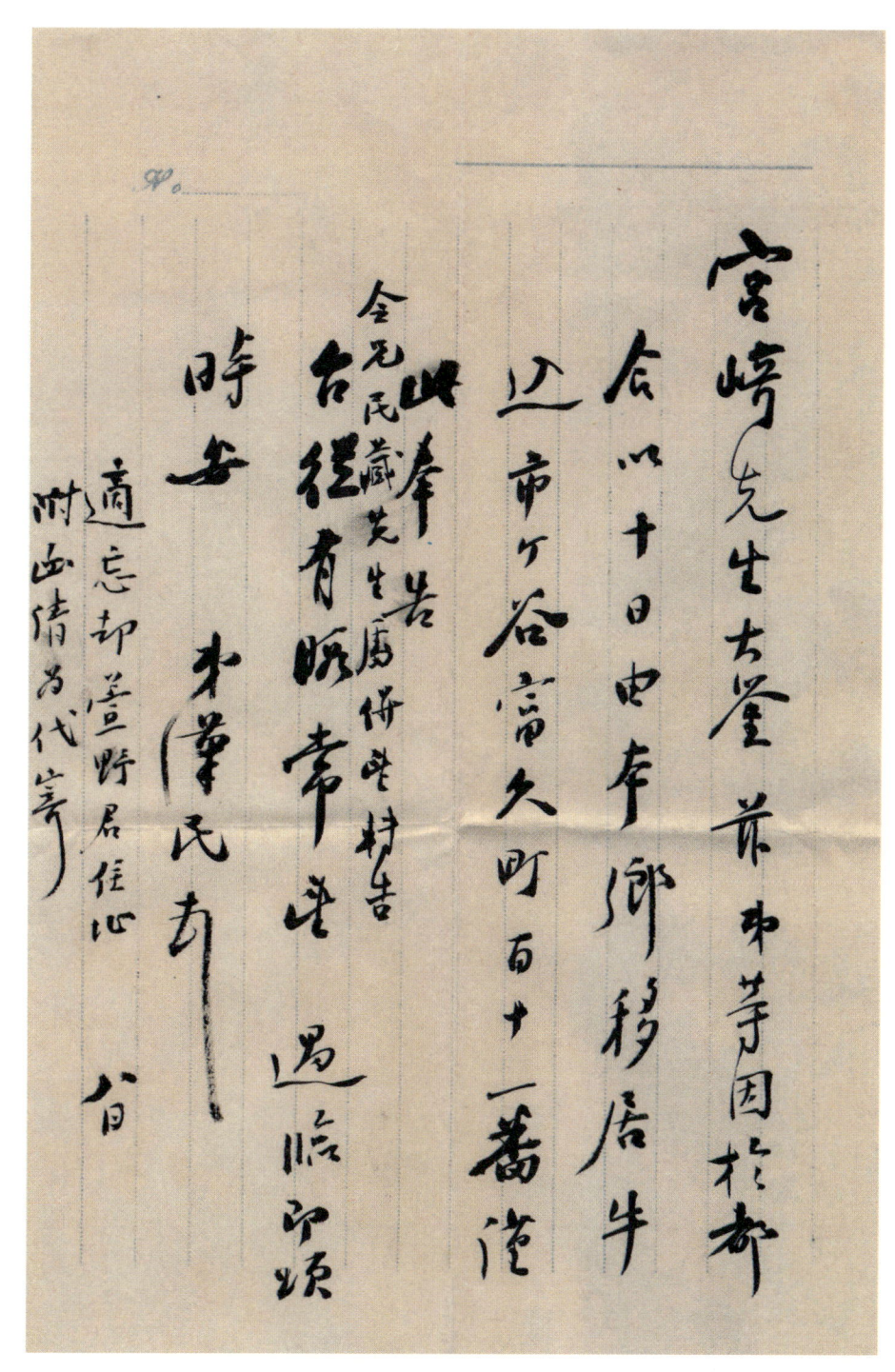

胡汉民致宫崎滔天函（1914年5月8日）

 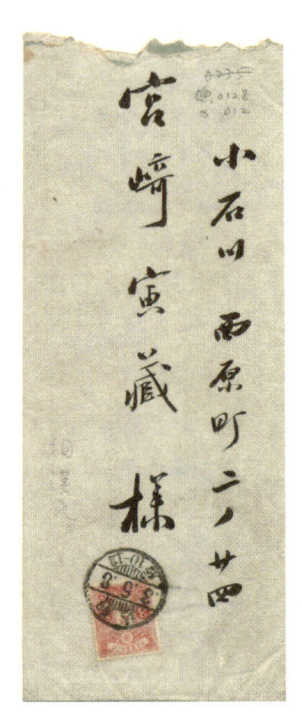

释读

宫崎先生大鉴：

兹弟等因于都合以十日由本乡移居牛込市谷富久町百十一番，谨此奉告台从（令兄民藏先生处并望转告）。有暇常望过临，即颂时安

弟汉民顿首
八日

适忘却萱野君住址，附函请为代寄。

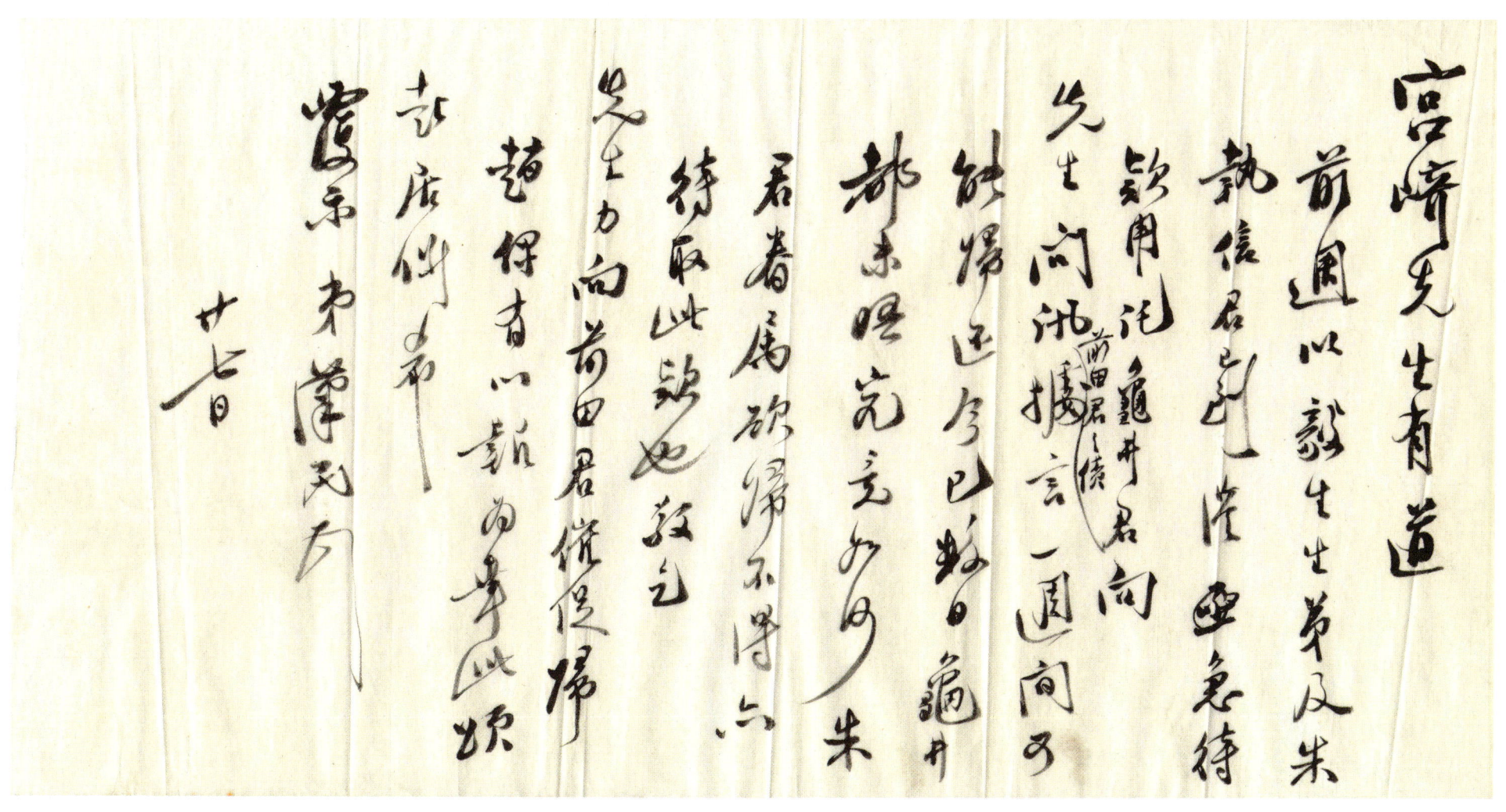

胡汉民致宫崎滔天函（1914年9月27日）

 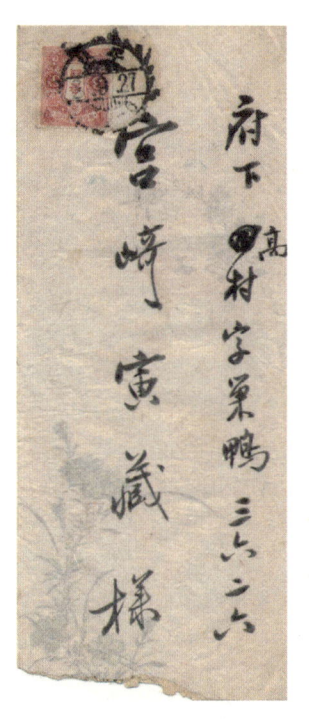

释读

宫崎先生有道：

　　前周以毅生、生弟及朱执信君已到，汉急待款用，托龟井君向先生问讯（前田君之债），据言一周间可能归还。今已数日，龟井都未晤，究竟如何？朱君眷属欲归不得，亦待取此款也。敬乞先生力向前田君催促归赵，俾有以报为幸。此颂

起居，并希覆示。

　　　　　　　　　　　　　　　　　　　　　　　弟汉民顿首
　　　　　　　　　　　　　　　　　　　　　　　二十七日

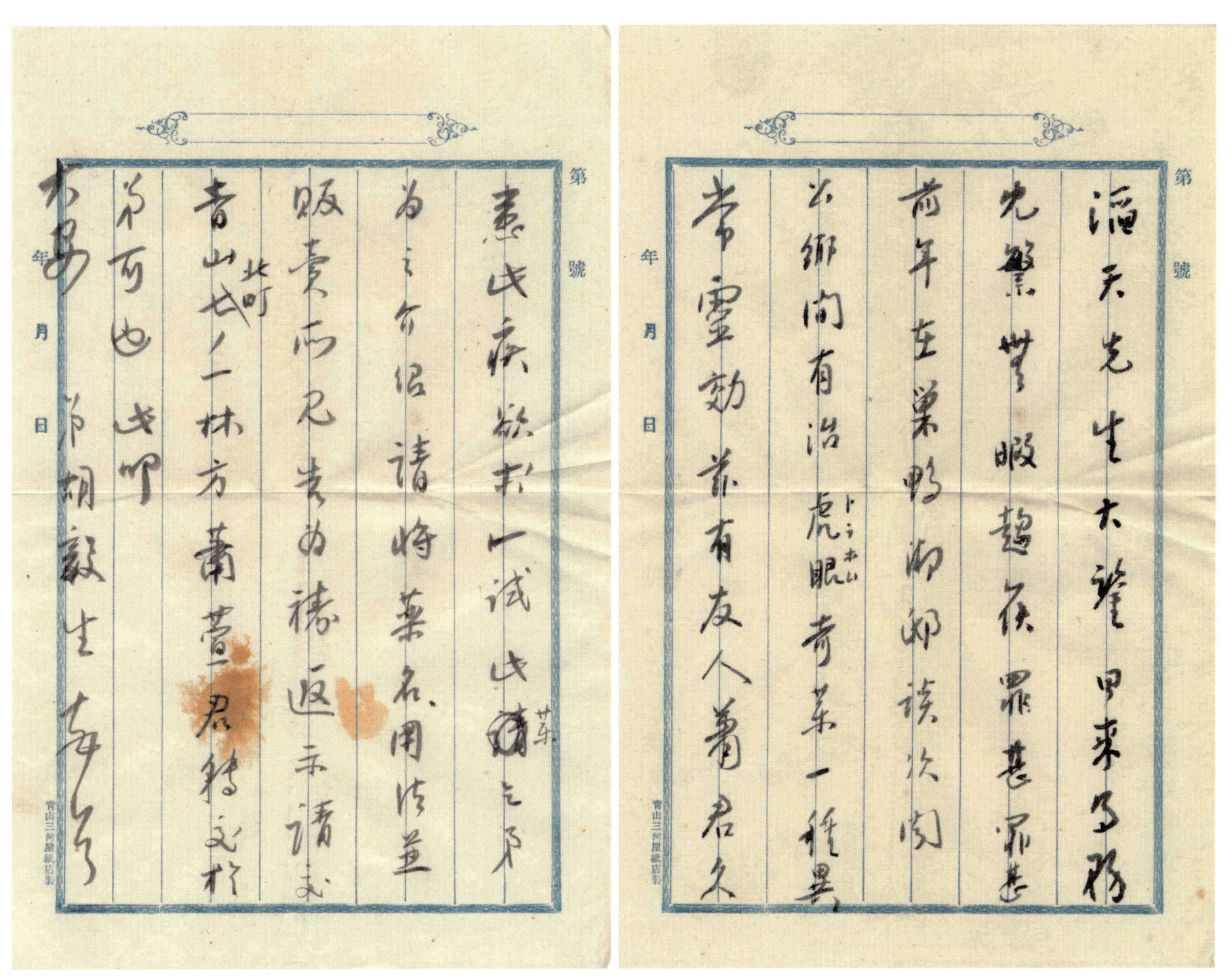

胡毅生致宫崎滔天函（1916年4月7日）

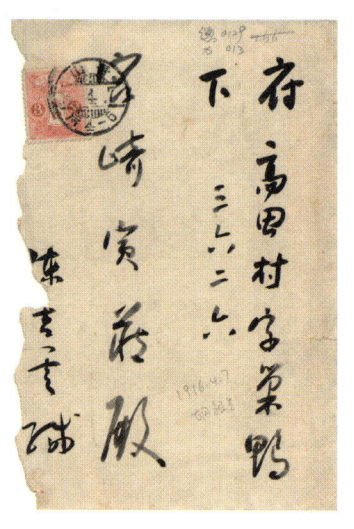

释读

滔天先生大鉴：

日来事务冗繁，无暇趋候，罪甚！罪甚！

前年在巢鸭御邸谈次，闻公乡间有治虎眼（トラホム）奇药一种，异常灵效。兹有友人萧君久患此疾，欲求一试此药，乞弟为之介绍。请将药名、用法并贩卖所见告为祷。返示请交青山北町七ノ一林方萧萱君转交于弟可也。此叩

大安

弟胡毅生顿首

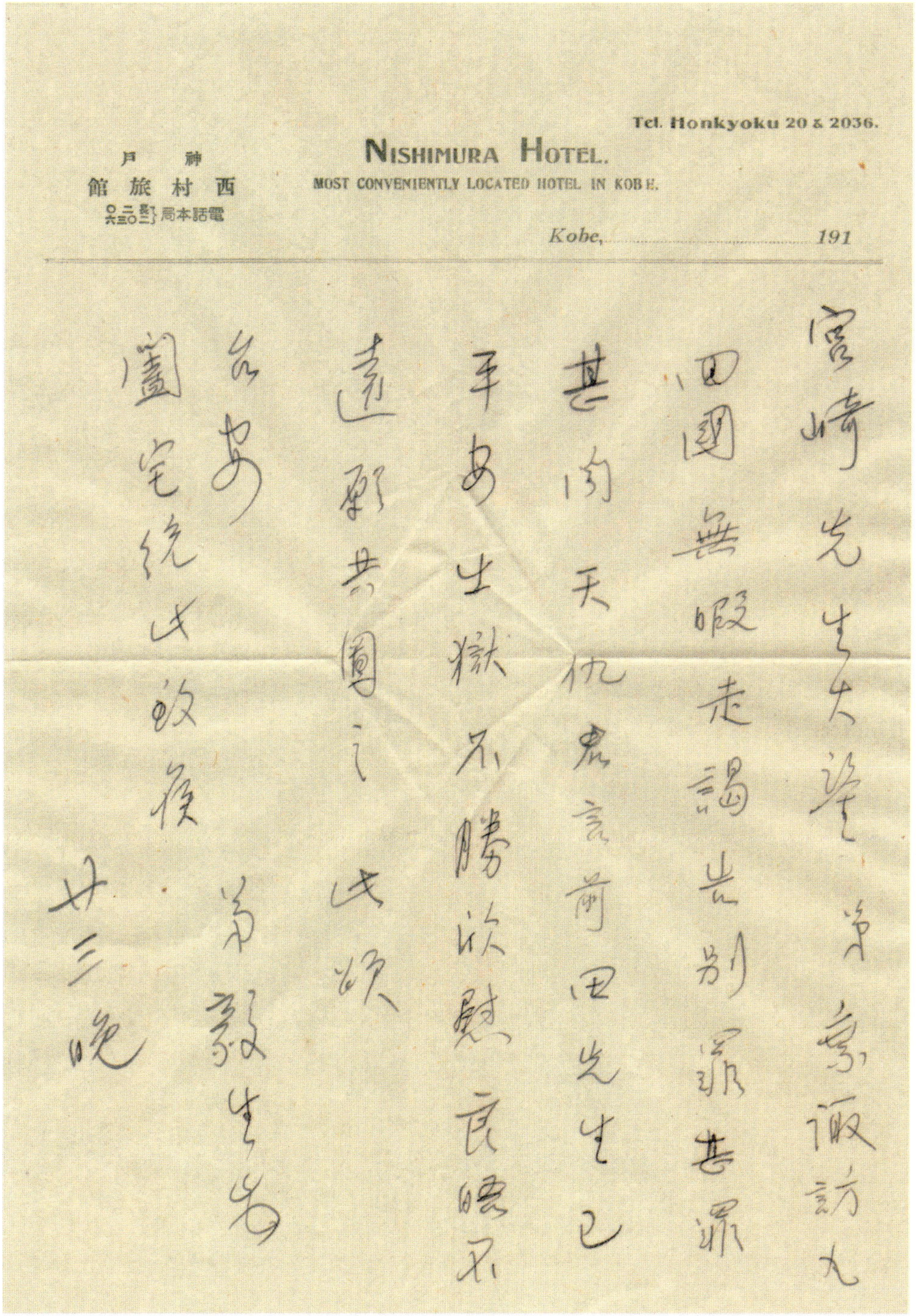

宮崎先生大鑒，弟与宮崎訪九田園無暇走謁告別甚歉甚肉天仇君言前田先生已平安出獄不勝欣慰良堪不遠郵共圖之此頌台安

盧宅统此致候

弟毅生上 廿三晚

胡毅生致宮崎滔天函（1916年7月23日）

释读

宫崎先生大鉴：

　　弟乘诹访丸回国，无暇走谒告别，罪甚！罪甚！

　　闻天仇君言，前田先生已平安出狱，不胜欣慰。良晤不远，愿共图之。此颂

台安

阖宅统此致候

　　　　　　　　　　　　弟毅生顿首

　　　　　　　　　　　　　二十三晚

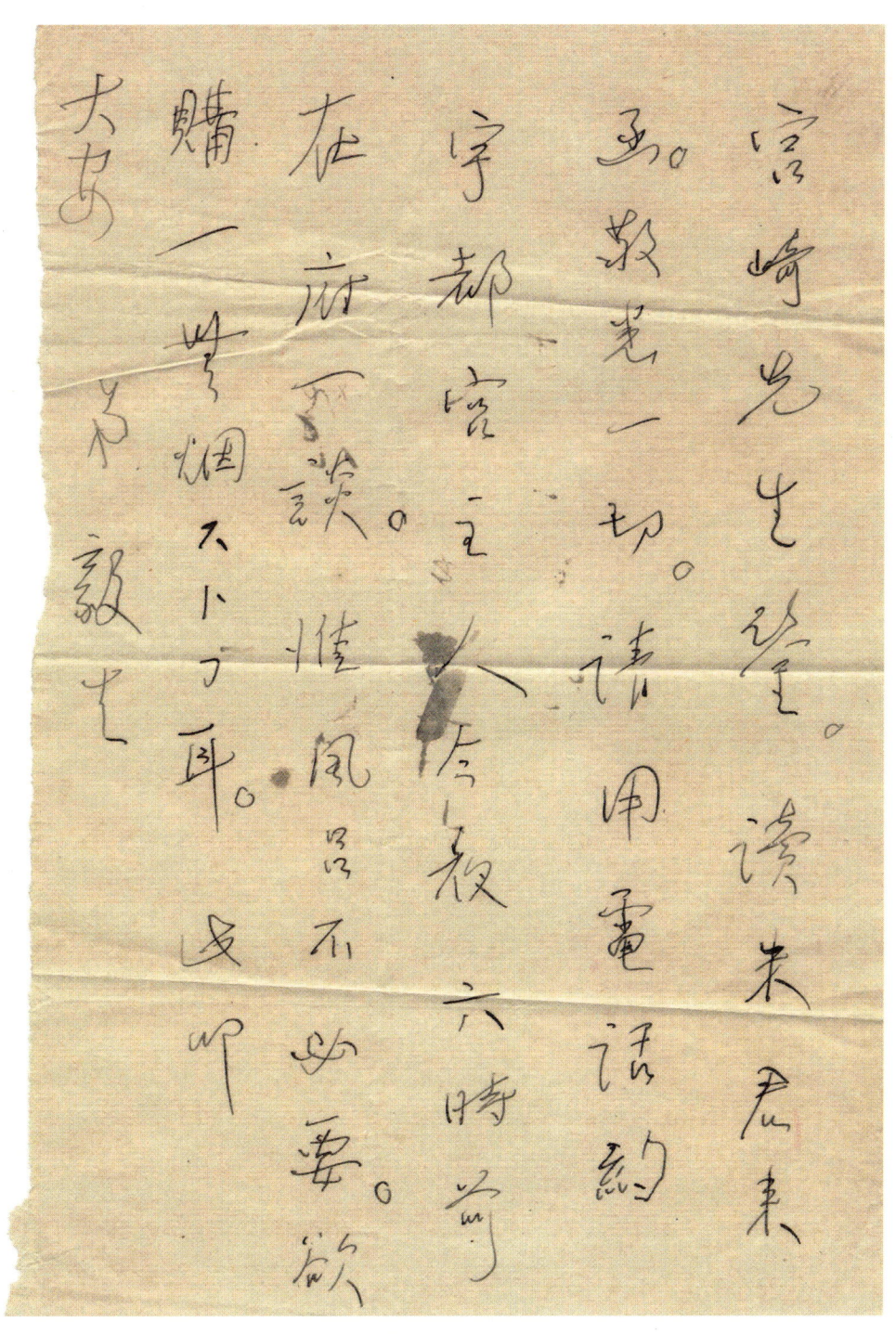

胡毅生致宫崎滔天函

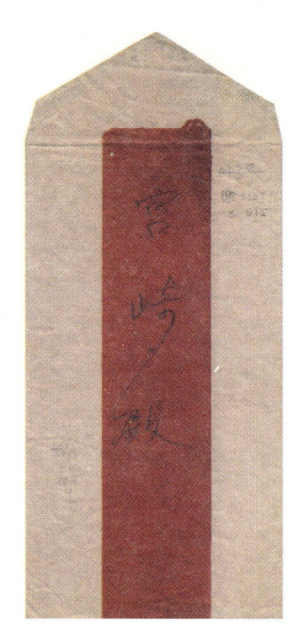

释读

宫崎先生鉴：

　　读朱君来函，敬悉一切。请用电话约宇都宫主人今夜六时前在府一谈。惟风吕不必要，欲购一无烟炉耳。此叩

大安

　　　　　　　　　　　　　　　　　　　　　　　　　　　　　　　　弟 毅生

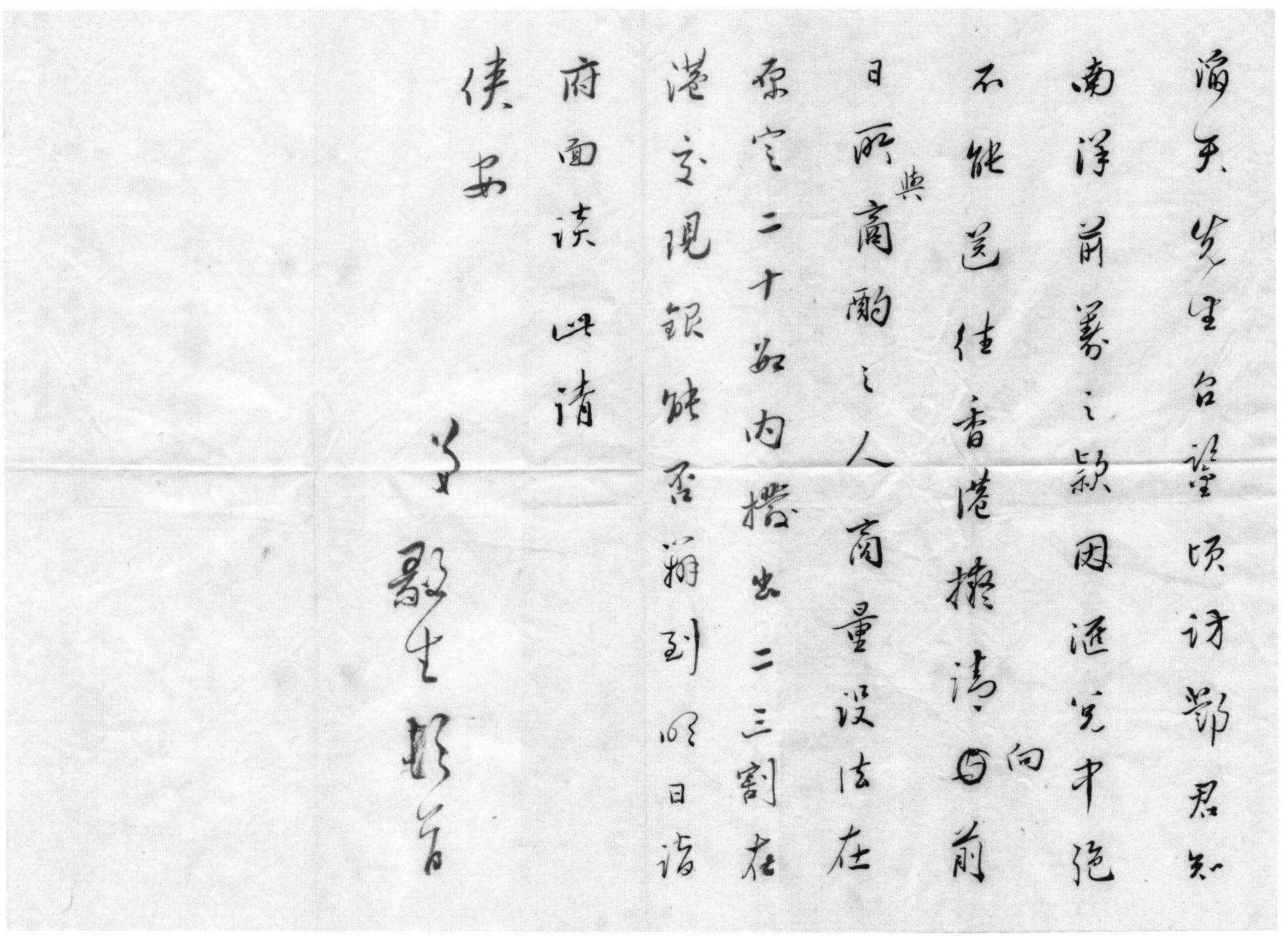

滔天先生台鉴顷访邓君知南洋前署之款因涵宽中绝不能运佳香港携清日前日与高丽之人商量设法在原定二十如内拨出二三割在港交现银能否辦到即日请府面读此请

侠安

弟毅生拜启

胡毅生致宫崎滔天函

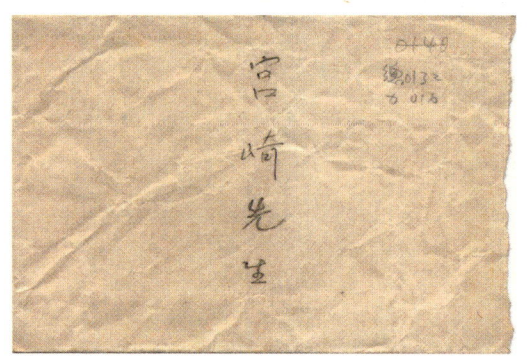

释读

滔天先生台鉴：

    顷访邓君，知南洋前筹之款，因汇兑中绝，不能送往香港。拟请向前日所与商酌之人商量，设法在原定二十数内拨出二三割，在港交现银。能否办到，明日诣府面谈。此请

侠安

弟毅生顿首

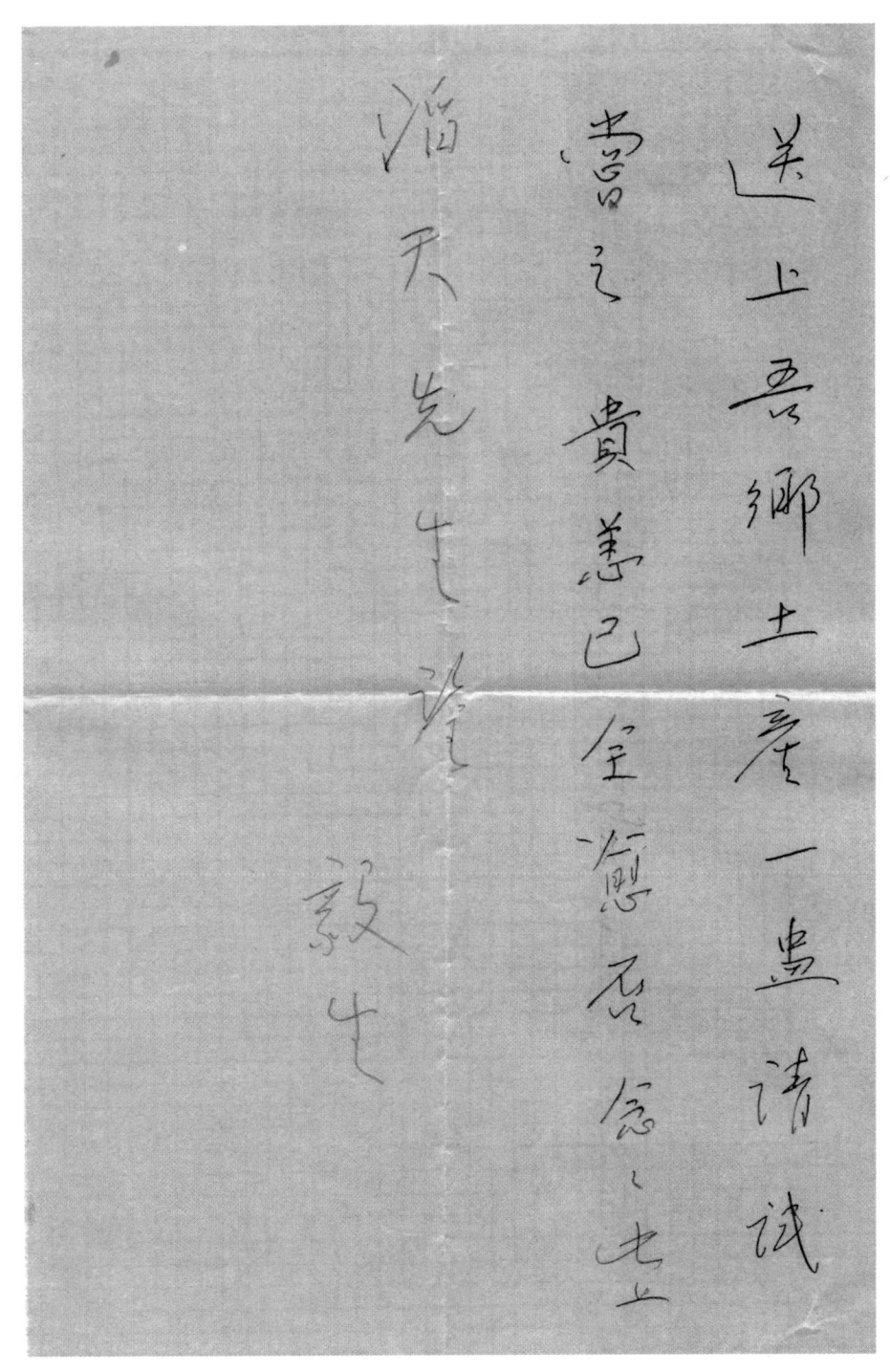

送上吾鄉土產一盒請試
嘗之 貴恙已全癒否念念也
滔天先生道 毅上

胡毅生致宮崎滔天函

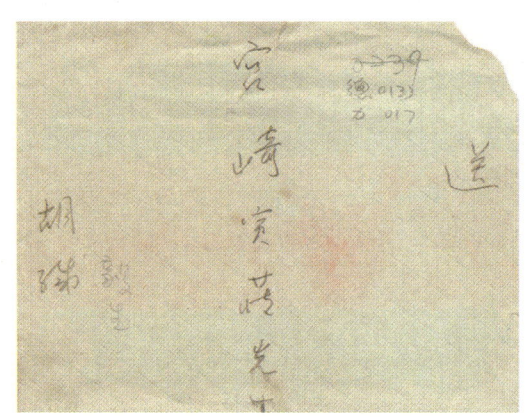

释读

滔天先生鉴：

送上吾乡土产一盅，请试尝之。贵恙已全〔痊〕愈否？念念！此上。

毅生

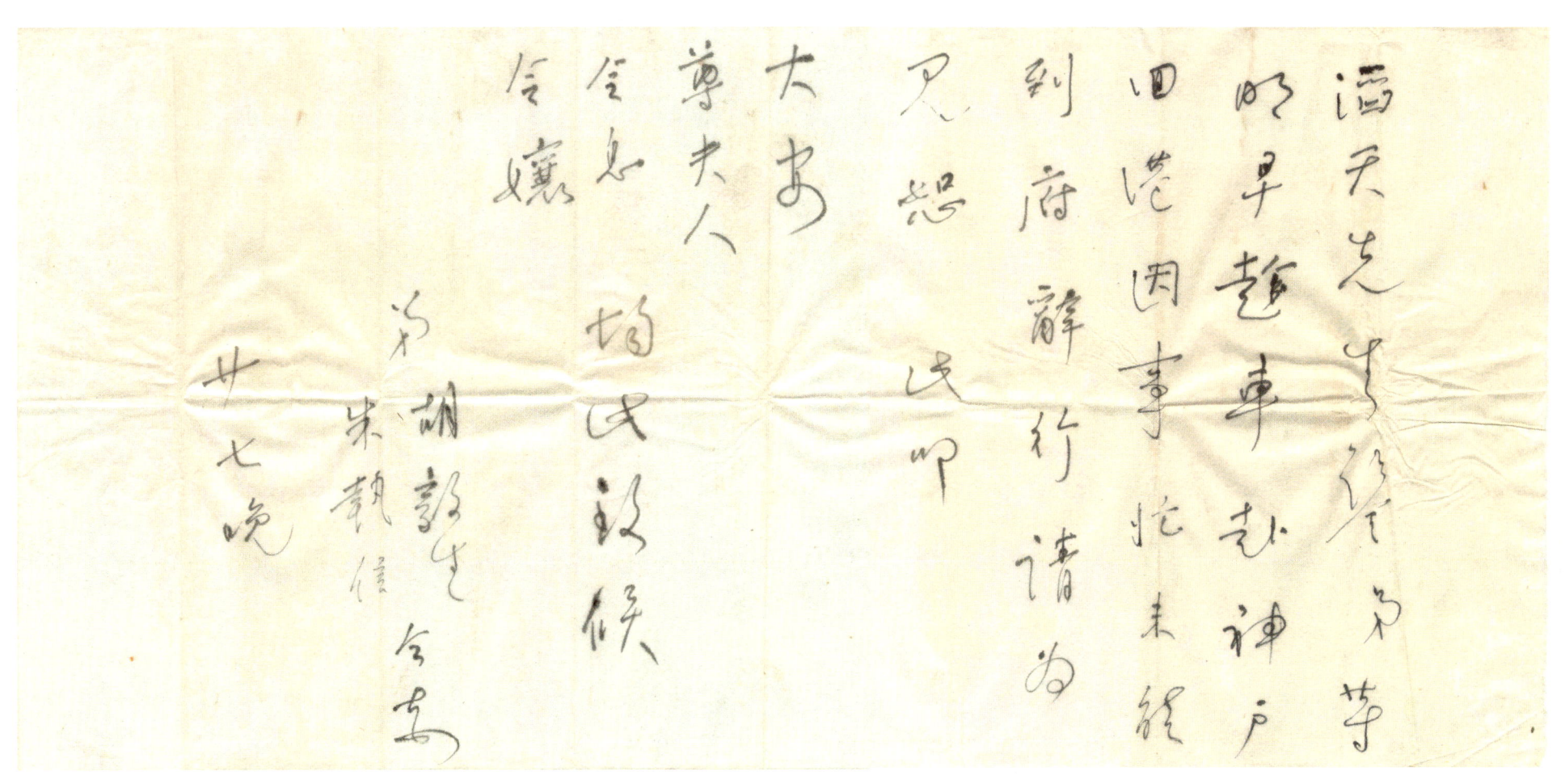

胡毅生、朱执信致宫崎滔天函（1914年8月27日）

宫崎滔天家藏民国人物书札手迹（第三卷）

 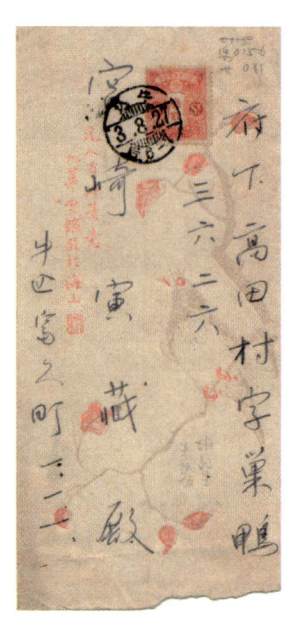

释读

滔天先生鉴：

　　弟等明早趁车赴神户回港。因事忙，未能到府辞行，请为见恕。此叩

大安

尊夫人、令息【公子】、令嬢【小姐】均此致候

　　　　　　　　　　弟胡毅生 朱执信 合顿首

　　　　　　　　　　　　二十七晚

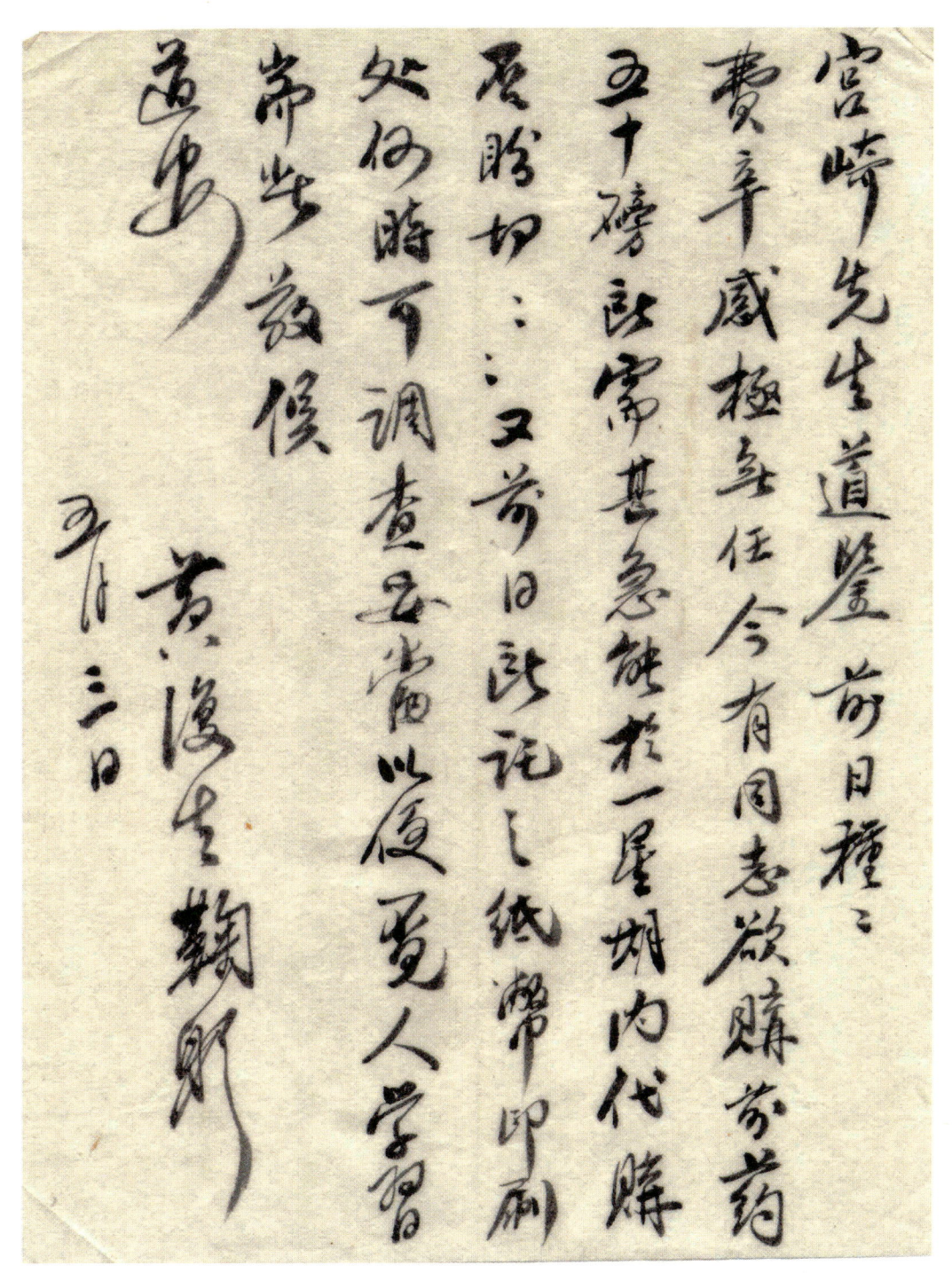

黄复生致宫崎滔天函（1914年5月3日）

 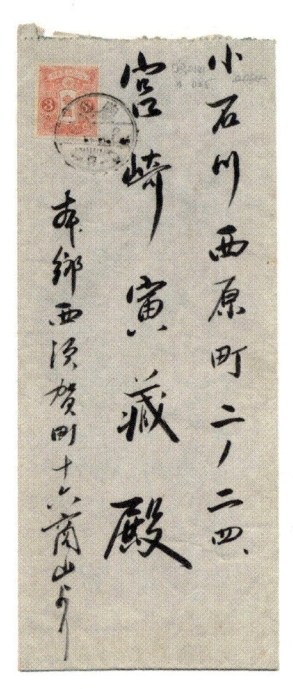

释读

宫崎先生道鉴：

　　前日种种费辛，感极无任。今有同志欲购前药五十磅，所需甚急，能于一星期内代购否？盼切！盼切！又前日所托之纸币印刷处，何时可调查妥当？以便觅人学习。专此。敬候

道安

　　　　　　　　　　　　　　　　　　　　黄复生鞠躬

　　　　　　　　　　　　　　　　　　　　五月三日

宫崎先生道鉴前有友拟旷野炮及山炮射表并注远镜等用特致托
先生代为调查书数需若干即
当奉上并远镜因太贵缓购之可也
仆以胃旦长大不能不医今日午后决
入胃肠病院二十一号室
先生赐示时请直寄此为感此颂
道安

黄复生鞠启 五月廿二日

右开者书不过十元
镜约须数百元
大约

黄复生致宫崎滔天函（1914年5月22日）

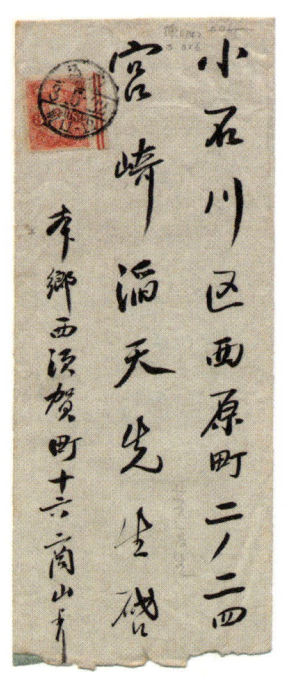

释读

宫崎先生道鉴：

兹有友拟购野炮及山炮射表并望远镜等用，特敬托先生代为调查。书类需款若干，即当奉上。望远镜因太贵，缓购之可也。仆以胃日长大，不能不医，今日午后决入胃肠病院二十一号室。先生赐示时，请直寄此为感。此颂

道安

复生鞠躬

五月二十二日

右开者，书不过十元，镜则大约须数百元。

宮崎先生道鑒：前日厚擾謝之非今兩日又承御子息恩費幸感激無已。擬明后日移住鎌倉食坂下九十八安齋仙松方避暑先生有暇請來遊啟君前有雲甫同志李貞白君久慕先生道範用特介紹為來務希安芳接洽相與聞於嬌事西事之諸直告之交涉是荷此君極真誠可靠昨日曾與令子息君之望先生向以為慮再去今日藤井先生西主人方目下散雲即飯役一時服九藥則食間服。能介足為縋記憶頁請賜函示為盼幸此致頌道安 遲生翱叩七月十七日

 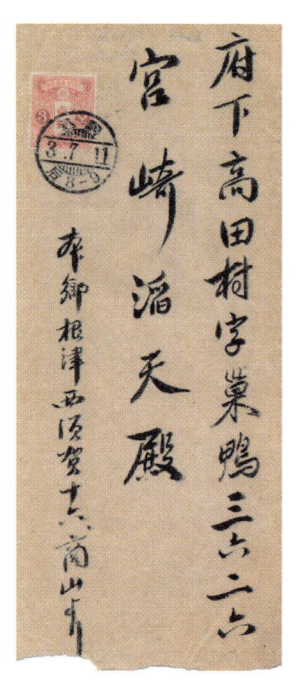

释读

宫崎先生道鉴：

前日厚扰，谢谢。昨今两日又承御子息君费辛，感激无已。拟明后日移住镰仓町坂下九十八安斋仙松方避暑。先生有暇，请来游。

启者：兹有云南同志李贞白君，久慕先生道范，用特介绍前来，务希妥为接洽。将来关于购药品等事，亦请直接与之交涉是荷。此君极真诚可靠，昨日曾与令子息君言之，望先生勿以为虑。

再者，今日藤井先生所主之方，是否散药饭后一时服，丸药则食事间服？龙介君尚能记忆否？请赐函示为盼。专此。敬颂

道安

复生鞠躬

七月十一日

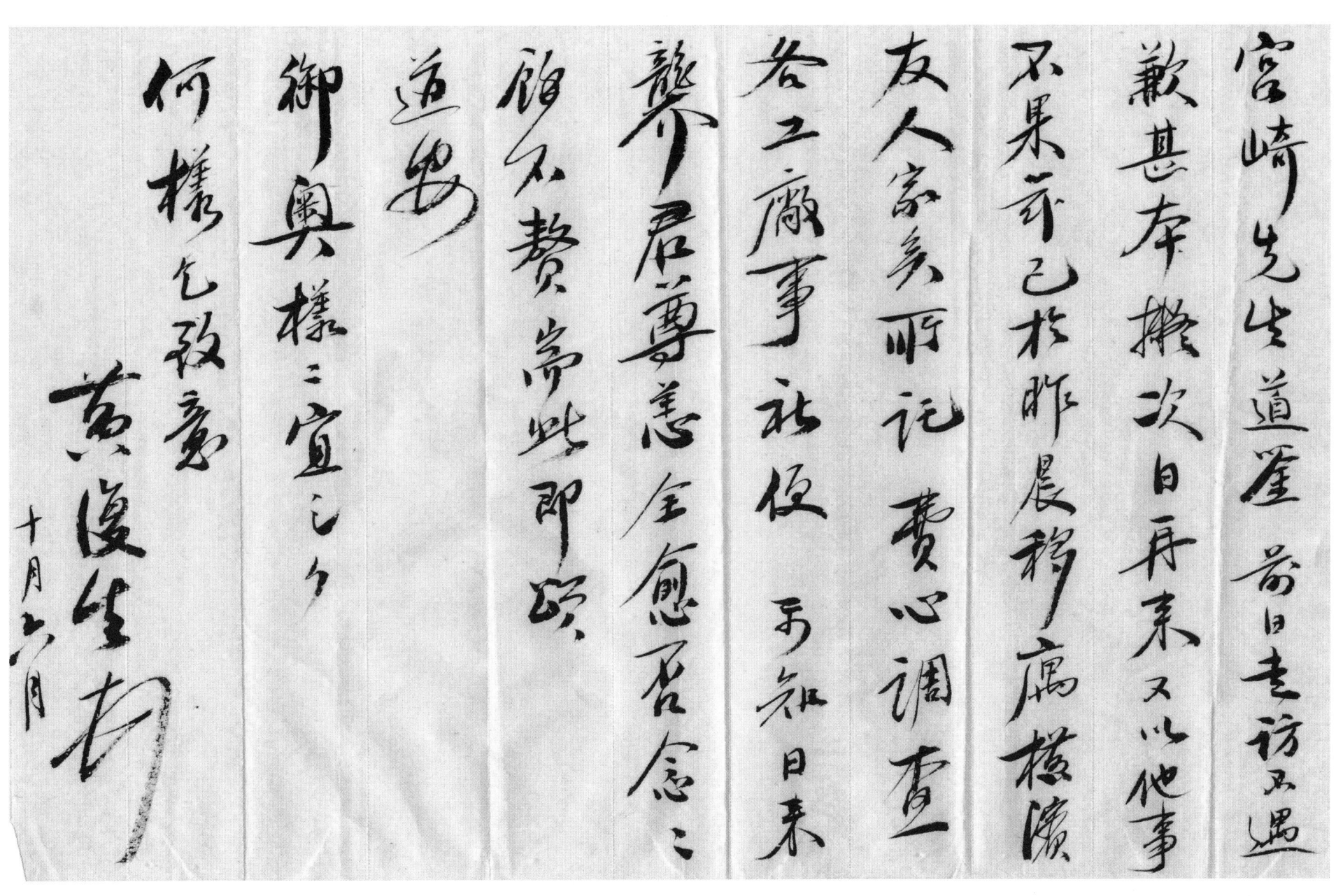

黄复生致宫崎滔天函（1914年10月6日）

释读

宫崎先生道鉴：

前日走访不遇，歉甚。本拟次日再来，又以他事不果。兹已于昨晨移寓横滨友人家矣。所托费心调查各工厂事，祈便示知。日来龙介君尊恙全〔痊〕愈否？念念。余不赘。专此。即颂

道安

尊夫人请为致意

何君乞致意

                黄复生顿首

                 十月六日

宮崎先生道鑒 倉卒東走未獲走辭幸恕之 前託先生代調查之鑛誌工場如何以後請与謝サン接洽倘偶需幇助時不望費心代辦何由謝サン或趙鐵橋サン弟來商榷以便仍有由法或美來信立十月內者請轉寄「橫樻嶼蓮花河22A琦珍」照相歐聘琦君轉交黃復生即以費心之處當面謝專此敬頌

俠安

民藏先生
御奧樣 均此問好

復生弟八
九月廿八日自門司

宫崎滔天家藏民国人物书札手迹（第三卷）

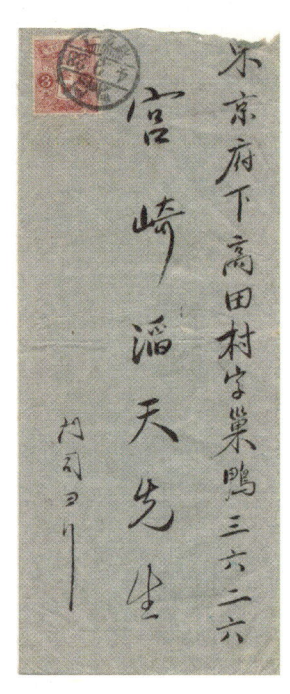

释读

宫崎先生道鉴：

仓卒离东，未获走辞，幸恕，幸恕。

前托先生代调查之罐头工场如何？以后请与谢先生接洽。倘需购药品时，亦望费心代购，仍由谢先生或赵铁桥先生前来商榷。以后仆如有由法或美来信，在十月内者，请转寄"槟榔屿莲花河 22A 琦珍照相欧聘珍君转交黄复生"即得。费心之处，容当面谢。专此。

敬颂

侠安

民藏先生、尊夫人均此问好

　　　　　　　　　　　　　　　　　　　　　　　复生再拜
　　　　　　　　　　　　　　　　　　　　　　　九月二十八日自门司

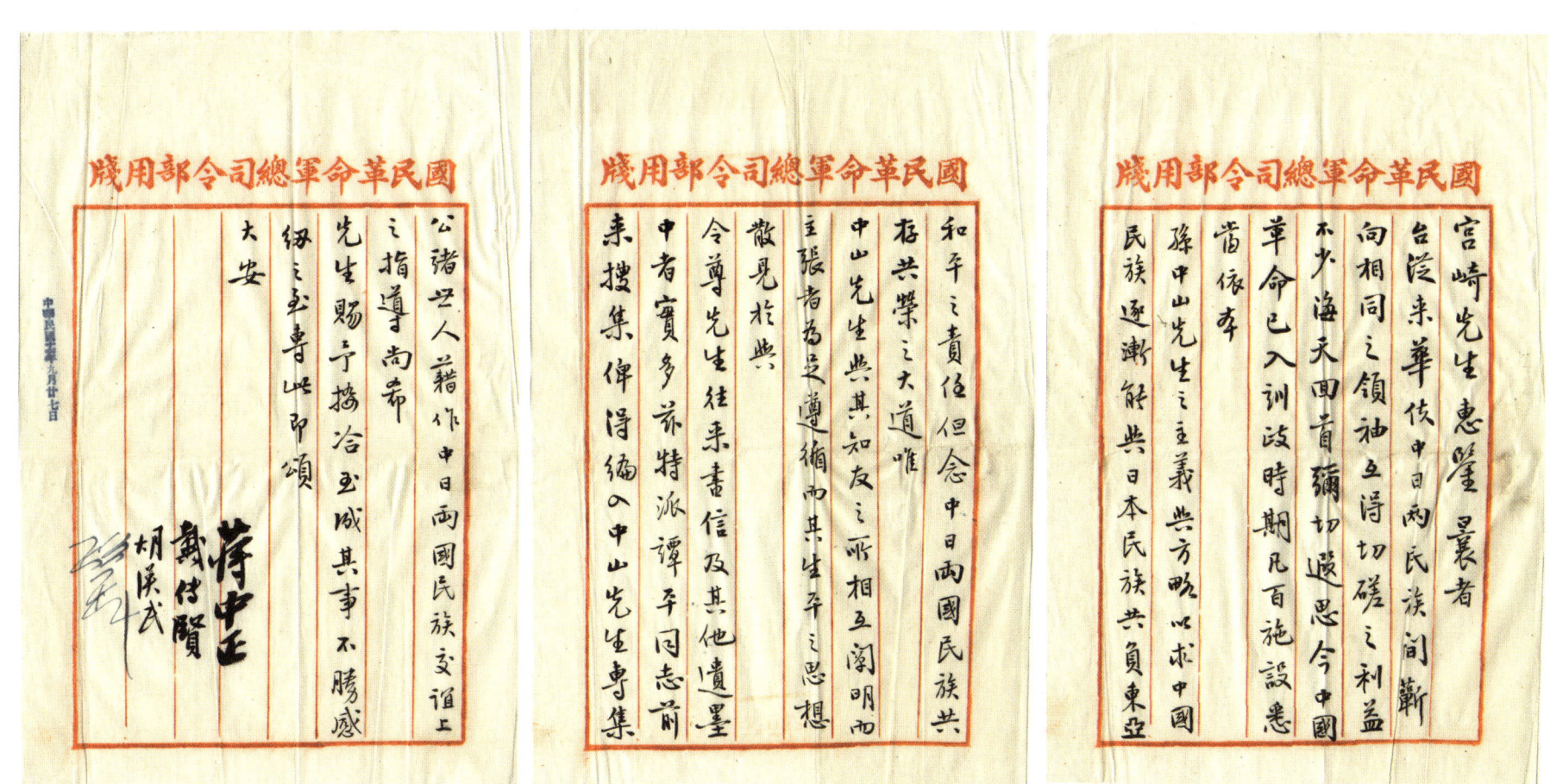

蒋介石、戴季陶、胡汉民、孙科致宫崎龙介函（1928年9月27日）

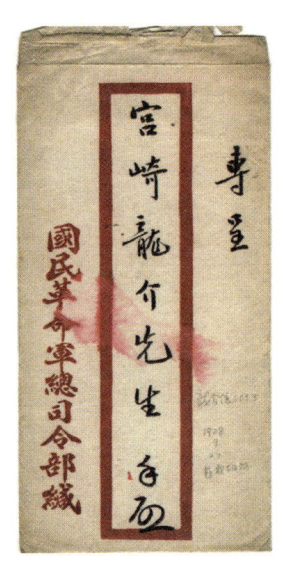

释读

宫崎先生惠鉴：

曩者台从来华，使中日两民族间薪向相同之领袖，互得切磋之利益不少。海天回首，弥切遐思。今中国革命已入训政时期，凡百施设，悉当依本孙中山先生之主义与方略，以求中国民族逐渐能与日本民族共负东亚和平之责任。但念中日两国民族共存共荣之大道，唯中山先生与其知友之所相互阐明而主张者，为足遵循，而其生平之思想，散见于与令尊先生往来书信及其他遗墨中者实多。兹特派谭平同志前来搜集，俾得编入中山先生专集，公诸世人，藉作中日两国民族交谊上之指导。尚希先生赐予接洽，玉成其事，不胜感纫之至。
专此，即颂
大安

蒋中正　戴传贤　胡汉民　孙科

田中先生大鑒世界之平和與進步係於東方民族之振興而中國之統一與獨立實為東方民族之振興與世界人類平和進步之保障蓋占世界人數四分之一之中國民族若不能保持其絕對的統一與獨立則世界之擾亂將無已時歐戰之後世界人類無不希望和平乃列強對於中國之政策仍繼續鶩牛戰爭以來之故智新興的東方民族獨立運動與傳統的西方諸強之帝國主義相衝突列強自身之利害又互相矛盾此其影響不惟使東方之民族獨立

運動受其打擊亦足使世界侵歸於歐戰以前之危險吾黨繼 總理中山先生之遺教行三民主義之國民革命以完成中國之統一與獨立者保持東方之安全與世界之平和此其素志蓋與日本之維新之一義吾人確知日本之維新為東方被壓迫民族振興之先驅而中國國民革命之成功其關係於全亞民族之生存與發展者則尤大也中國之與日本以同種同文之關係處共存共榮之地位日本切望中國之統一與獨立當不亞於中國之自期 中正等出師

北伐以來幸賴我軍將士之戮力各省民眾之同情義師所指無不克捷統一完成可以豫卜我國民政府深冀日本首先廢除對於中國之不平等條約謀誠信的親善敦永久之睦誼茲值宮崎君回國之便特託寄書籍表徵意餘請宮崎君面陳謹此布聽順頌

政祺

胡漢民

蔣中正

戴傳賢

中華民國十六年五月二十九日

蔣介石、胡漢民、戴季陶致田中先生函

释读

田中先生大鉴：

世界之平和与进步，系于东方民族之振兴；而中国之统一与独立，实为东方民族之振兴与世界人类平和进步之保障。盖占世界人数四分之一之中国民族，若不能保持其绝对的统一与独立，则世界之扰乱，将无已时。欧战之后，世界人类无不希望和平，乃列强对于中国之政策，仍继续鸦片战争以来之故智，新兴的东方民族独立运动与传统的西方诸强之帝国主义相冲突，列强自身之利害又互相矛盾，此其影响，不惟使东方之民族独立运动受其打击，亦足使世界复归于欧战以前之危险。吾党继总理中山先生之遗教，行三民主义之国民革命，期以完成中国之统一与独立者，保持东方之安全与世界之平和，此其素志，盖与日本之维新为一义。吾人确知日本之维新为东方被压迫民族振兴之先驱，而中国国民革命之成功，其关系于全亚各民族之生存与发展者，则尤大也。中国与日本以同种同文之关系，处共存共荣之地位，日本切望中国之统一与独立，当不亚于中国之自期。中正等出师北伐以来，幸赖我军将士之戮力、各省民众之同情，义师所指，无不克捷，统一完成，可以豫卜。我国民政府深冀日本首先废除对于中国之不平等条约，谋诚信的亲善，敦永久之睦谊。兹值宫崎君回国之便，特托寄书，藉表微意，余请宫崎君面陈。谨此布臆，顺颂

政祺

胡汉民 蒋中正 戴传贤敬启
中华民国十六年五月二十九日

备注：另有三封同样内容信函分别为致近卫文麿、泽村先生、浜口先生，在此一并记录。

拝啓

賜下黎明讲演集均収到谢谢。此次敝国的青年运动实在是反对侵略主义反对东亚的军阀对于贵国公正的国民绝无些毫的恶意此点顾贵国识者赐以谅解。惟不幸而因两国外交纷争问题表现之憾年数。

尊论正大公明当为发现曙光子之国人。

我等日日祷望黑暗的东方发现曙光。故每日日待望军阀的日本变为平民的日本，侵略的日本变为平和的日本里暗的日本变为黎明的日本。在黎明曙光中，两国的青年可以握手携鹰，改造东亚改造世界。

尊议两国大学的教授学生间应开一交通的道路，甚善甚善项之敝教授连胡极赞成。惟详细事须俟敝校长回校收纳协议定至时当详函以告。

陈独秀先生因发布此京市民宣言被政府捕拿兄持公论遥为声援。

吉野博士

李大钊

6月13日

释读

拜启：

赐下《黎明讲演集》均收阅，谢谢。

此次敝国的青年运动，实在是反对侵略主义、反对东亚的军阀。对于贵国公正的国民绝无丝毫的恶意。此点愿贵国识者赐以谅解。惟不幸而因两国外交纷争问题表现之，诚为遗憾千万。尊论正大公明，当酌为发布，示之国人。我等日日祷望黑暗的东方发现曙光，故亦日日祷望军阀的日本变为平民的日本，侵略的日本变为平和的日本，黑暗的日本变为黎明的日本。在黎明曙光中，两国的青年可以握手提携，改造东亚，改造世界。

尊议两国大学的教授、学生间应开一交通的道路，甚善甚善。顷商之敝校教授团，均极赞成。惟详细办法，须俟蔡校长回校后，始能议定。至时当详函以告。

陈独秀先生因发布《北京市民宣言》，被政府捕拿。乞持公论，遥为声援。

吉野博士

李大钊
六月十五日

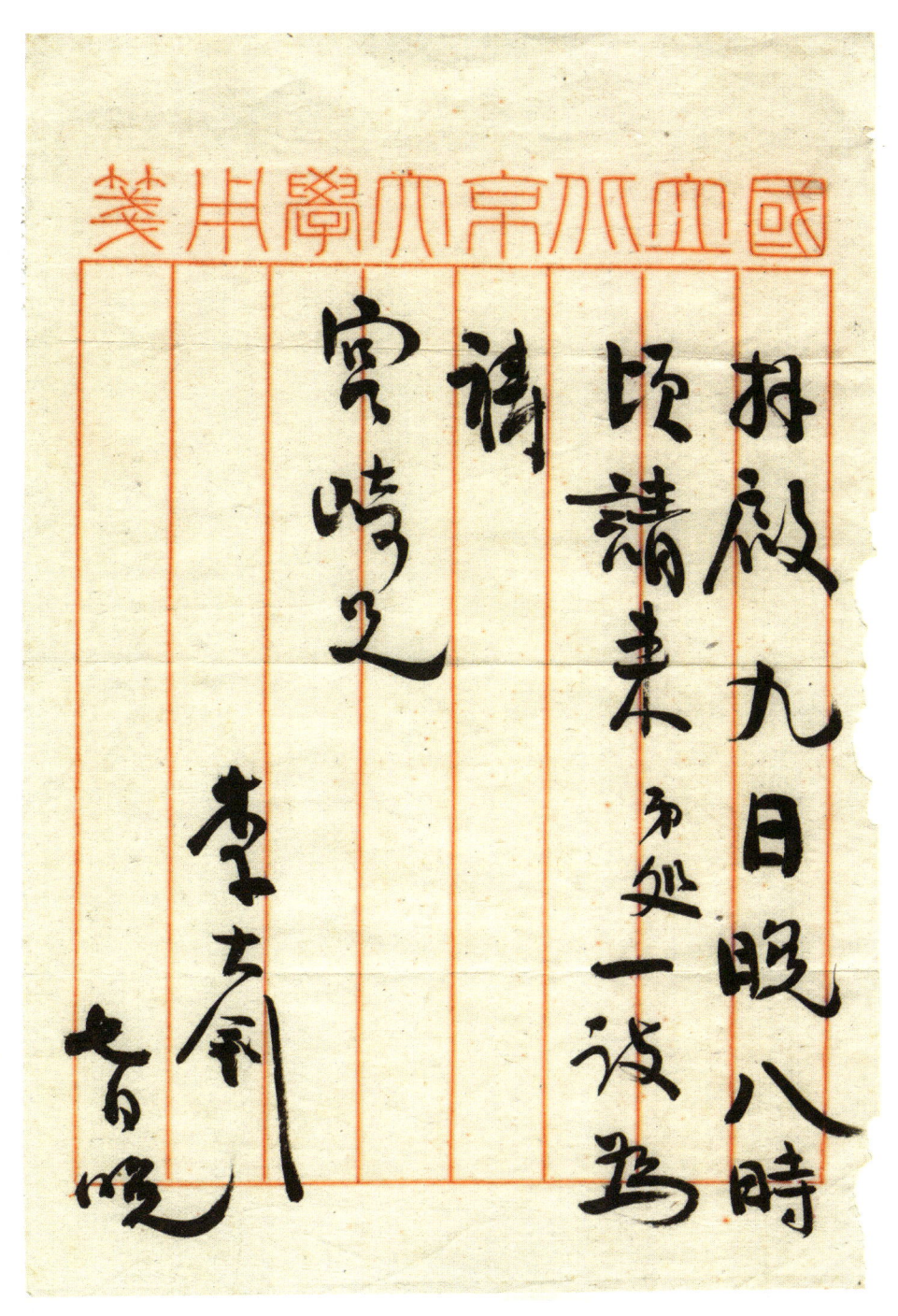

李大钊致宫崎龙介函（1919年10月7日）

宫崎滔天家藏民国人物书札手迹（第三卷）

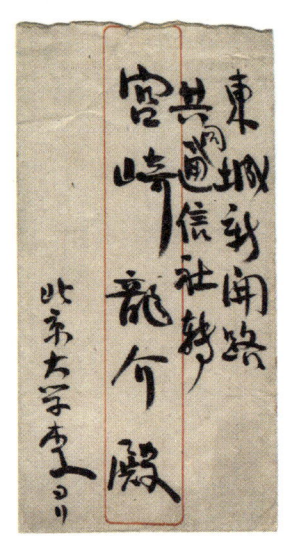

释读

拜启：

　　九日晚八时顷，请来弟处一谈为祷。

宫崎兄

　　　　　李大钊
　　　　　　七日晚

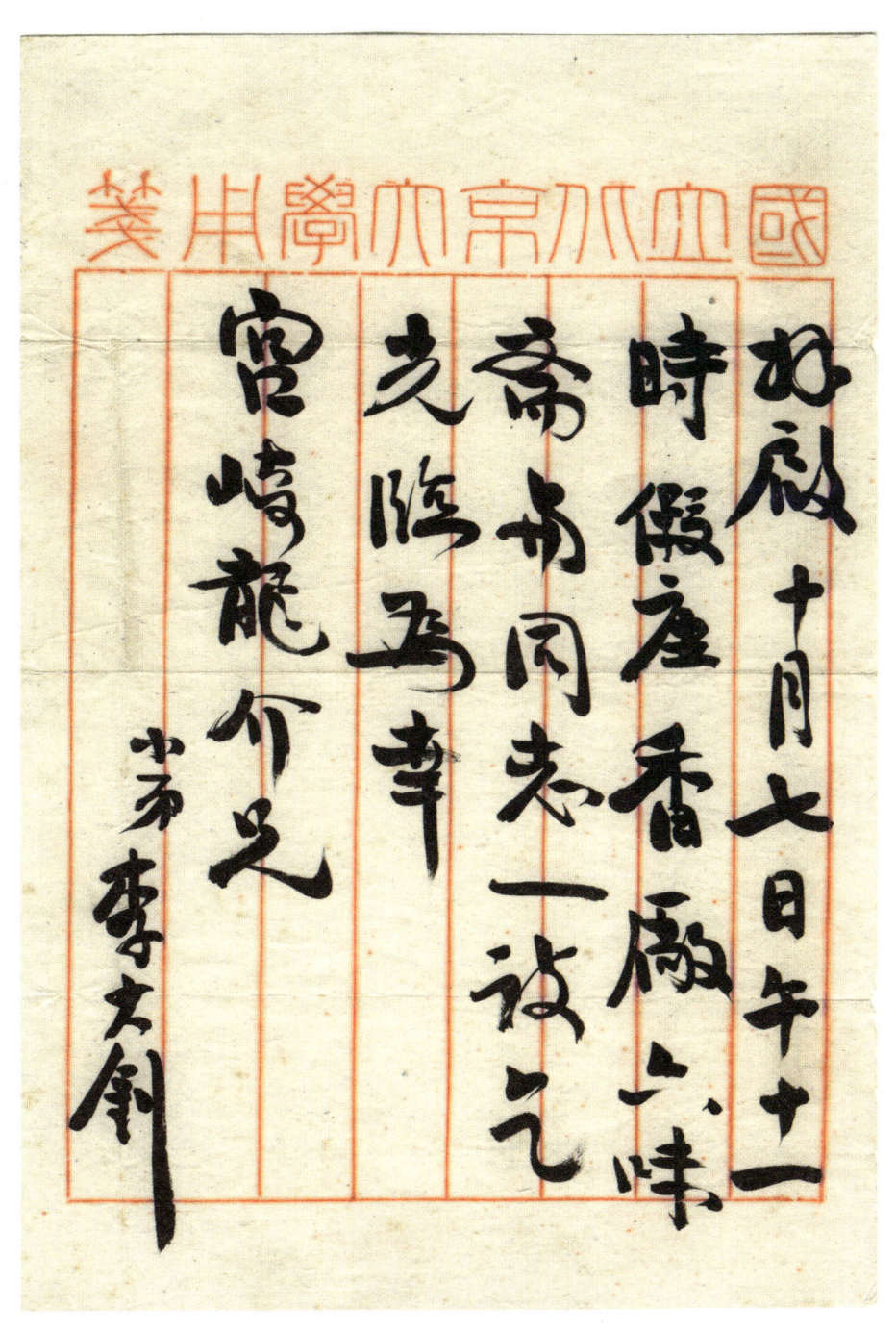

李大钊致宫崎龙介函（1919年10月）

 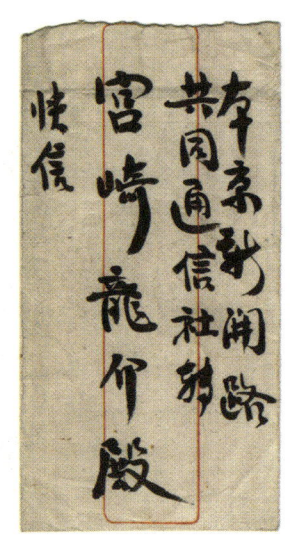

释读

拜启：

　　十月七日午十一时假座香厂六味斋与同志一谈，乞光临为幸！

宫崎龙介兄

　　　　　　　　　　小弟　李大钊

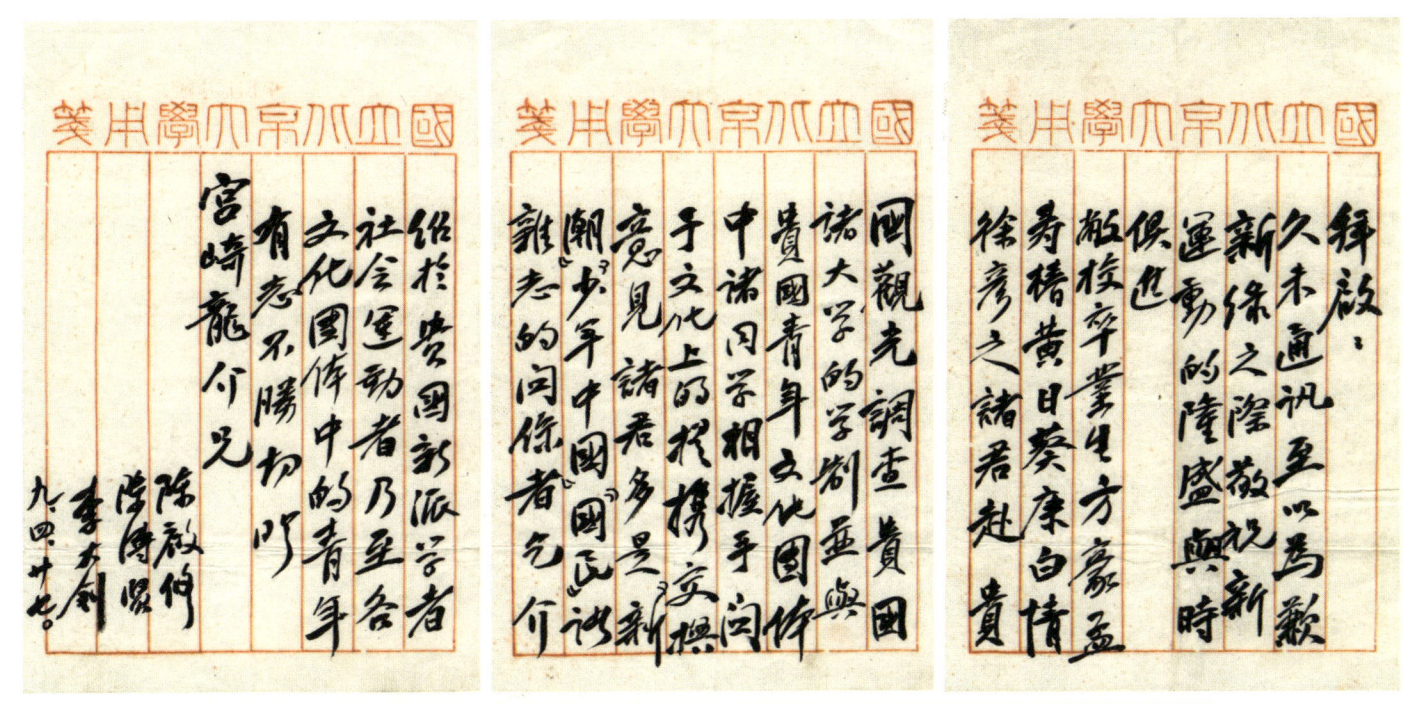
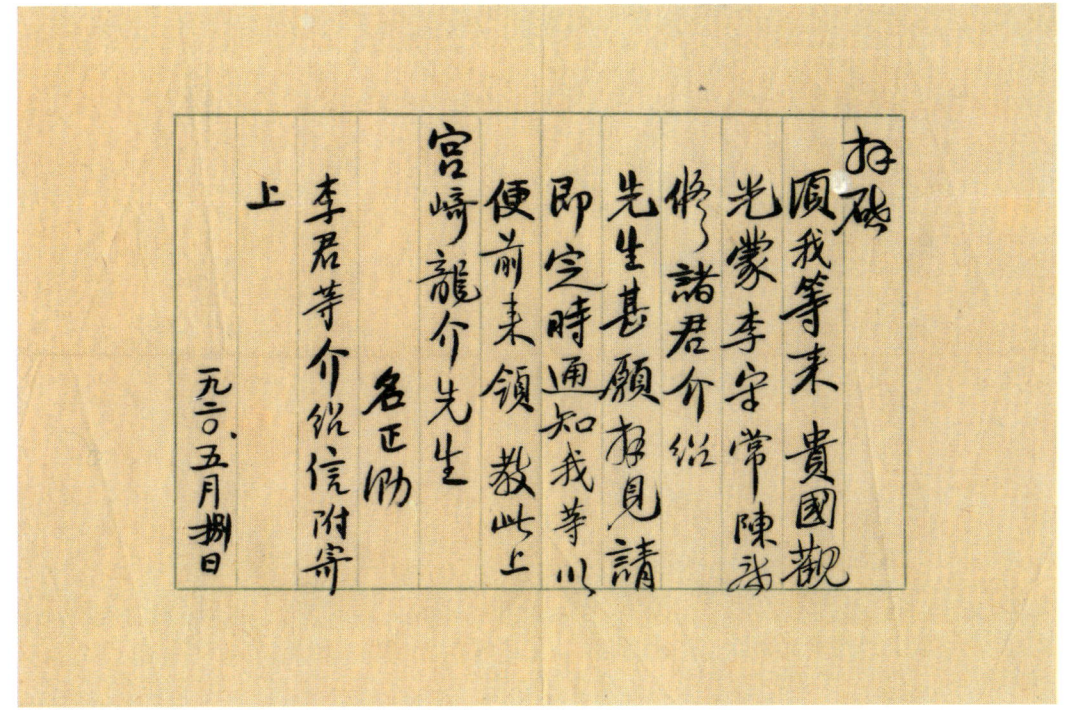

李大钊、陈启修、陈传贤致宫崎龙介函（1920年4月27日）

 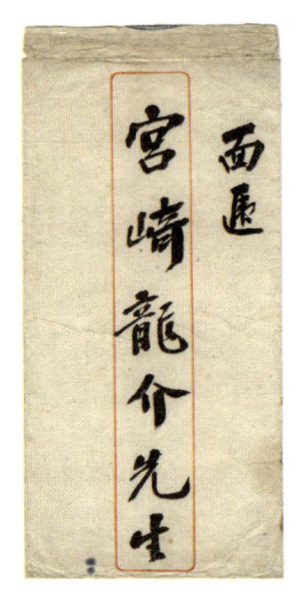

释读

拜启：

久未通讯，至以为歉！新绿之际，敬祝新运动的隆盛与时俱进。

敝校卒业生方豪、孟寿椿、黄日葵、康白情、徐彦之诸君，赴贵国观光，调查贵国诸大学的学制，并与贵国青年文化团体中诸同学相握手，关于文化上的提携交换意见。诸君多是《新潮》《少年中国》《国民》诸杂志的关系者，乞介绍于贵国新派学者、社会运动者，乃至各文化团体中的青年有志。不胜切盼！

宫崎龙介兄

陈启修 陈传贤 李大钊

九、四、二十七

拜启：顷我等来贵国观光，蒙李守常、陈启修诸君介绍先生，甚愿拜见。请即定时通知我等以便前来领教。此上

宫崎龙介先生 名正泐

李君等介绍信附寄上。

一九二〇年五月八日

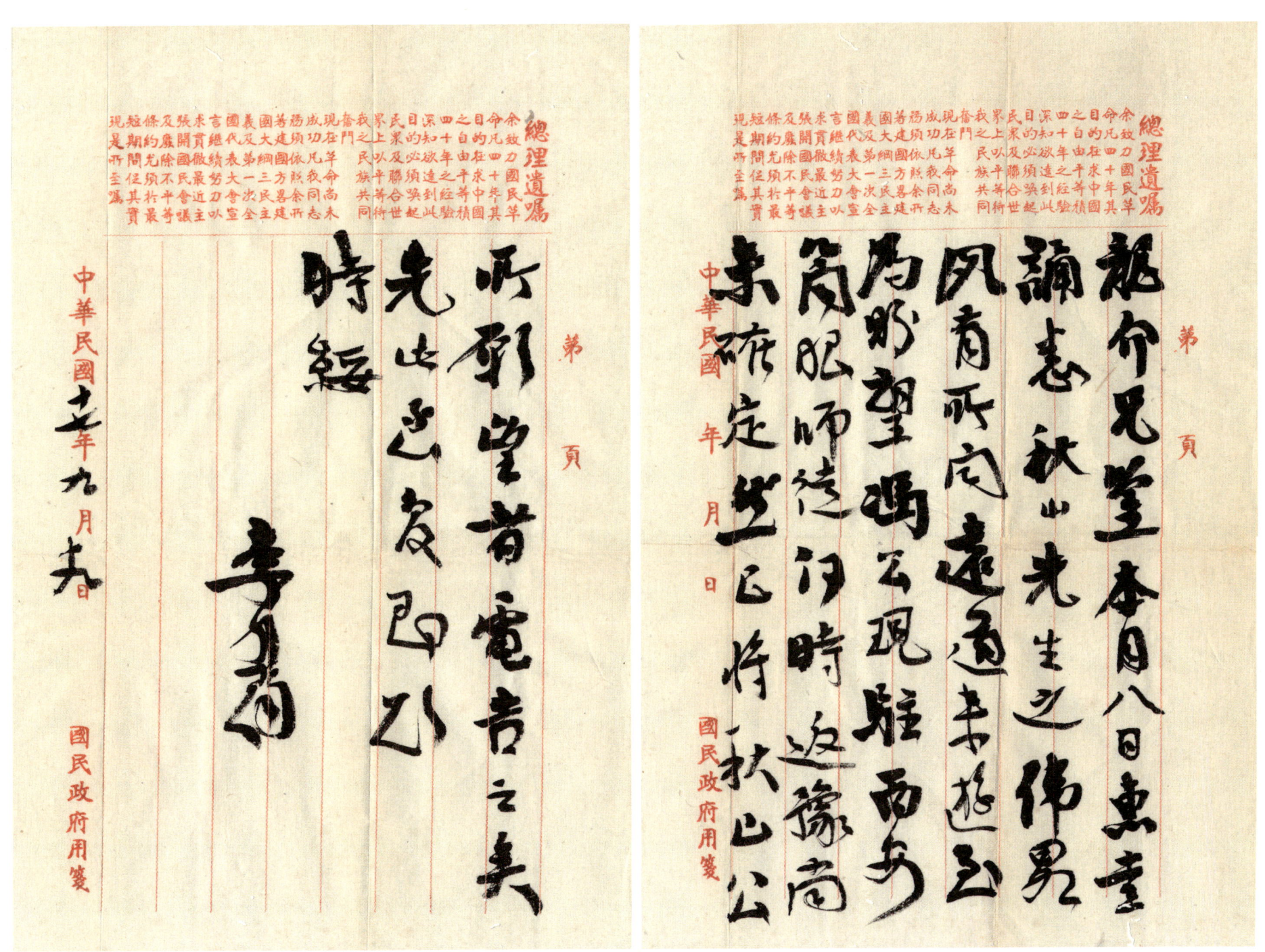

李烈钧致宫崎龙介函（1928年9月19日）

释读

龙介兄鉴：

　　本月八日惠书诵悉。秋山先生之伟略，夙有所闻，远道来游，至为盼望。冯公现驻西安，筒眼师徒何时返豫，尚未确定，然已将秋山公所愿望者电告之矣。先此函复，即颂

时绥

　　　　　　　　　　　　　　　　　　　　　　　　　　　李烈钧
　　　　　　　　　　　　　　　　　　　　　　　中华民国十七年九月十九日

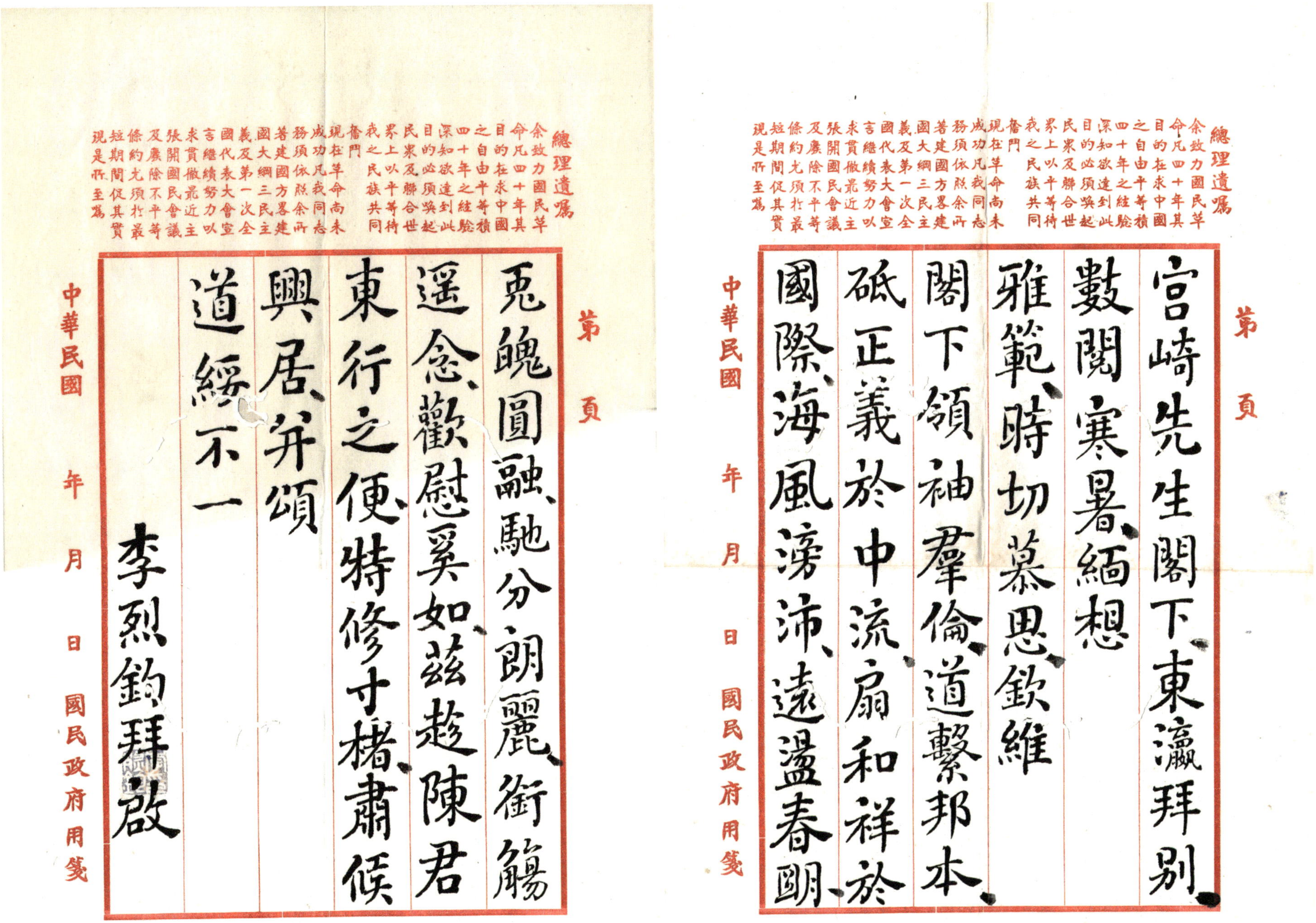

宮崎先生閣下東瀛拜別，數閱寒暑，緬想雅範，時切慕思。欽維閣下領袖群倫，道繫邦本，砥正義於中流，扇和祥於國際，海風滂沛，遠盪春旭。

魯門余同志高命在革未成，現著務項依照大會第一次宣言及國民代表大會建國大綱三民主義凡我同志皆須繼續努力以促其實現。

兔魄圓融，馳分朗麗，銜觴遙念，歡慰奚如，茲趨陳君東行之便，特修寸楮肅候興居，并頌道綏不一。

李烈鈞拜啟

李烈鈞致宮崎滔天函

释读

宫崎先生阁下：

　　东瀛拜别，数阅寒暑。缅想雅范，时切慕思。钦维阁下领袖群伦，道系邦本，砥正义于中流，扇和祥于国际。海风滂沛，远荡春明；兔魄圆融，驰分朗丽。衔觞遥念，欢慰奚如。兹趁陈君东行之便，特修寸楮，肃候兴居，并颂
道绥不一

李烈钧拜启

敬啓者在東京諸承
愛照感荷靡已本月九日抵檀島十五日抵桑港沿途以此為平
安堪慰
遠注美洲僑寓華人頗多亦甚熱心國事弟兄抵岸后
連日在歡迎酬應中時有演說啟發之感念尤深現已
移居太平洋岸距桑港百餘英里擬從事調查美
國雲方政俗月餘之後即赴東方抵應同行諸人身
體均好精神亦暢希勿為
念耑此即請
宮崎先生偉安
夫人均此
徐申伯附候

李書城謹啓　七月廿八日

前田先生處並希致意

李书城致宫崎滔天函（1914年7月28日）

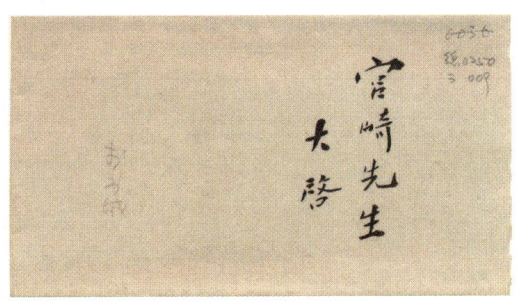

释读

敬启者：在东京诸承爱照，感荷靡已。本月九日抵檀岛，十五日抵桑港，沿途叨蒙平安，堪慰远注。美洲侨寓华人颇多，亦甚热心国事，克兄抵岸后，连日在欢迎酬应中，时有演说启发之，感念尤深。现已移居太平洋岸，距桑港百余英里，拟从事调查美国西方政俗。月余之后，即赴东方游历。同行诸人身体均好，精神亦畅，希勿为念。专此，即请

宫崎先生伟安

夫人均此

前田先生处并希致意

李书城谨启

徐申伯附候

七月二十八日

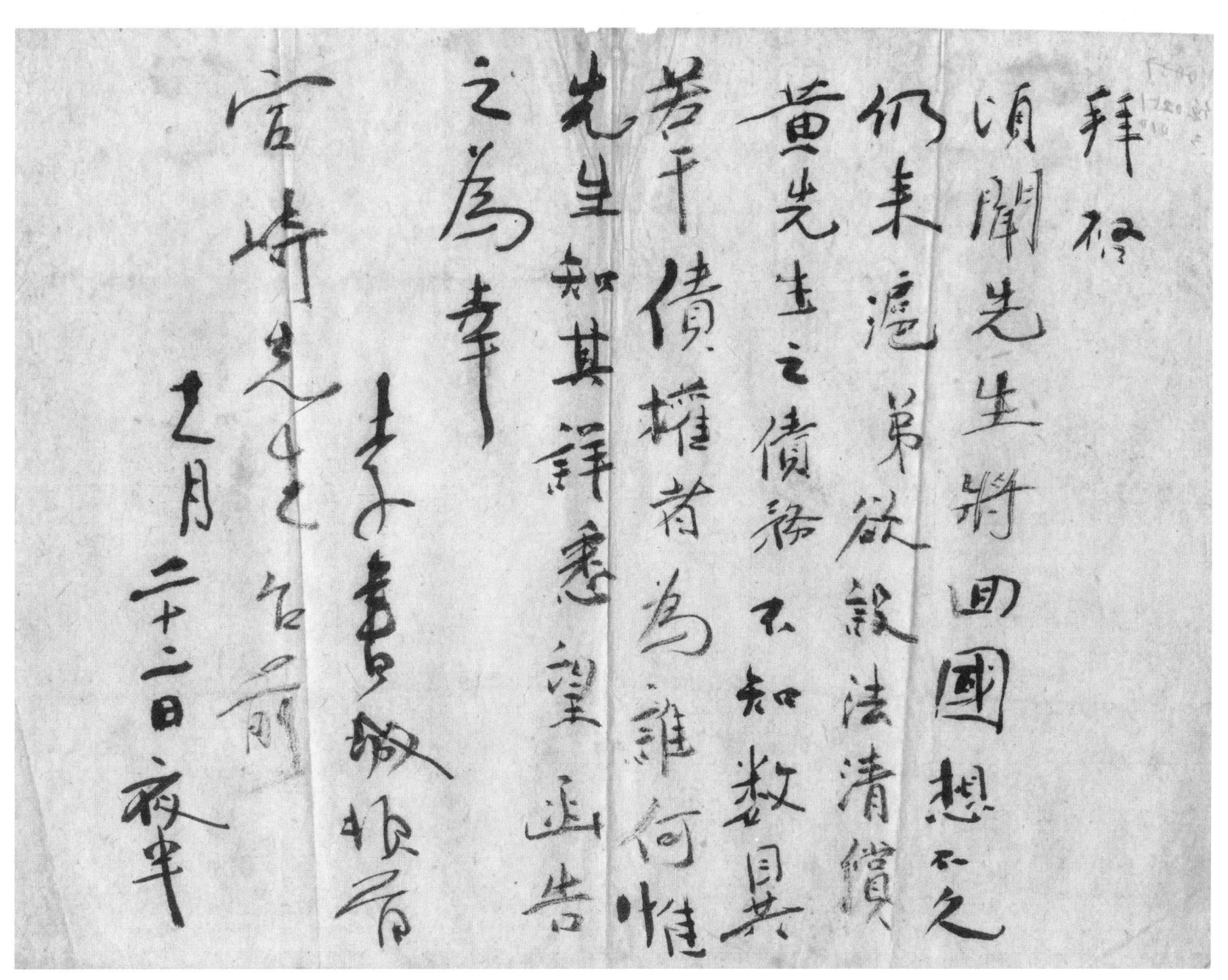

拜启

顷闻先生将回国，想不久仍来沪。弟欲设法清偿黄先生之债务，不知数具若干，债权者为谁，何惟先生知其详，惠望函告之，为幸。

宫崎先生台前

李书城敬恳

十一月二十二日夜半

李书城致宫崎滔天函（1916年11月22日）

释读

拜启：

　　顷闻先生将回国，想不久仍来沪，弟欲设法清偿黄先生之债务，不知数目共若干？债权者为谁何？惟先生知其详，悉望函告之为幸。
宫崎先生台前

李书城顿首
十一月二十二日夜半

谨启者

手书两通均奉到　国事多艰无人千里不胜怅望此次政变幸黎公决断全国欢欣私衷殊慰参战之事自当中止自公民团事发生以后贵国在京人士主持正道与民党款暱愈深此更可以幸之事也内人病已渐愈堪舒

锦念回国之后望在
犬养头山寺尾诸先生之前叩问起居並
祝居福临楮依依並希时
惠教言以为南针与任感祷专此敬
请
宫崎先生大安

奥様安好

弟书城谨上五月廿八

李书城致宫崎滔天函（1917年5月28日）

宫崎滔天家藏民国人物书札手迹（第三卷）

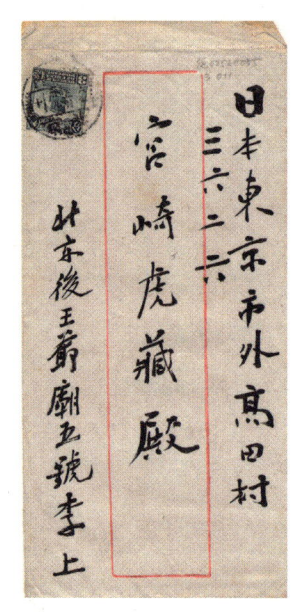

释读

谨启者：

　　手书两通均奉到。国事多艰，而故人千里，不胜怅望。此次政变，幸黎公英断，全国欢欣，私衷殊慰。参战之事，自当中止。自公民团事发生以后，贵国在京人士，主持正道，与民党亲昵愈深，此更可欣幸之事也。内人病已渐愈，甚舒锦念。

　　回国之后，望在犬养、头山、寺尾诸先生之前敬问起居，并祝厚福。临楮依依，并希时惠教言，以为南针，无任感祷。专此，敬请

宫崎先生大安

尊夫人安好

弟书城谨上
五月二十八日

敬启者前在北京敬
函复一函谅已达览城
因督军团之变即来
上海前月由湖南潭
智军电嘱前参谋长
陈强君及城在此间设
法购械借款当兴高
田商会接洽竟毫无
结果现城势不能购得
械又希望谭督军
急不得二百万元即
万元或数十万元亦可
如尔所希望谭督军
法永所希望谭督军
所开来之条件大概如
下

一、借款二百万元（息壹厘五先）
二、以湖南全省矿局税金
为担保丞
三、利息年利七分
四、偿还期十年

先生如有知人允借者请
与之一商至於条件都有
商改之馀地回信请寄
上海霞飞路鼐四五〇号
口字陈强或李书城
此次硬壁之谋未能
亟一人敌匠笔歉临此
特舍复控大权特来
俗复决心脉一二年可
能息异人自当草
三唐搏崇凌先生
有以教之特此密山
伟民此上
请敬问
宫崎先生

李书城谨上
七月十三

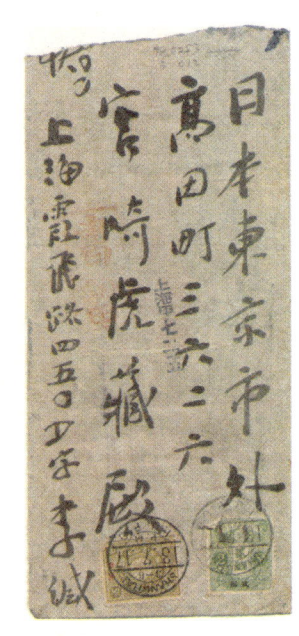

释读

敬启者：

前在北京敬复一函，谅已达览。城因督军团之变，即来上海。前月由湖南谭督军电嘱前参谋长陈强君及城，在此间设法购械、借款，当与高田商会接洽，竟毫无结果。现械既不能购得（因日本政府不允），如能借款，亦所希望。现由松井中佐介绍与台湾银行磋商，亦尚无头绪。湖南先拟借二百万元，现因需款急，不得二百万元，即百万元或数十万元亦可。如先生能在日本设法，亦所希望。谭督军所开来之条件，大概如下：

一、借款二百万元（希望交上海银元）

二、以湖南全省矿局税金为担保

三、利息年利七分

四、偿还期十年

先生如有知人允借者，请与之一商。至于条件，亦有商改之余地。回信请寄上海霞飞路四五零号D字陈强或李书城。

此次复辟之谋，本非张勋一人，段氏等欲藉此机会，复揽大权，将来纷扰，绝非一、二年所能息，吾人自当节节奋斗，尚望先生有以教之。特此密请，敬问

伟安

此上

宫崎先生

李书城谨上
七月十三

(1) 宮崎先生足下別來三月餘矣海天契闊想望為勞近維起居佳勝以欣以頌敬國自護法軍興後多蒙大力贊助棄國軍民感激實深仰見貴國當局仍陽假安協之名陰行援段之實黃於此事確否先生平日提倡民權主張正誼為東亞和平之保障其把負雖未可知然以往事證之殊不能無疑推貴國當局援段之意其以段氏果有堅強之武力終能壓服自有真也過來道路傳聞皆謂

(11) 貴國林公使曰兩月可以平粵虛張聲勢自欺欺人早為西南所竊笑矣此就段氏之武力而論實無援助之價值者也其以西南畏段氏之得外援將苟且求和乎不知西南志在護法護法之目的不達絕無和平之可言且兵刀財力豈可自給天時地利人和三者皆備一年以來北軍之入湘者不一步蓋由湘而南不死於槍彈雨之下必死於烟雨瘴癘之中矣如以滇川黔陝天塹四塞兵刀雄厚民氣激昂唐總司令主持於上各省軍民憤發於下所謂進可以戰退可以守者此乃天時地利

(2) 西南統一全國乎不知段氏之武力與西南相見亦既屢戰屢北如傅良佐一敗於湘吳光新再敗於蜀往者已矣無待煩言試以現在而論其所有之武力不過利誘威脅東移西借如張作霖之奉軍因段氏給以大宗餉械許以東三省巡閱使乃率隊入關擁段氏再攝理令則奉軍之南下者累月以來毫無戰績情見勢絀已無足畏段氏知之仍不得不利用直系軍人以張聲勢順者任曹錕為四省經畧使任張懷芝為援粵總司令表面上似曹張始終助段極力主戰其實曹張前次率兵南

(5) 使然若夫人和之說則以護法名義號召天下用能萬衆一心團體堅固就內部觀察之現在軍政府改組護法首領聯合一致國會議員正式旦集就外部觀察之自段氏濫借外債購武窮兵人心愈憤近來激國輿論皆云非段氏去打西南乃日本去打西南又誠慨致吳佩孚書有云足下所恃者日本之槍所用者日本之錢吾非不興足下戰乃與段祺瑞戰非與段祺瑞戰乃與日本戰雖至一槍一彈亦必拼命以爭最後之勝負此等輿論雖似過激然

(3) 下攻取長岳即行罷兵相率北返與段氏以一大打擊其非真主戰也可知其非真助段也可知況此次曹氏雖受經畧之任此次南北之爭南方為護法而戰北方為壞法而戰吾輩豈肯尚以權限未定遷遷不行以變態殊難預定張氏則以敗軍之將任總司令之職將未勝負之數亦大畧可知且北方如直隸等省軍人中之中下級軍官及兵士又多深明大義嘗謂

(6) 貴國當局如果再行援段其又何說之辭將見人心愈激如會激戰禍愈蔓延堂堂兩國親善之機乎此以西南情勢而論萬無援段之理者也國歷史上之慣例合敬國係民主而東國鈞者仍然不能脫此范圍段氏窮凶積惡倒行逆施祇爭簡人之權利不顧國家之安危早已天怒人怒即彼党人士中稍有良心者皆大失望現皆紛紛南下決議驅除此獐狐之方則吾國民對之無論何方實均

释读

宫崎先生足下：

别来三月余矣。海天契阔，想望为劳。近维起居佳胜，以欣以颂。敝国自护法军兴后，多蒙大力赞助，举国军民，感激实深。仰见先生平日提倡民权，主张正谊，为东亚和平之保障，其抱负自有真也。迩来道路风传，皆谓贵国当局，仍阳假妥协之名，阴行援段之实。黄于此事确否，虽未可知，然以往事证之，殊不能无疑虑。推贵国当局援段之意，其以段氏果有坚强之武力，终能压服西南、统一全国乎？不知段氏之武力，前此与西南相见，亦既屡战屡北，如傅良佐一败于湘，吴光新再败于蜀。往者已矣，无待烦言。试以现在而论，其所有之武力，不过利诱威胁，东移西借，如张作霖之奉军，因段氏给以大宗饷械，许以东三省巡阅使，乃率队入关，拥段氏再窃总理。今则奉军之南下者，累月以来，毫无战绩，情见事绌，已无足畏。段氏知之，仍不得不利用直系军人，以张声势。顷者任曹锟为四省经略使，任张怀芝为援粤总司令，表面上似曹张始终助段，极力主战，其实曹张前次率兵南下，攻取长岳，即行罢兵，相率北返，与段氏以一大打击，其非真主战也可知，其非真助段也可知。况此次曹氏虽受经略之任，尚以权限未定，迟迟不行，将来变态，殊难预定。张氏则以败军之将，任总司令之职，将来胜负之数，亦大略可知。且北方如直隶等省军人中之中下级军官及兵士，又多深明大义，尝谓此次南北之争，南方为护法而战，北方为坏法而战，吾辈岂肯轻生命如鸿毛，甘为段氏个人之牺牲乎？由是观之，段氏现有之武力，实无一足恃者，犹复痴人说梦，对贵国林公使曰，两月可以平粤。虚张声势，自欺欺人，早为西南所窃笑矣。此就段氏之武力而论，实无援助之价值者也。

其以西南畏段氏之得外援、将苟且求和乎？不知西南志在护法，护法之目的不达，绝无和平之可言。且兵力财力差可自给，天时地利人和三者皆备，一年以来，北军之入湘者，不能越湘南一步，盖由湘而南，不死于枪林弹雨之下，必死于烟雨瘴疠之中矣。加以滇川黔陕，天堑四塞，兵力雄厚，民气激昂，唐总司令主持于上，各省军民愤发于下，所谓进可以战，退可以守者，此乃天时地利使然。若夫人和之说，则以护法名义，号召天下，用能万众一心，团体坚固。就内部观察之，现在军政府改组已经就绪，护法首领联合一致，国会议员正式召集；就外部观察之，自段氏滥借外债，黩武穷兵，人心愈愤。近来敝国舆论，皆云段氏去打西南，乃日本去打西南。又赵恒惕致吴佩孚书有云：足下所持者日本之枪，所用者日本之钱，吾非与足下战，乃与段祺瑞战；非与段祺瑞战，乃与日本战。虽至一枪一弹，亦必拼命以争最后之胜负。此等舆论，虽似过激，然贵国当局如果再行援段，其又何说之辞，将见人心愈加奋激，战祸愈益蔓延，岂两国亲善之机乎？此以西南情势而论，万无援段之理也。

今进一步而言之，得天下者得民心，失天下者失民心，已成为敝国历史上之惯例。今敝国虽系民主，而秉国钧者仍然不能脱此范围。段氏穷凶积恶，倒行逆施，只争个人之权利，不顾国家之安危，早已天怨人怒，即彼党人士中稍有良心者，皆大失望，现皆纷纷南下，决议驱除此獠之方。则吾国民对之，无论何方，实均（续下页）

(7) 視之為眼中釘
先生試一閱吾國上海中立各家之報紙作如何之論調各省之議
會及各商會作如何之哀喊即可知段氏之末日將至
貴國當局習為不察仍源源與以接濟致使搖動我國本民殺
害我同胞斷喪我元氣備
貴國借與段氏之欵所得之利益少而無形損失之利益多賣
與段氏之槍彈又只得擊吾國民之身不能擊吾國民之心

(8) 蓋吾國民性質軟則如綿硬則如鐵若尚有一綫之希望則
恐辱之力甚強若至山窮水盡則振抗之力甚大繼以燦衎
之唐項羽之暴嬴秦之專制元清之壓力當之無不披靡
何況區區段氏乎此對於人心而言亦萬不可援助段氏也
再進一步而言之民族自覺主義現已風靡全球雖以德意
志之強亦無所用其侵暑段氏雖具李完用之身手而吾愛
國之民遍地皆是將會其至大至剛之決心以除此全國之公
敵不使之作李完用

(9) 貴國為東亞伯主富而且強自應睥睨一切敝國雖弱然
因地大物博亦不乏砥柱中流之人倘以進之弱國視我
則我國民自當承受認
貴國為先進之國果爾則
貴國所得之利益實多倘如以朝鮮視我國民之性
質既已如上所述黃不揣冒昧代
貴國借箸而籌寶亦未可樂觀蓋恐矣深恐螭蚌相爭漁翁得
嚄矣又恐不能容積即能容積矣深恐吞之不得下嚄即能下

(10) 利黃雀之後尚有匕者想
貴國多明達之士豈肯出此尚有
民主國之約法恰如君主國之君主反對君主者為大逆不
道人人得而誅之大逆不道亦人人得而
誅之今段氏破壞約法蹂躪民權以人人得而誅之之人
貴國不助我除而去之以顯義聲於天下乃反借與鉅欵賣
與槍械助亂事大萬一有段氏其人者出現於
貴國不識當局諸公將何以善其後此對於

(11) 貴國而言亦萬不可援助段氏也
總而言之日本與中華兄弟之國脣齒相依理應互相提攜
注意真正之親善共保東亞之和平倘使吾國禍亂延長使
歐美起而干涉敝國之福亦豈
貴國之福乎鄙意以為貴國與其援助段氏不如援
助護法之西南否則亦當如後藤外相之宣言對於南北不偏
不倚黃人微言輕雖不足重然如我滇督唐公英明雄武丹
造共和功在國家仁聞義聲震於海外此次護法宗旨不移對

(12) 於東亞問題亦願追隨 貴國負幾分之責任故其所希望於
貴國想當較黃猶切而大也故敢作此極精確極誠懇之書
以正告致祈
先生提供於犬養毅後藤及當局諸公之前勸止援段之舉
倘能翻然醒悟變更外交方針使吾國之大憝早除禍亂早
息則吾國民當謳歌 貴國之功德於無量矣此豈獨敝國之
幸抑亦東亞和平之幸也請速圖之敬頌
道安
　　　　滇黔川陝聯軍總司令代表
　　　　滇督署高級參謀陸軍少將 李宗黃拜啟
　　　　　　　　　　　　　　　 七月五號

释读

（接上页）

视之为眼中钉。先生试一阅吾国上海中立各家之报纸作如何之论调，各省之议会及各商会作如何之哀鸣，即可知段氏之末日将至。贵国当局习焉不察，仍源源与以接济，致使动摇我国本，杀害我同胞，斫丧我元气，倘贵国异地而处，当作如何之感想？窃以贵国借与段氏之款所得之利益少，而无形损失之利益多；卖与段氏之枪弹，只能击吾国民之身，不能击吾国民之心。盖吾国民性质，软则如绵，硬则如铁。若尚有一线之希望，则忍辱之力甚强；若至山穷水尽，则抵抗之力甚大。纵以桀纣之虐，项羽之暴，嬴秦之专制，元清之压力，当之无不披靡，何况区区段氏乎？此对于人心而言，亦万不可援助段氏也。

　　再进一步而言之，民族自觉主义，现已风靡全球。虽以德意志之强，亦无所用其侵略。段氏虽具李完用之身手，而吾爱国之民，遍地皆是，将奋其至大至刚之决心，以除此全国之公敌，不使之作李完用。贵国为东亚伯主，富而且强，自应睥睨一切。敝国虽弱，然因地大物博，亦不乏砥柱中流之人，倘如以后进之弱国视我，则我国民自当承受，认贵国为先进之国，果尔，则贵国所得之利益实多。倘如以朝鲜视我，则我国民之性质，既已如上所述，黄不揣冒昧，代贵国借箸而筹，实亦未可乐观。盖恐吞之不得下咽；即能下咽矣，又恐不能容积；即能容积矣，深恐鹬蚌相争，渔翁得利，黄雀之后，尚有弋者。想贵国多明达之士，岂肯出此？尚有关于贵国之根本问题者，即民主国之约法，恰如君主国之君主。反对君主者，为大逆不道，人人得而诛之；破坏约法者，亦为大逆不道，亦人人得而诛之。今段氏破坏约法，蹂躏民权，以人人得而诛之之人，贵国不助我除而去之，以显义声于天下，乃反借与巨款，卖与枪械，助乱事小，长乱事大。万一有段氏其人者出现于贵国，不识当局诸公将何以善其后。此对于贵国而言，亦万不可援助段氏也。

　　总而言之，日本与中华，兄弟之国，唇齿相依，理应相互提携，注意真正之亲善，共保东亚之和平。倘使吾国祸乱延长，使欧美起而干涉，敝国之祸，岂贵国之福乎？鄙意以为，贵国与其援助违法之段氏，不如援助护法之西南，否则亦当如后藤外相之宣言，对于南北，不偏不倚。黄人微言轻，虽不足重，然如我滇督唐公，英明雄武，再造共和，功在国家，仁闻义声，震于海外。此次护法，宗旨不移，对于东亚问题，亦愿追随贵国，负几分之责任。故其所希望于贵国，想当较黄尤切而大也。故敢作此极精确极诚恳之书以正告，敬祈先生提供于犬养毅、后藤及当局诸公之前，劝止援段之举。倘能翻然醒悟，变更外交方针，使吾国之大憝早除，祸乱早息，则吾国民当讴歌贵国之功德于无量矣。此岂独敝国之幸，抑亦东亚和平之幸也。请速图之。敬颂
道安

　　　　　　　　　　　　　　滇黔川陕联军总司令代表、滇督署高级参谋、陆军少将李宗黄拜启
　　　　　　　　　　　　　　七月五号

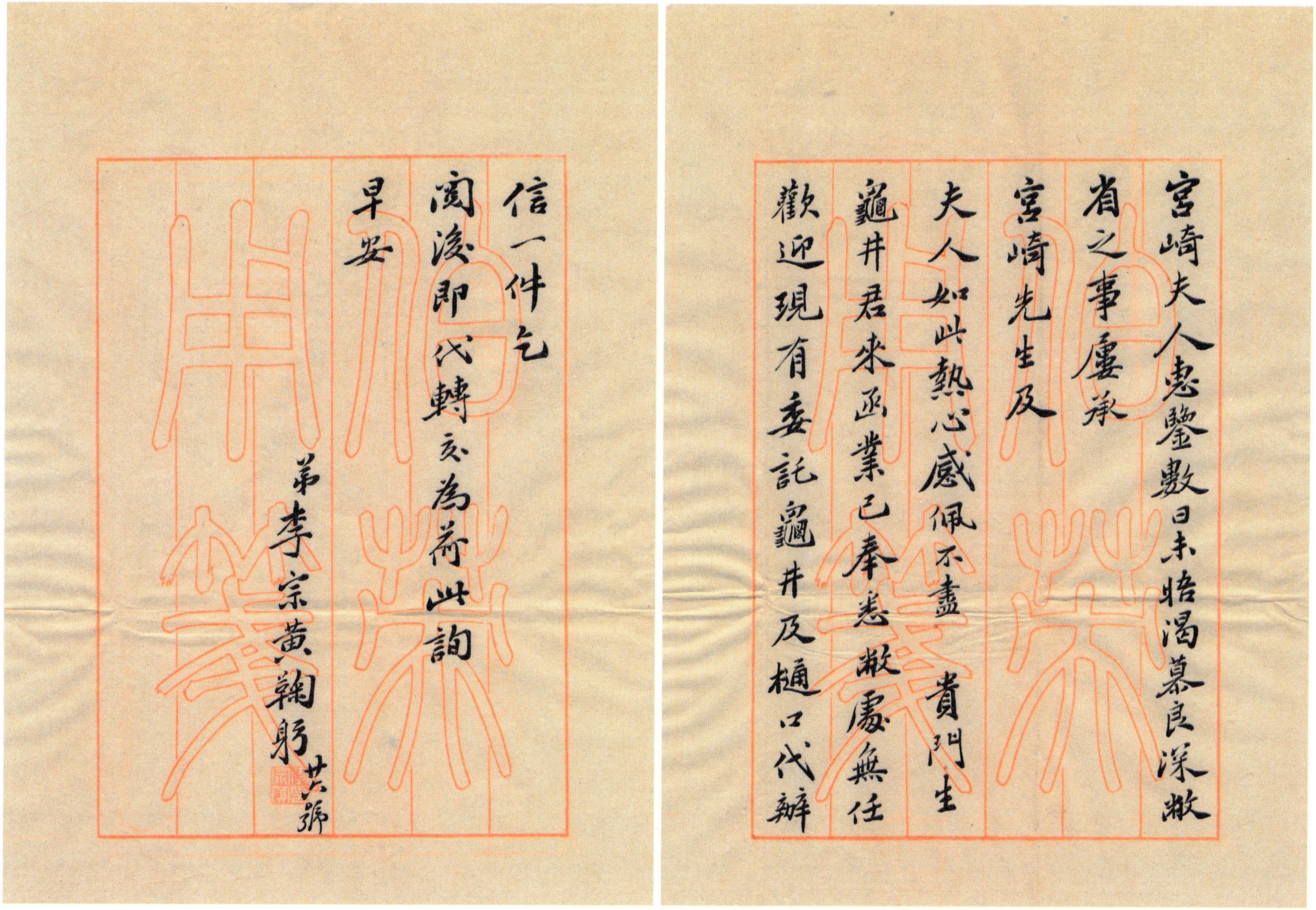

宮崎夫人惠鑒數日未晤渴慕良深敬
省之事屢承
宮崎先生及
夫人如此熱心感佩不盡貴門生
龜井君來函業已奉悉敝處無任
歡迎現有委託龜井及樋口代辦

信一件乞
閱後即代轉交為荷此詢
早安

弟李宗黃親躬廿六日

李宗黃致宮崎槌子函（1919年□月26日）

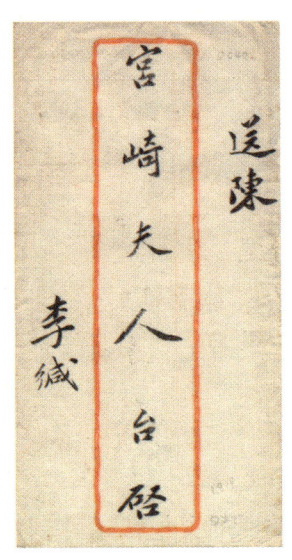

释读

宫崎夫人惠鉴：

  数日未晤，渴慕良深。敝省之事，屡承宫崎先生及夫人如此热心，感佩不尽。贵门生龟井君来函，业已奉悉，敝处无任欢迎。现有委托龟井及樋口代办信一件，乞阅后即代转交为荷。此询

早安

弟李宗黄鞠躬
二十六号

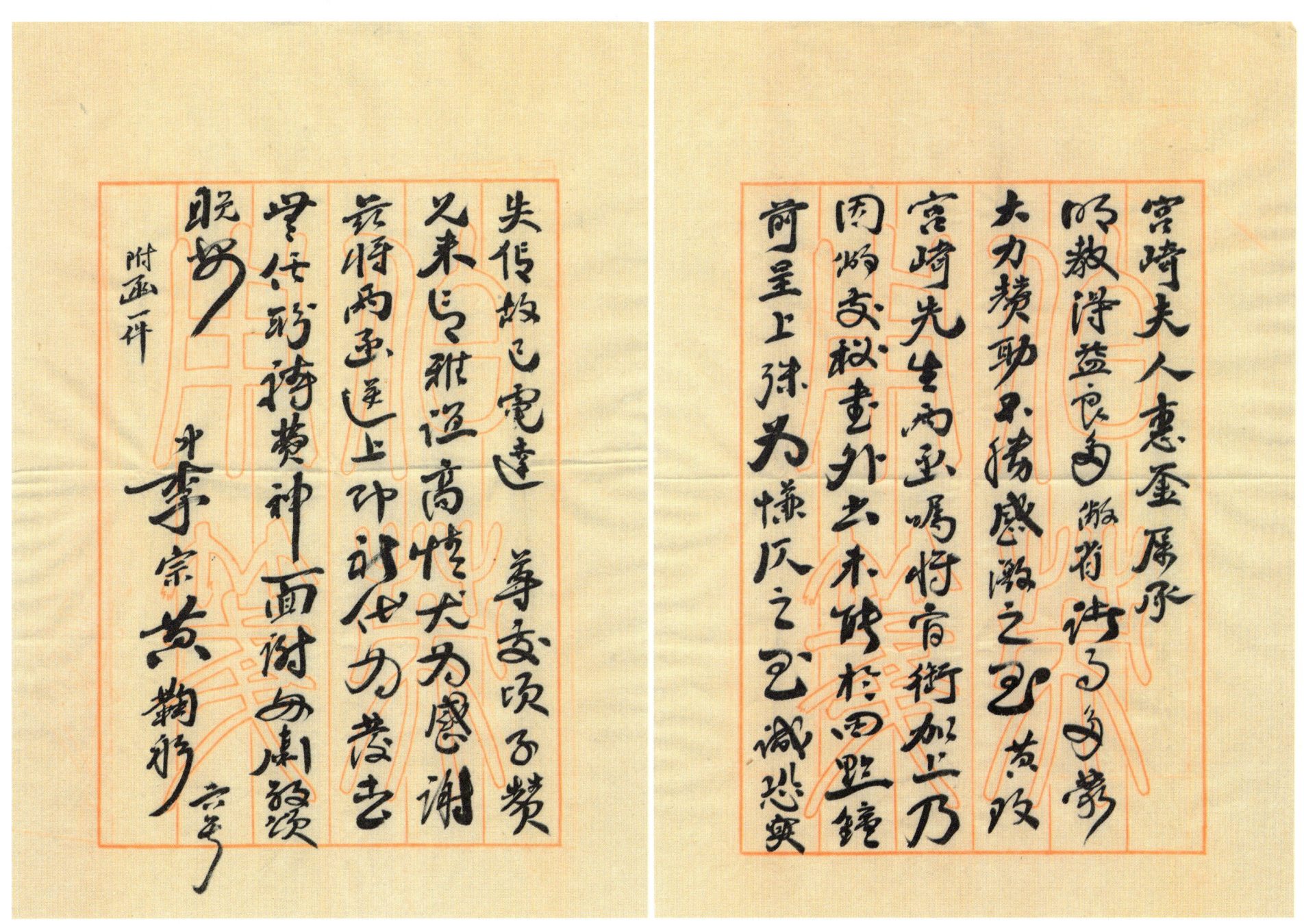

李宗黄致宫崎槌子函（1919年□月6日）

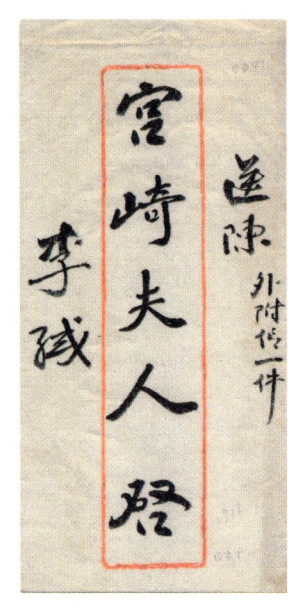

释读

宫崎夫人惠鉴：

属承明教，得益良多。敝省诸事，多蒙大力赞助，不胜感激之至。黄致宫崎先生两函，嘱将官衔加上，乃因敝处秘书外出，未能于四点钟前呈上，殊为歉仄之至。诚恐失信，故已电达尊处。顷子赞兄来言，雅谊高情，尤为感谢！兹将两函送上，即祈代为发去，无任盼祷，费神面谢。匆肃，敬颂

晚安

　　附函一件

弟李宗黄鞠躬
六号

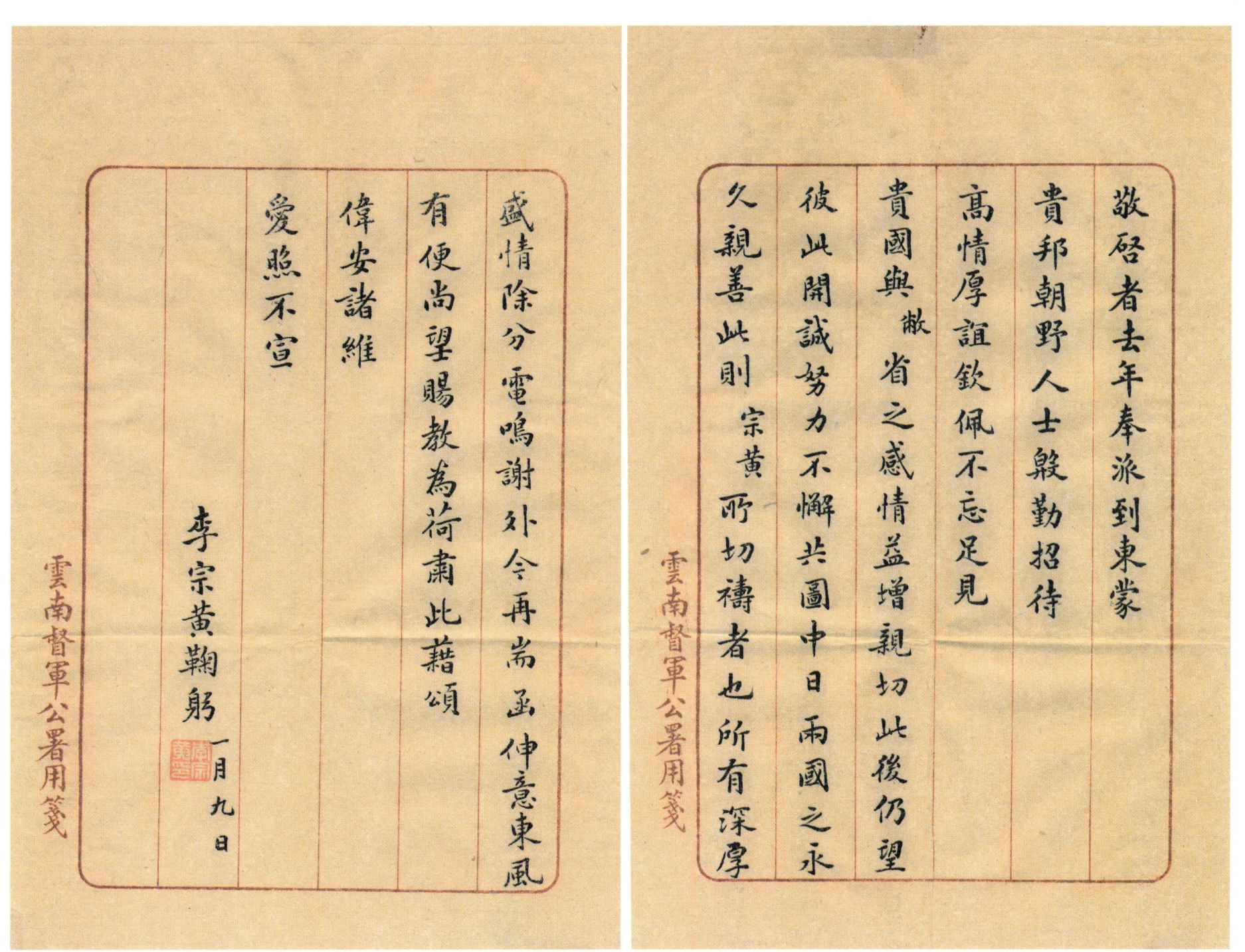

敬啓者去年奉派到東蒙
貴邦朝野人士慇勤招待
高情厚誼欽佩不忘足見
貴國與敝省之感情益增親切此後仍望
彼此開誠努力不懈共圖中日兩國之永
久親善此則宗黃所切禱者也所有深厚
盛情除分電鳴謝外今再耑函伸意東風
有便尚望賜教為荷肅此藉頌
偉安諸維
愛照不宣

　　　　　李宗黃鞠躬　一月九日

李宗黃致宮崎滔天函（1920年1月9日）

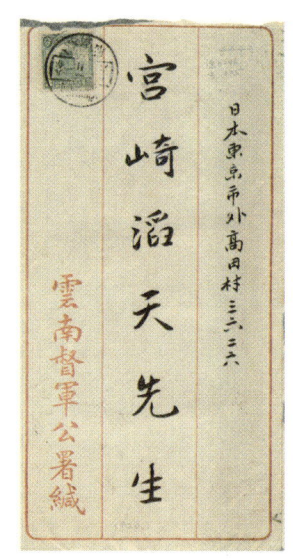

释读

敬启者：

  去年奉派到东，蒙贵邦朝野人士殷勤招待，高情厚谊，钦佩不忘。足见贵国与敝省之感情，益增亲切。此后仍望彼此开诚，努力不懈，共图中日两国关系之永久亲善，此则宗黄所切祷者也。所有深厚盛情，除分电鸣谢外，令再专函申意。东风有便，尚望赐教为荷。肃此，藉颂

伟安！诸维爱照不宣。

李宗黄鞠躬

一月九日

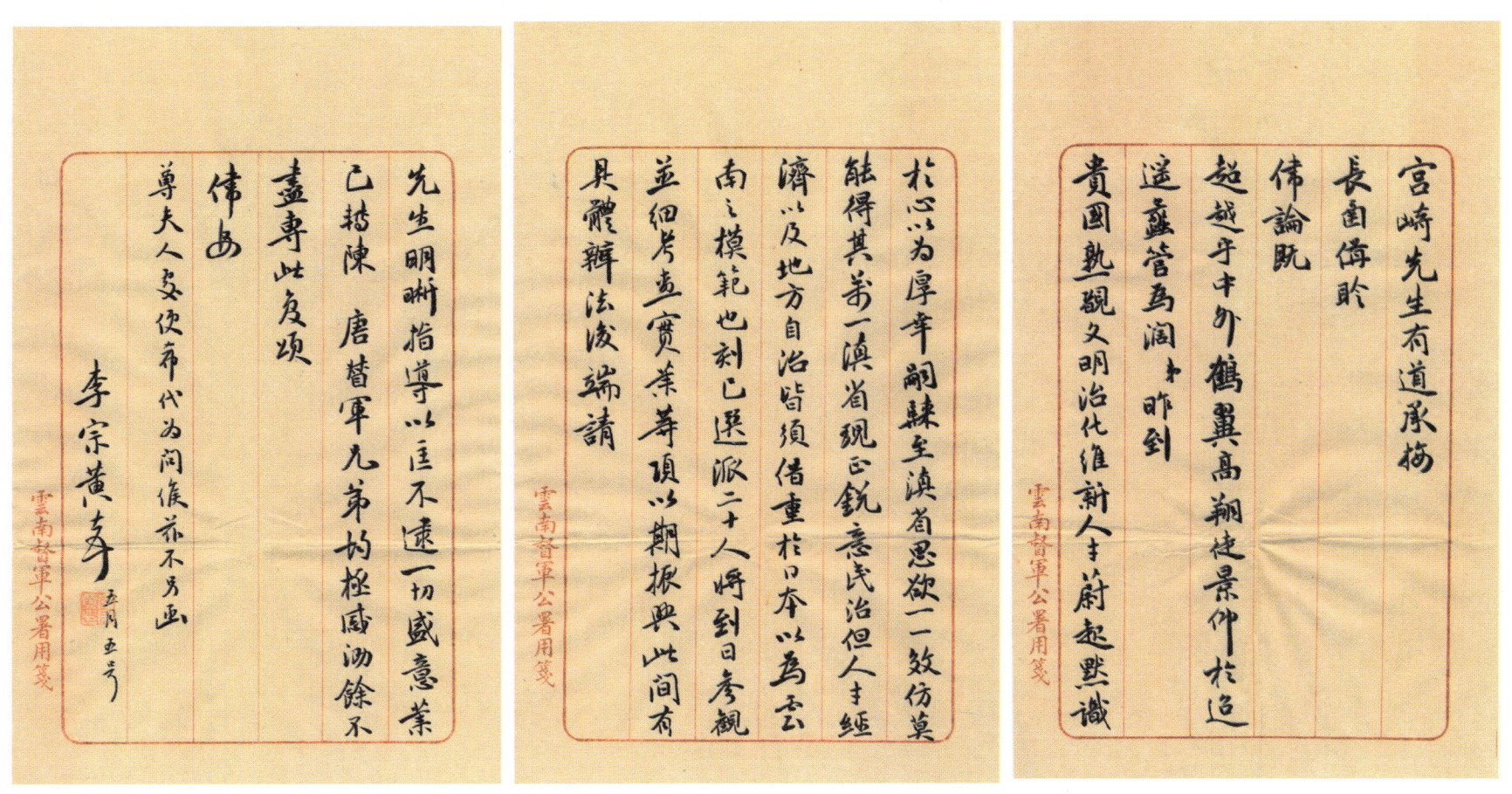

李宗黄致宫崎滔天函（1920年5月5日）

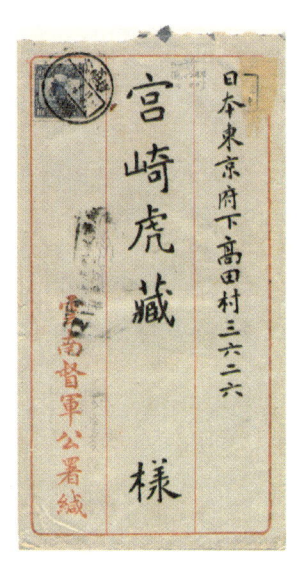

释读

宫崎先生有道：

　　承接长函，备聆伟论。既超越乎中外，鹤翼高翔；徒景仰于迢遥，蠡管为阔。弟昨到贵国，熟觇文明治化，维新人才蔚起，默识于心，以为厚幸。嗣归至滇省，思欲一一效仿，莫能得其万一。滇省现正锐意民治，但人才经济及地方自治，皆须借重于日本，以为云南之模范也。刻已选派二十人将到日参观，并细考查实业等项，以期振兴。此间有具体办法后，端请先生明晰指导，以匡不逮。一切盛意，业已转陈唐督军，兄弟均极感激。余不尽。专此，复颂

伟安

尊夫人处便希代为问候，兹不另函。

李宗黄顿首
五月五号

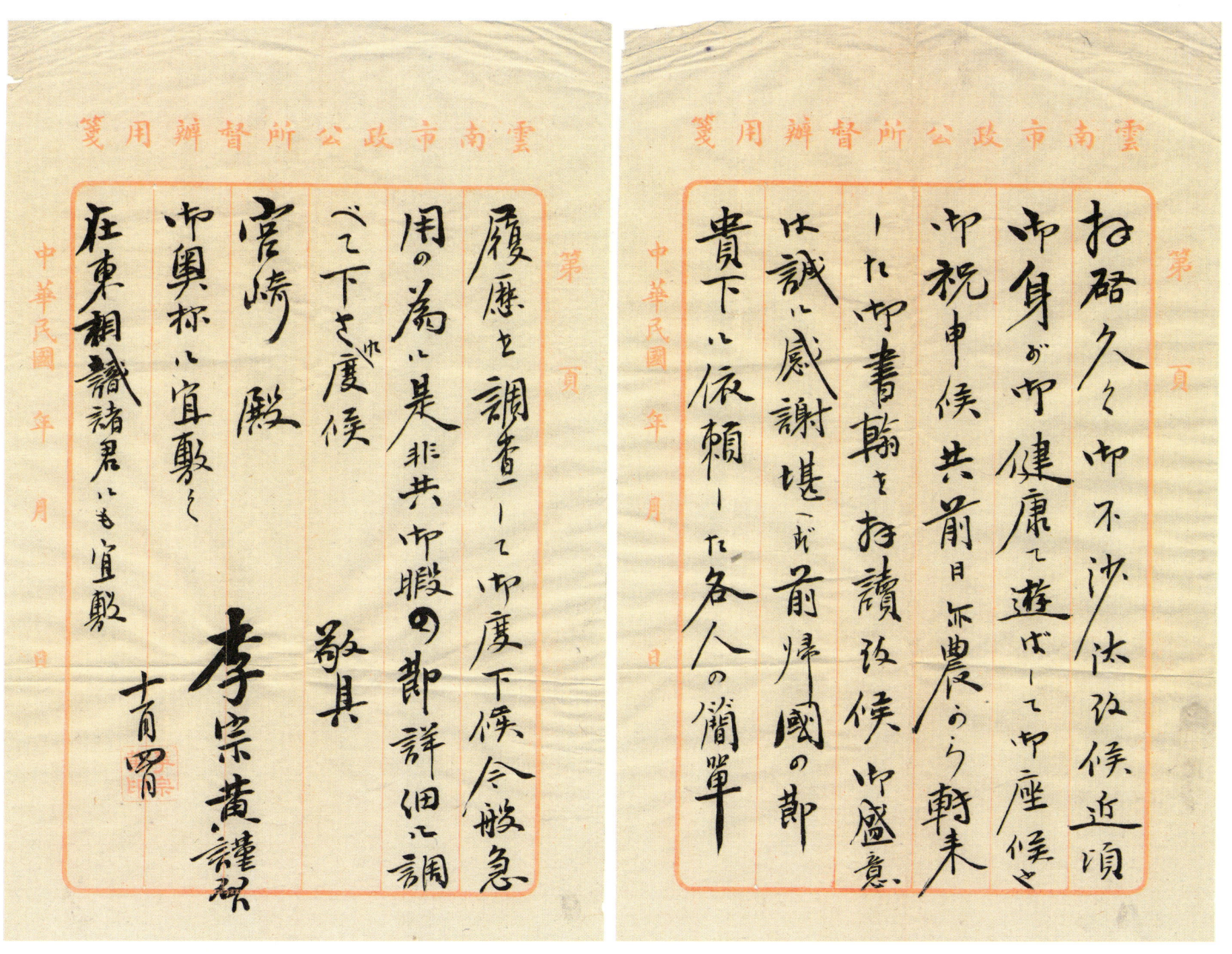

李宗黄致宫崎滔天函（1920年11月4日）

宮崎滔天家藏民国人物书札手迹（第三卷）

释读

拝啓　久しく御不沙汰致候。近頃御身が御健康て遊ばして御座候也。御祝申候共、前日亦農から転来した御書翰を拝読致候。御盛意は誠に感謝堪へず。前帰国の節、貴下に依頼した各人の簡単履歴を調査して御度下候。今般急用の為に、是非共御暇の節詳細に調べて下され度候。
　　敬具
　　宮崎殿

御奥様に宜敷く

在東相識諸君にも宜敷

　　　　　　　　　　　　　　　　　　　　　　　　　　李宗黄謹啓
　　　　　　　　　　　　　　　　　　　　　　　　　　　十一月四日

中译文

拜启：

　　久未问候，敬祝贵体康健。拜读前日亦农转来之贵书翰，盛意感激不尽。归国之际，拜请调查诸位简历，今急用之故，还请余暇之际详细调查。

　　　　敬具

宫崎殿

李宗黄 谨启

代问尊夫人安好

在东相识诸君也安好

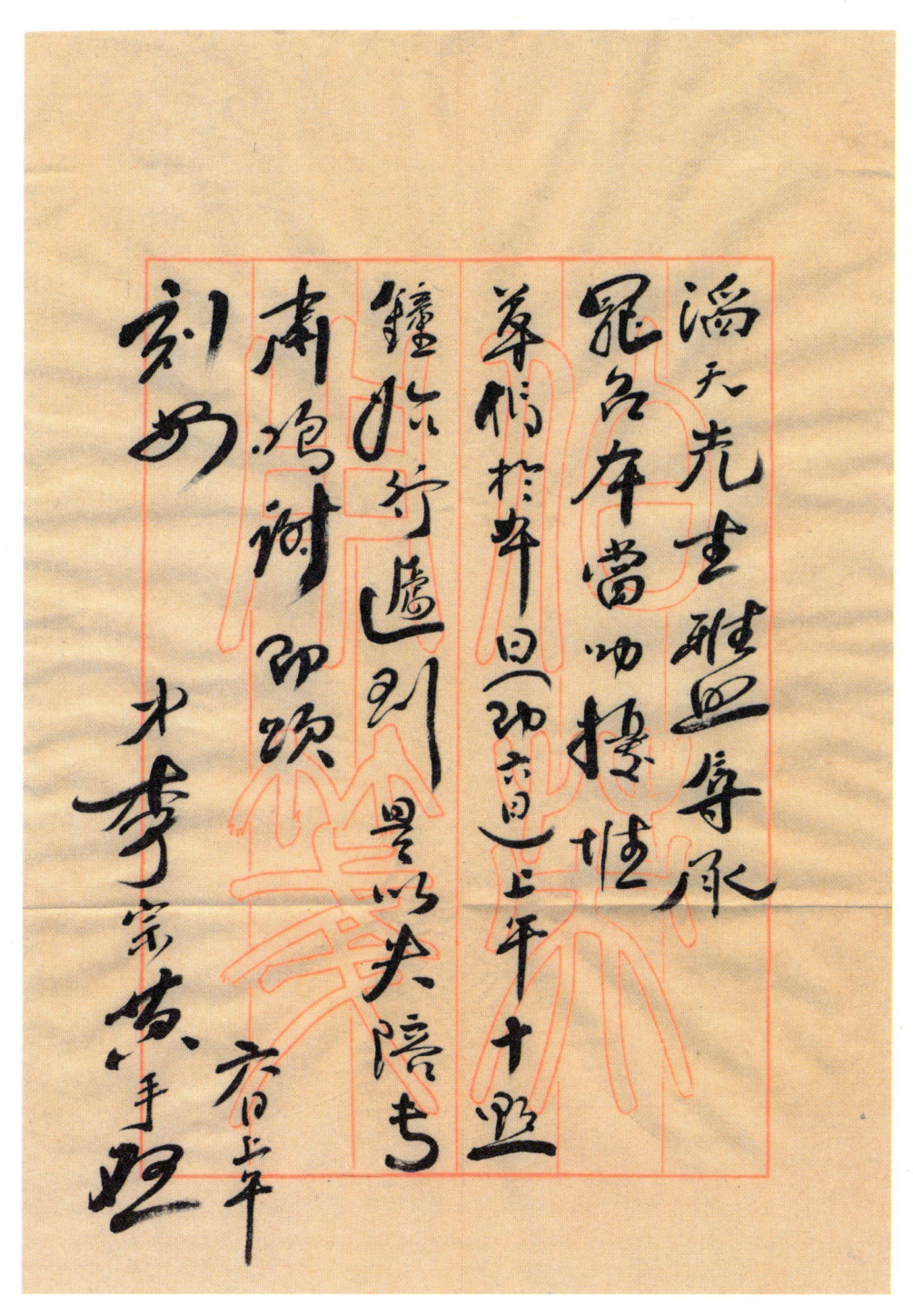

李宗黄致宫崎滔天函（□年□月6日）

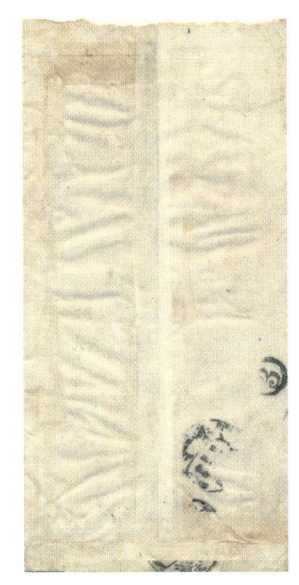 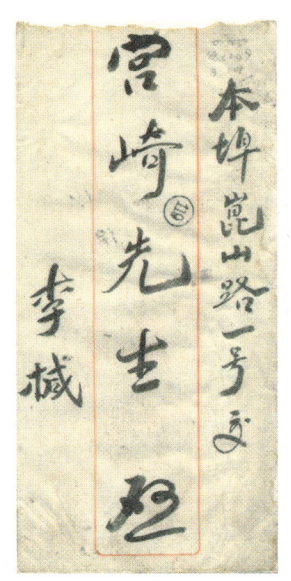

释读

滔天先生雅鉴：

　　辱承宠召，本当叨扰，惟尊信于本日（即六日）上午十点钟始行递到，是以失陪。专肃鸣谢。即颂
刻安

　　　　　　　　　　　　　　　　　　　　　　　弟李宗黄手启

　　　　　　　　　　　　　　　　　　　　　　　　　六日上午

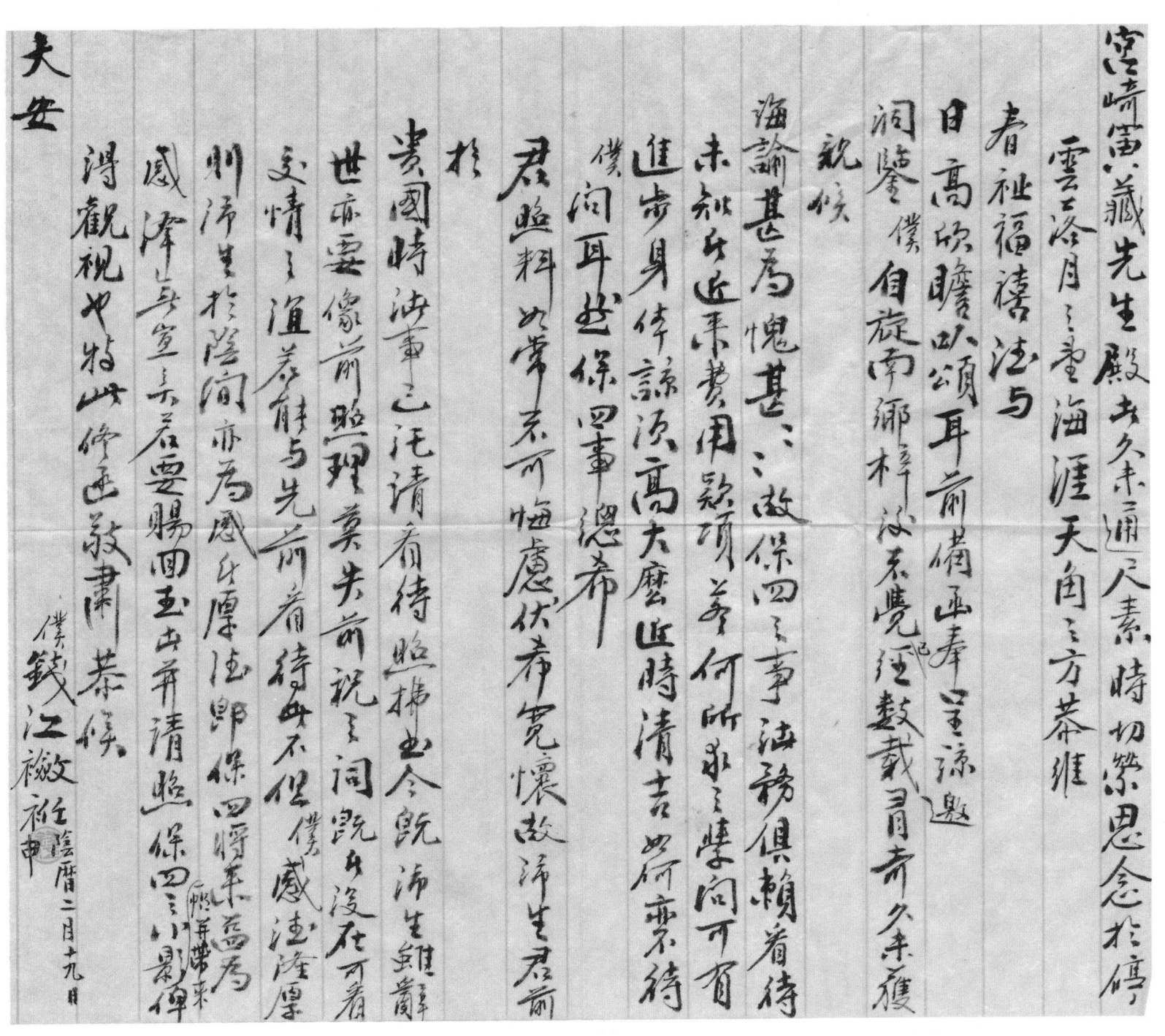

钱江氏致宫崎滔天函（1914年3月15日）

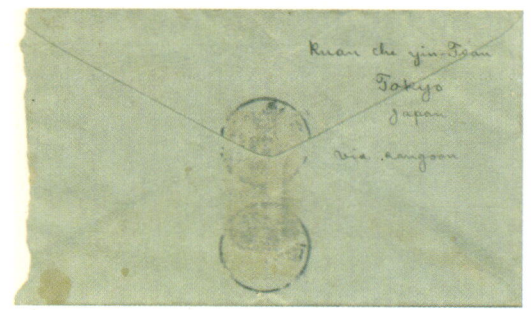

释读

宫崎寅藏先生殿者：

久未通尺素，时切萦思。念于停云落月之望，海涯天角之方，恭维春祉福禧，德与日高，欣瞻以颂耳。前备函奉呈，谅邀洞鉴。仆自旋南乡梓后，不觉已经数载有奇，久未获亲候诲谕，甚为愧甚愧甚。故保四之事，诸务俱赖看待。未知其近来费用款项若何，所求之学问可有进步，身体谅须高大么？近时清吉如何，亦不待仆问耳，然保四事总希君照料如常，不可悔虑，伏希宽怀。故沛生君前于贵国时，诸事已托请看待照拂，至今既沛生虽辞世，亦要像前照理，莫失前祝之词。既者没在，可看交情之谊，若能与先前看待，不但仆感德隆厚，则沛生于阴间亦为感其厚德，即保四将来益为感泽无宣矣。若要赐回玉函，并请照保四之小影一幅并带来，俾得观视也。特此修函。敬肃。恭候

大安

仆钱江裣衽

阴历二月十九日申

宫崎寅藏先生 阁下敬启者 曩年游学
贵国诸承照拂感激之心 于今难
忘江宁归国之后 又将保四兒托擔养
不意其亲父亲母讁多垂顾感戴
何可言宫近年来又闻将保兒送
入一学校 讬需经费皆蒙颜及实为
感荷大德云涯 美惟累年之经
费涂饰君左时汇送之孙不知尚
欠若干 及玉诸君弃世之後更无
奉着 先生一纸之书者想为
憾皮国难也去年八月间因有都安
君往北京之便托由于岸署漫金
与伊带来 先生处纹银叁百
两作为接济 债四兒之经费 云外闻
殿戦船阻及玉本年四月间方解
起行於此时想亦必将送到美前
中虑巳叠次报告而终未接 先生
一次回函殊深悬念此信到後其银
曾否收着 以及通信 处 务 诠
先生将佳處当地指定明白回函
示知以便将来汇款不致差错
滞也谨申佈達並候
大安
钱江氏拜啓 阴曆六月十四日

释读

宫崎寅藏先生阁下：

敬启者：曩年游学贵国，诸承照拂，感激之心，于今难忘。江等归国之后，又将保四儿交托抚养，不啻其亲父亲母，诸多垂顾，感戴何可言宣！近年来又承将保四儿送入学校，所需经费皆蒙顾及，实为感荷大德无涯矣。惟累年之经费，除沛君在时汇送之外，不知尚欠若干。及至沛君弃世之后，更无奉着先生一纸之书者，想为怜及困难也。去年八月间，因有郮安君往北京之便，特由干崖署凑金与伊，带来交先生处纹银三百两，作为接济保四儿之经费。无如闻欧战船阻，及至本年四月间方能起行。然此时想亦必将送到矣。前此屡已叠次报告，而终未获先生一次回函，殊深悬念。此信到后，其银曾否收着，以及通信处，务望先生将住处番地指定明白，回函示知，以便将来汇款不致差错滞滞也。谨此布达，并候

大安

钱江氏拜启

阴历六月十四日

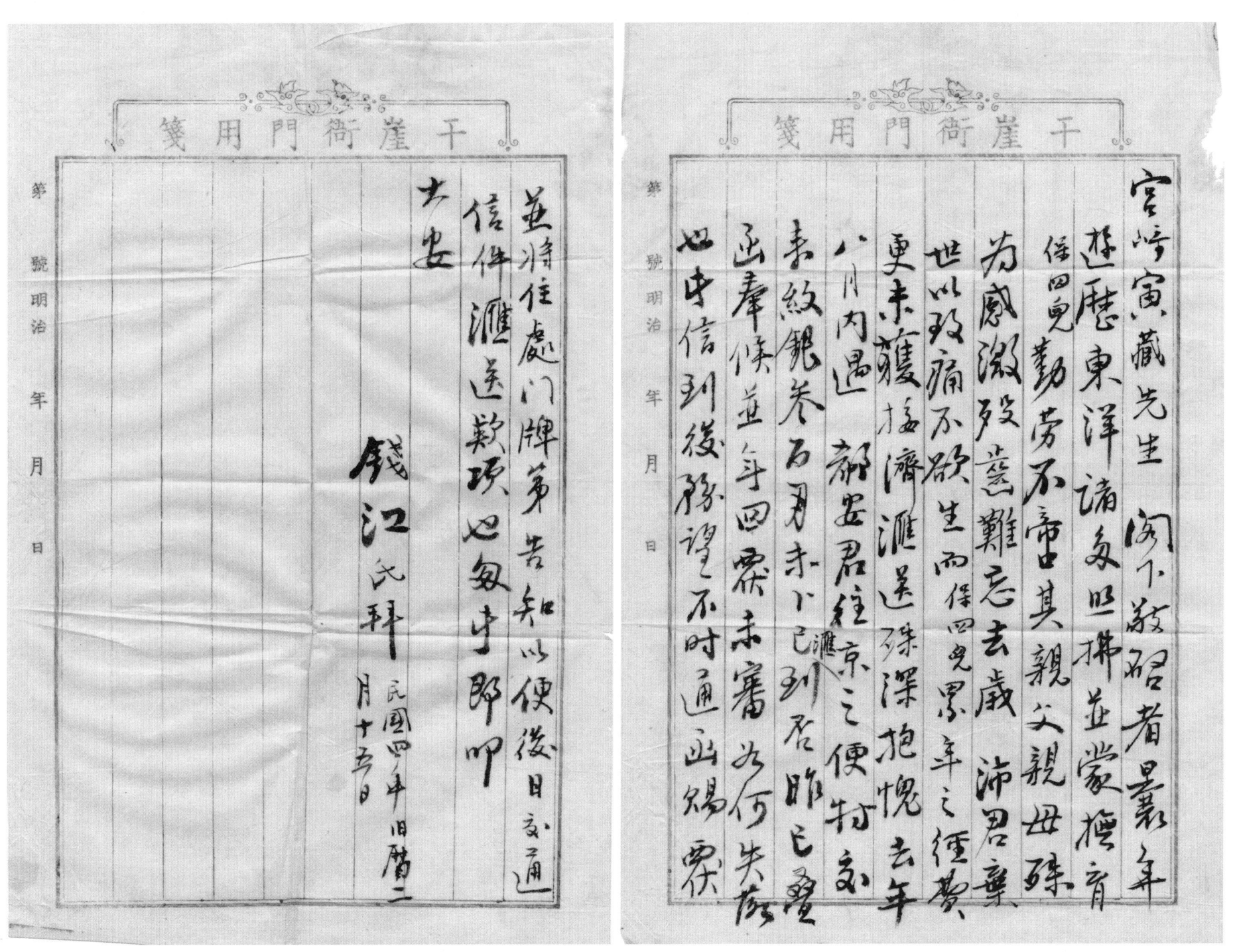

宫崎寅藏先生阁下敬启者曩岁年遊歷東洋諸亥叨荷並蒙撫育，俾回免勤劳不啻其親父親母。殊为感激，歿葬難忘。去歲沛君棄世以致痛不啟，生兩侄四兒累年之經費，更未獲搖濟滙送殊深抱愧。去年八月內遇郭密君往京之便特求世中信到後務望不时通函錫覆。

函奉候並年回霎末審為何失落，表紋銀叄百员赤下己到君所已登迅奉候並年回霎末審為何失落。

並將住處門牌第告知以便後日交通。

信件滙送歉疚心每虔耶叩

大安

钱江氏科 民國四年旧曆二月十六日

钱江氏致宫崎滔天函（1915年3月30日）

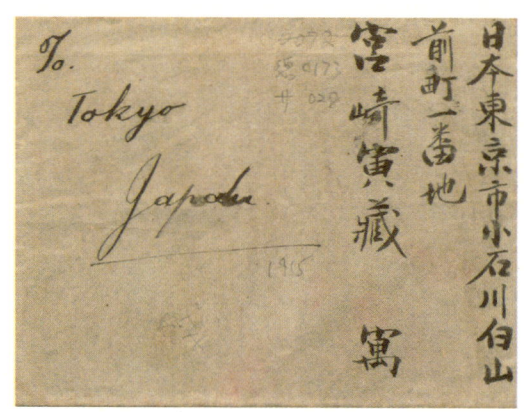

释读

宫崎寅藏先生阁下：

    敬启者：曩年游历东洋，诸多照拂，并蒙抚育保四儿，勤劳不啻其亲父亲母，殊为感激，殁齿难忘！去岁沛君弃世，以致痛不欲生，而保四儿累年之经费，更未获接济汇送，殊深抱愧。去年八月内遇郗安君往京之便，特交来纹银三百两，未卜已汇到否？昨已叠函奉候，并无回复，未审如何失落也。此信到后，务望不时通函赐复，并将住处门牌第告知，以便后日交通信件，汇送款项也。匆此，即叩
大安

钱江氏拜
民国四年旧历二月十五日

宮崎先生賜鑒頃奉
瑤札
賜祝凱旋披頌之餘彌增愧荷搏桑左睹仰企
光誦伏暑崇隆不審
起居何似詎新

珍攝敢祝
健康瀕沒無慮魚鴻易傳時枉
德音以慰飢渴手启雲霞謝祇候
大安諸惟
朗照不宣　譚延闓啟

譚延闓致宮崎滔天函（1920年7月31日）

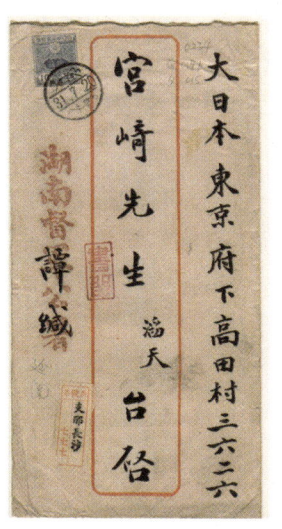

释读

宫崎先生赐鉴：

　　顷奉瑶札，赐祝凯旋。披颂〔诵〕之余，弥增愧荷。榑桑在望，仰企光诵。伏暑蕴隆，不审起居何似，诸蕲珍摄，敢祝健康。瀛波无恙，鱼雁易传。时枉德音，以慰饥渴。手启覆谢，祗候大安，诸惟朗照不宣。

　　　　　　　　　　　　　　　　　　　　　　　　　　　　　　谭延闿启

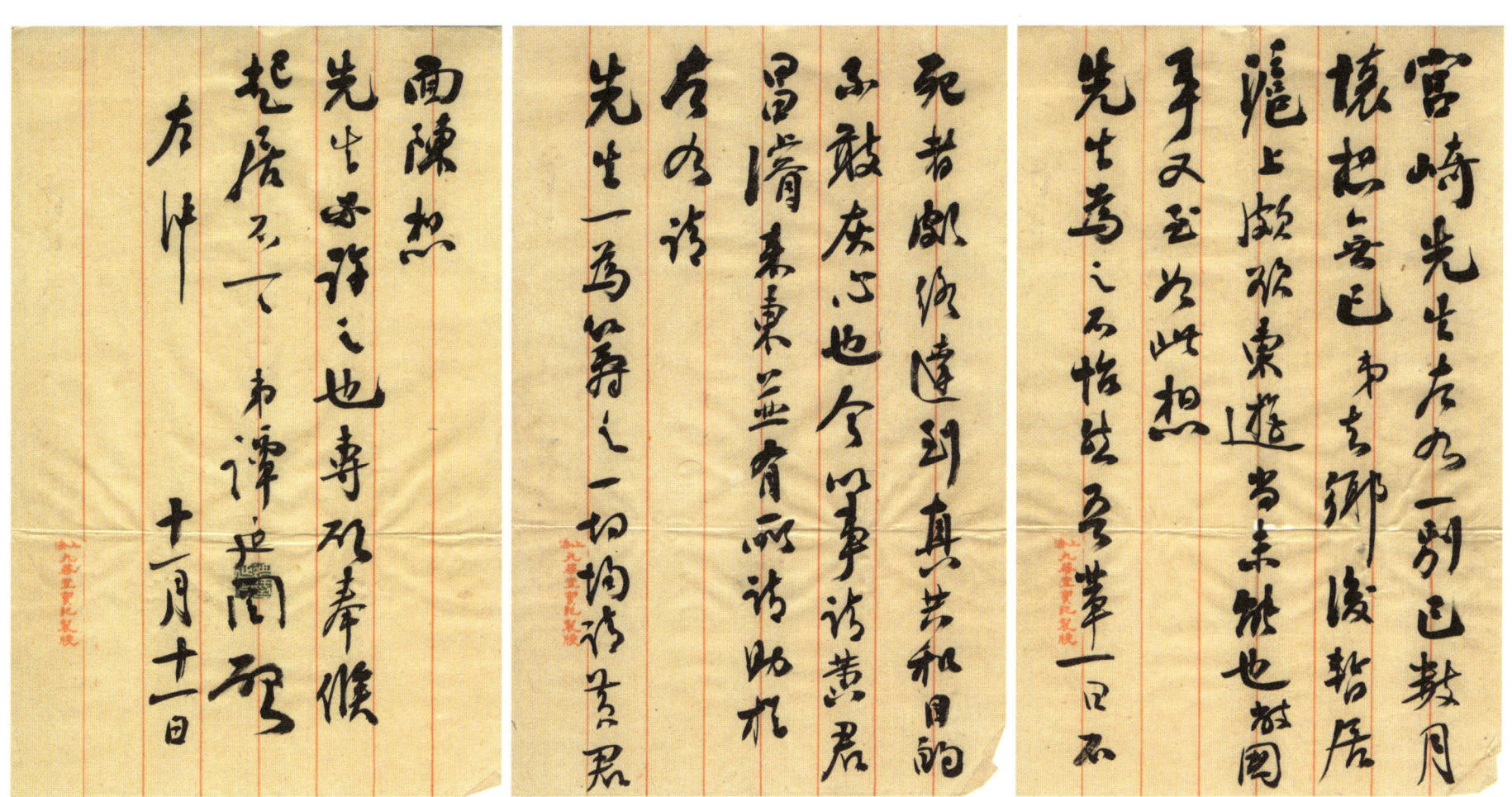

谭延闿致宫崎滔天函（□年11月11日）

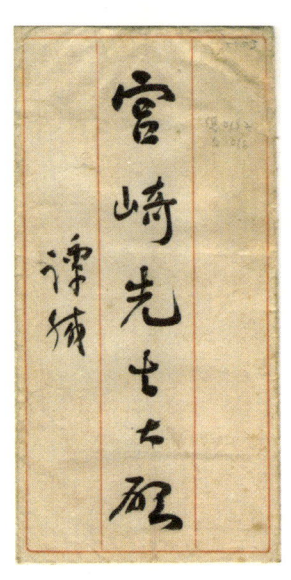

释读

宫崎先生左右：

一别已数月，怀想无已。弟去乡后，暂居沪上，颇欲东游，尚未能也。敝国事又至如此，想先生为之不怡。然吾辈一日不死者，颇终达到真共和目的，不敢灰心也。今以事请黄君昌濬来东，并有所请助于左右，请先生一为筹之。一切均请黄君面陈，想先生必许之也。专启

奉候起居。不一一

　　　　　　　　　　　　　　　　　　　　弟谭延闿启

　　　　　　　　　　　　　　　　　　　　　在沪

　　　　　　　　　　　　　　　　　　　　十一月十一日

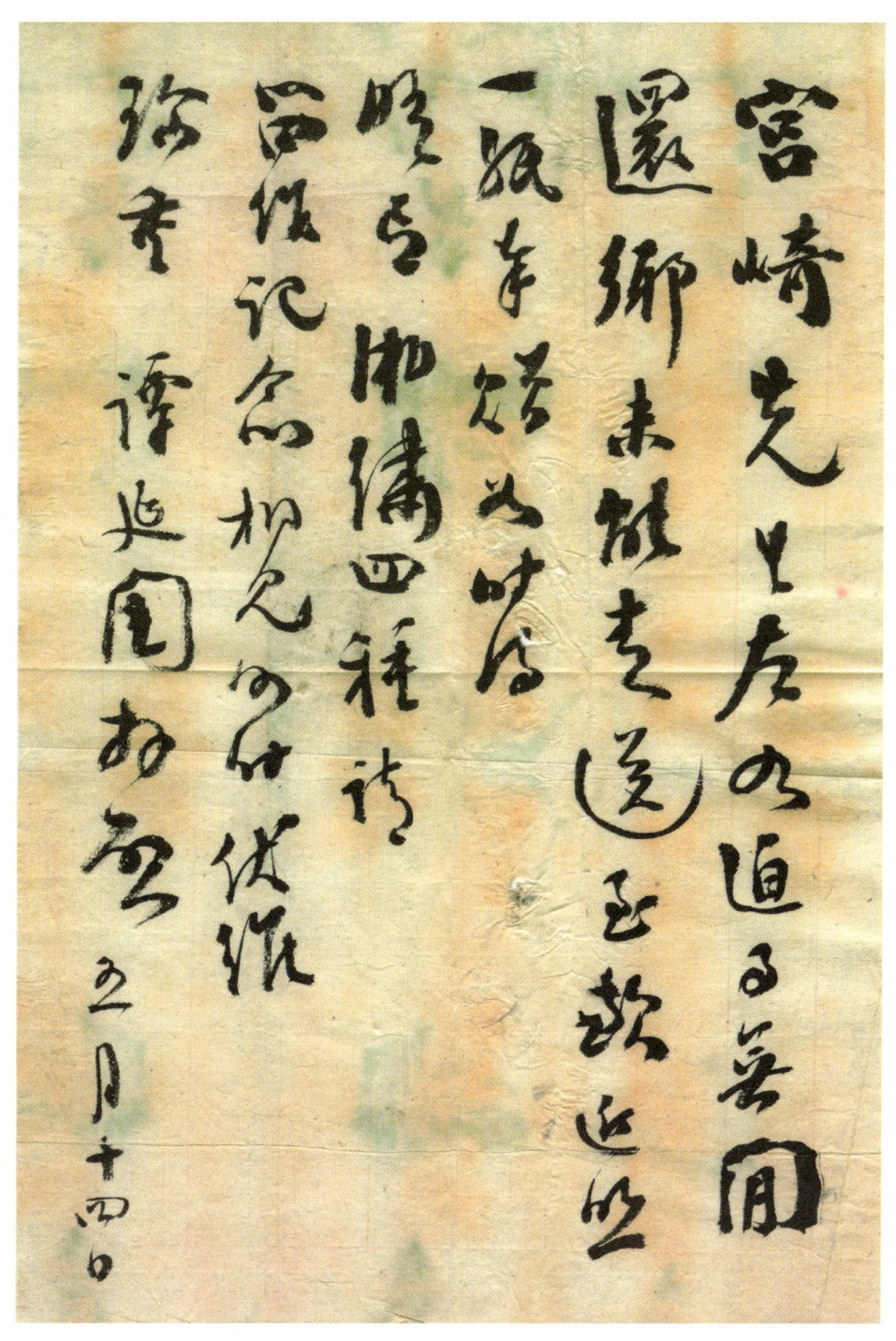

谭延闿致宫崎滔天函（□年2月14日）

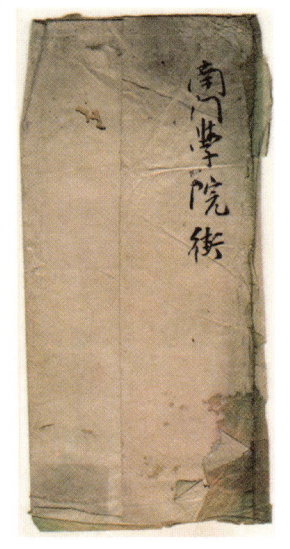 

释读

宫崎先生左右：

迫事无闲，还乡未能走送，至歉。近照一纸奉赠，如时得晤言。有湘绣四种，请留作记念。相见何时，伏维珍重

谭延闿拜启

五月十四日

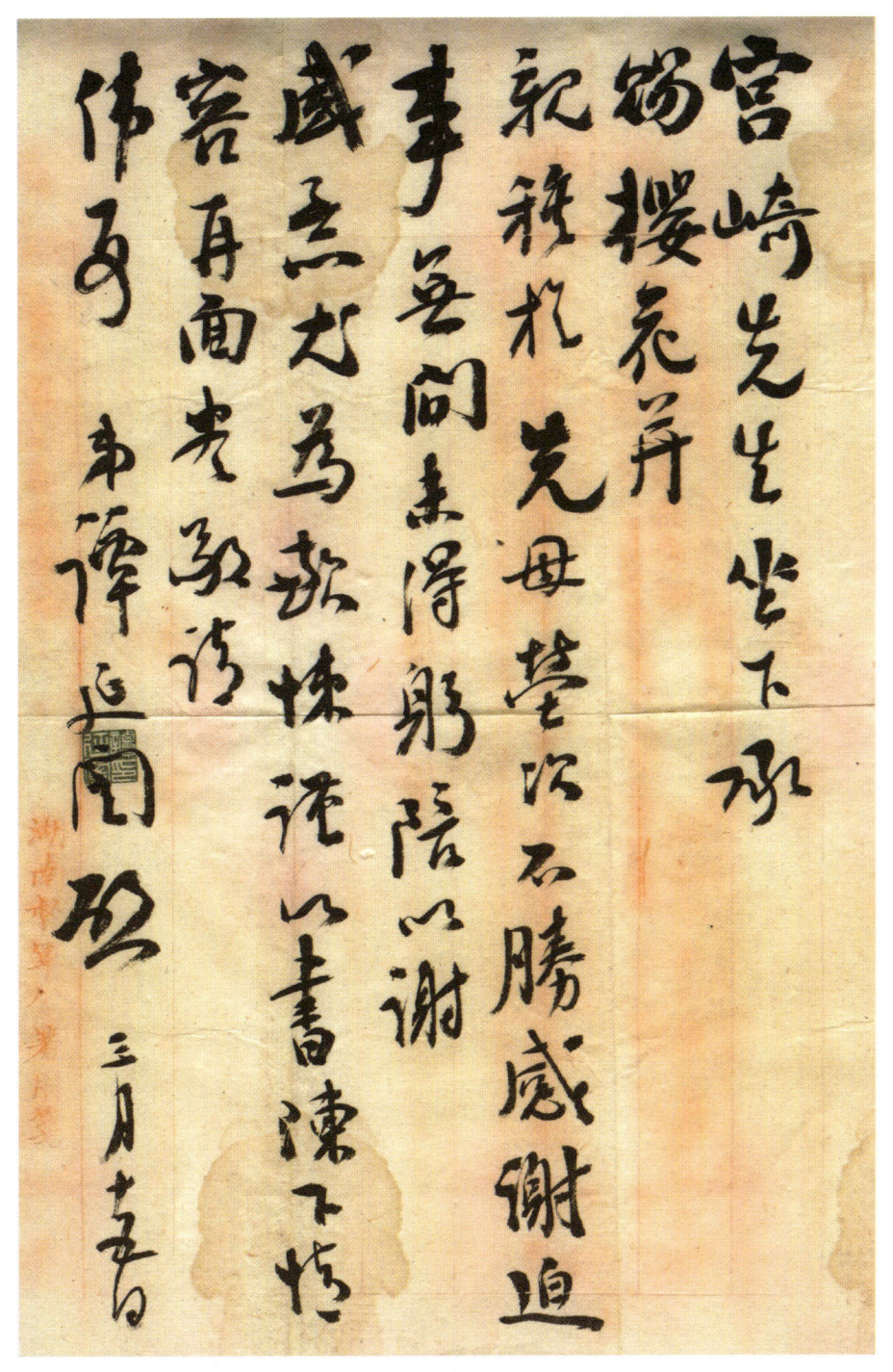

谭延闿致宫崎滔天函（□年3月15日）

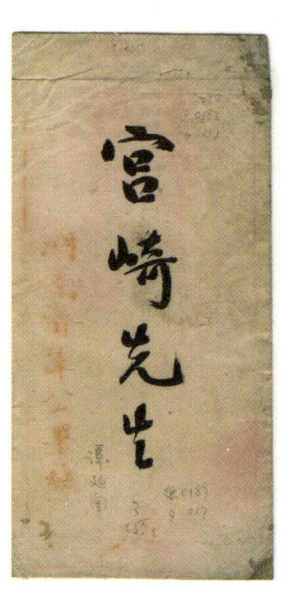

释读

宫崎先生坐〔座〕下：

　　承赐樱花并亲种于先母茔次，不胜感谢。迫事无闲，未得躬陪，以谢盛意，尤为歉悚。谨以书陈下情，容再面尽。敬请
伟安

弟谭延闿启
三月十五日

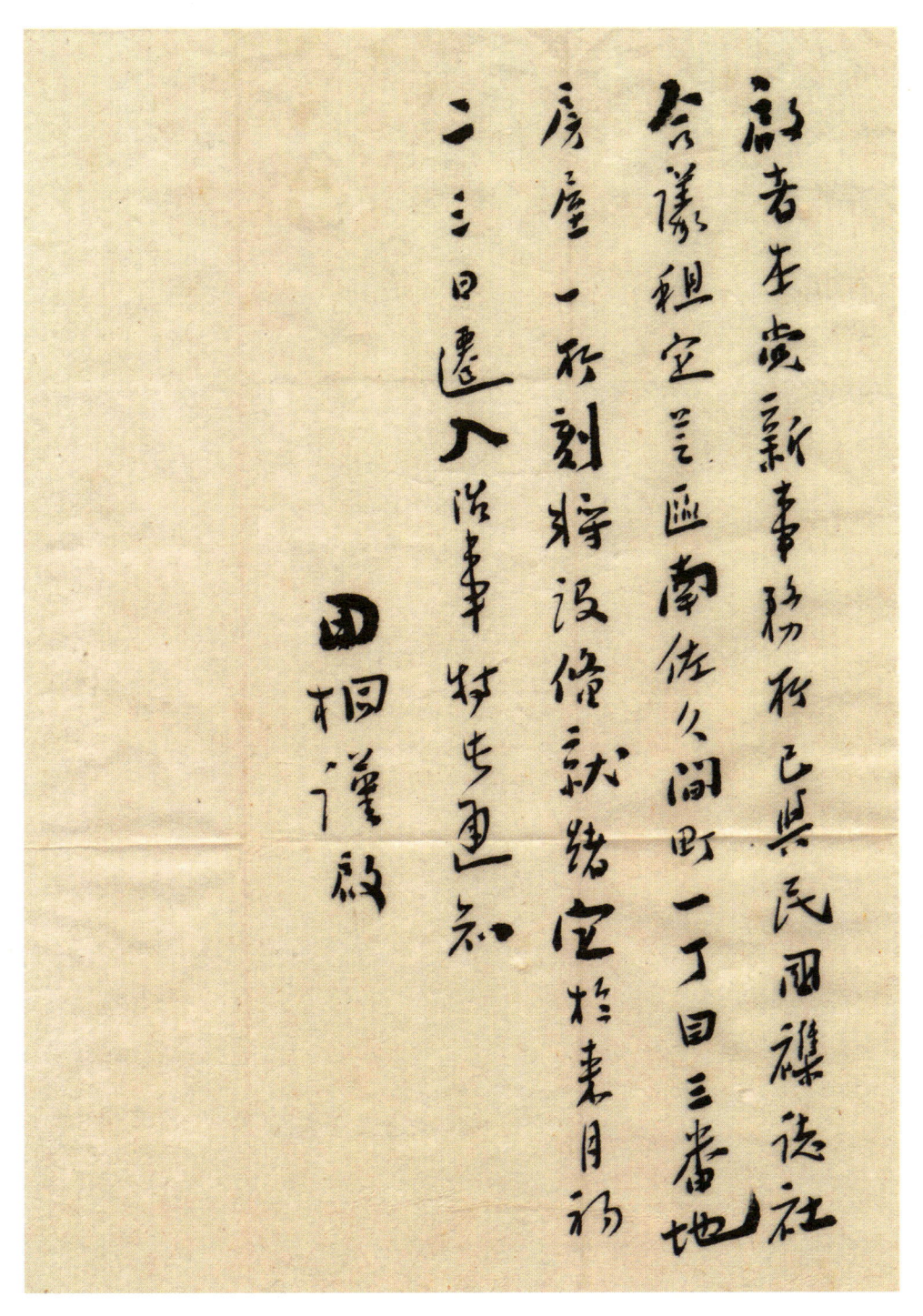

田桐致宫崎滔天函（1914年5月31日）

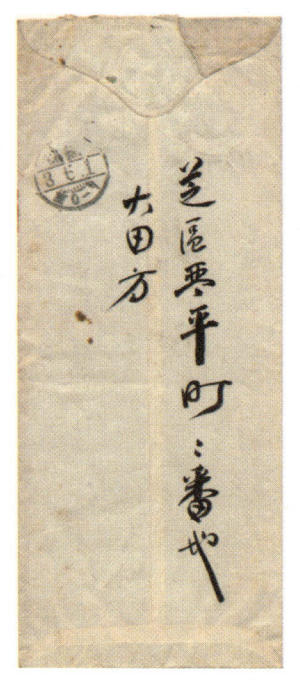
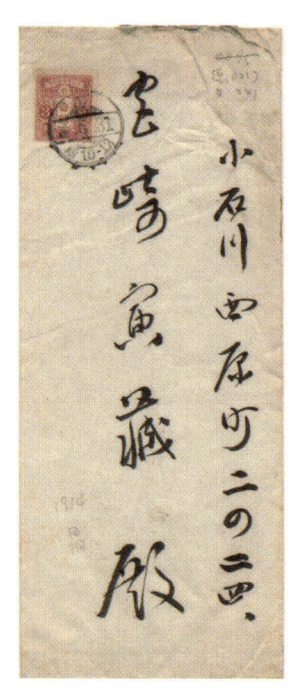

释读

启者：

　　本党新事务所已与《民国》杂志社合议，租定芝区南佐久间町一丁目三番地房屋一所，刻将设备就绪，定于来月初二三日迁入治事，特此通知。

田桐谨启

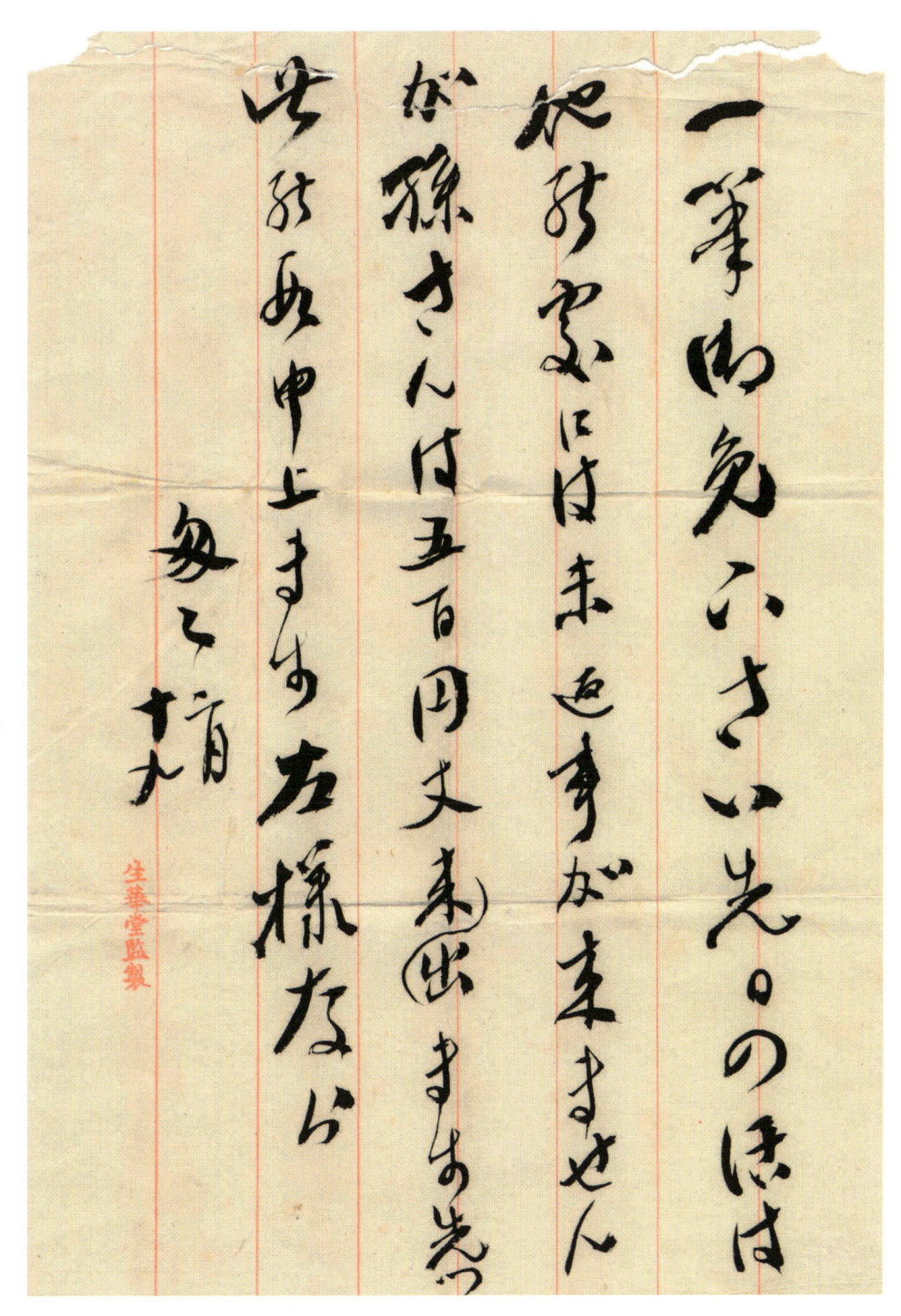

田桐致宮崎滔天夫人函（1915年2月19日）

 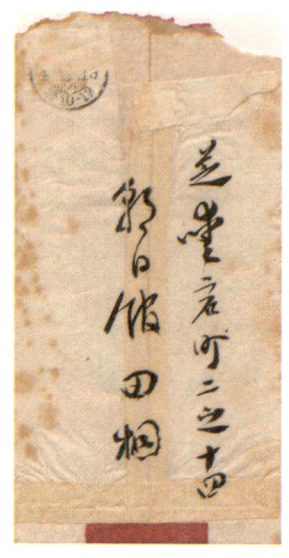

释读

一筆御免下さい。先日の話は他の處には未返事が来ませんが、孫さんは五百円丈出来ます。先つ此の如申上ます。左様なら匆々

二月十九

中译文

　　简单一笔抱歉。前日之事，别处尚未收到回复，孙君只筹到五百円，先将此奉告，再见。
匆匆

二月十九日

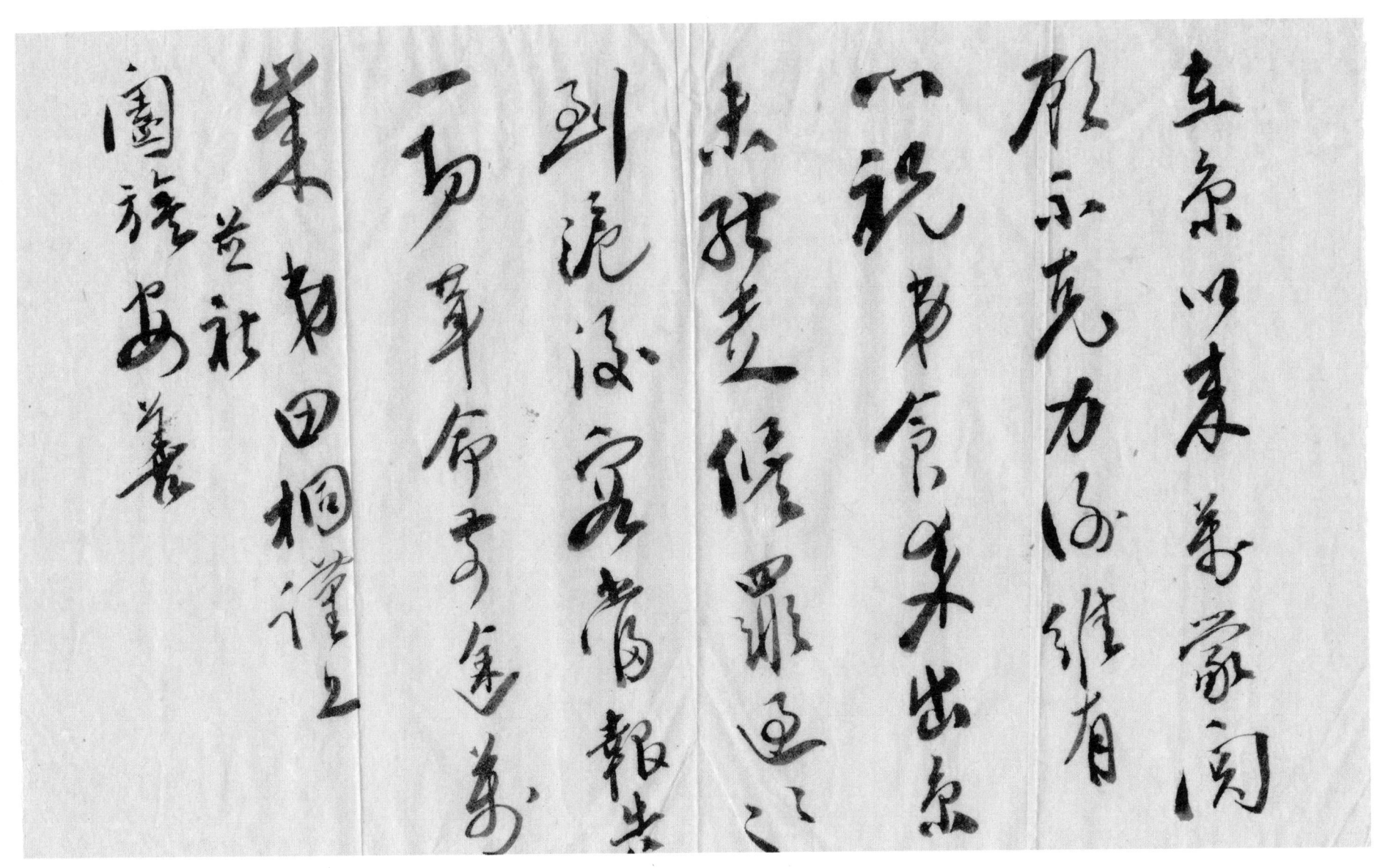

田桐致宫崎滔天函（1915年12月22日）

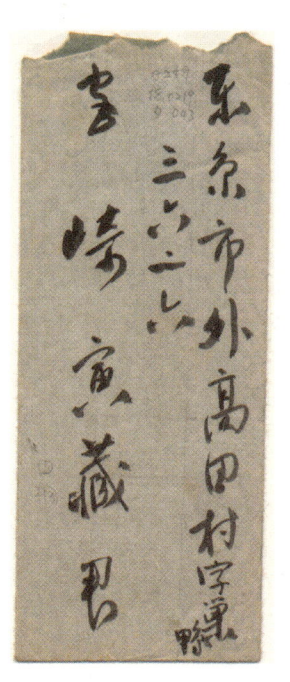

释读

  在京以来，万蒙关顾，不克力谢，维〔惟〕有心祝。弟仓卒出京，未能走候，罪过，罪过。到沪后容当报告一切。革命前途万岁！
并祈
阖族安善

弟田桐谨上

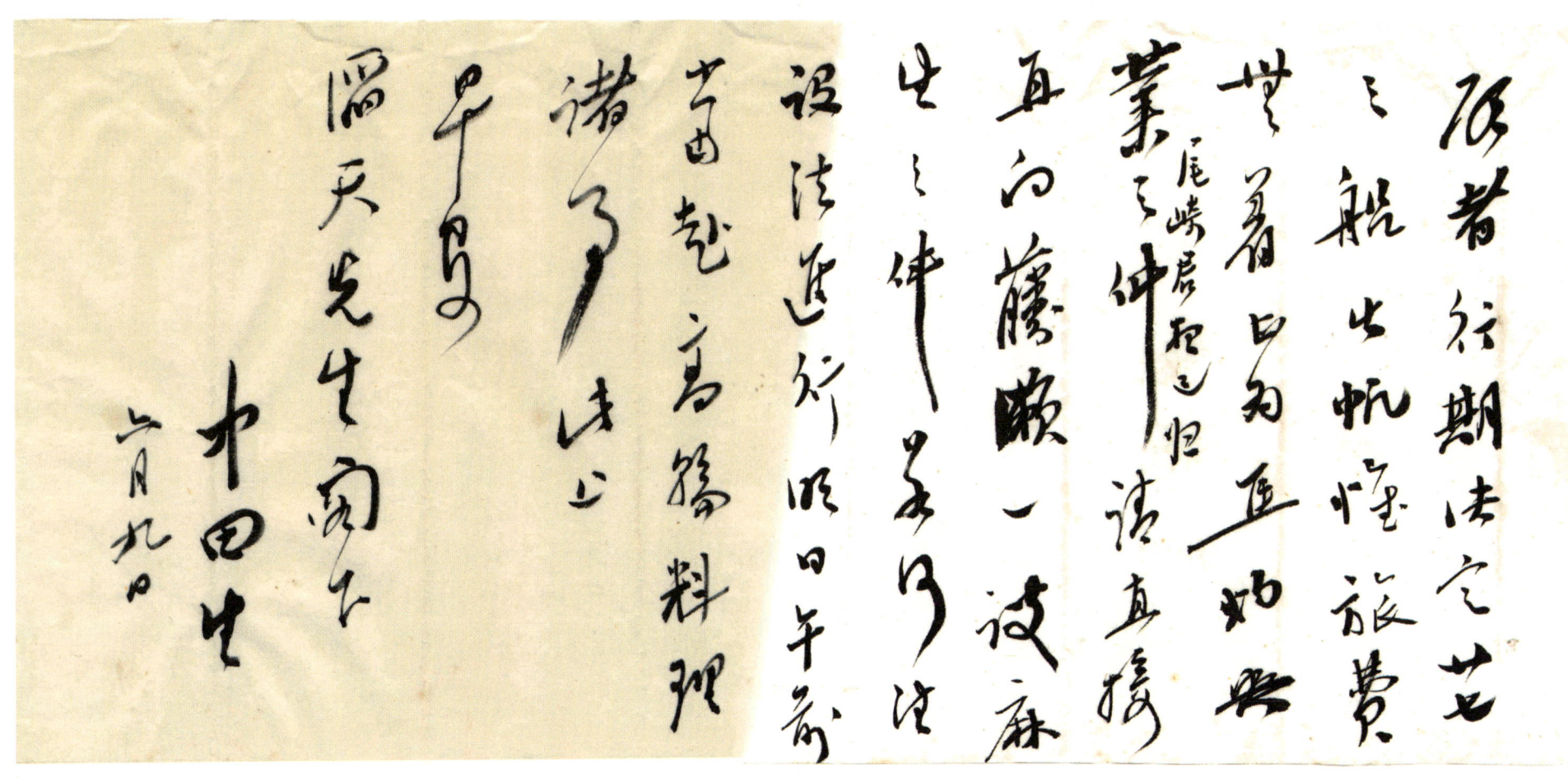

田桐致宫崎滔天函（□年6月9日）

释读

启者：

行期决定廿七之船出帆，惟旅费无着，正为焦灼。兴业之件（尾崎君想已归），请直接再向藤濑一谈。麻生之件若何？望设法进行。明日午前，当赴高轮料理诸事。此上

早安

滔天先生阁下

弟田生

六月九日

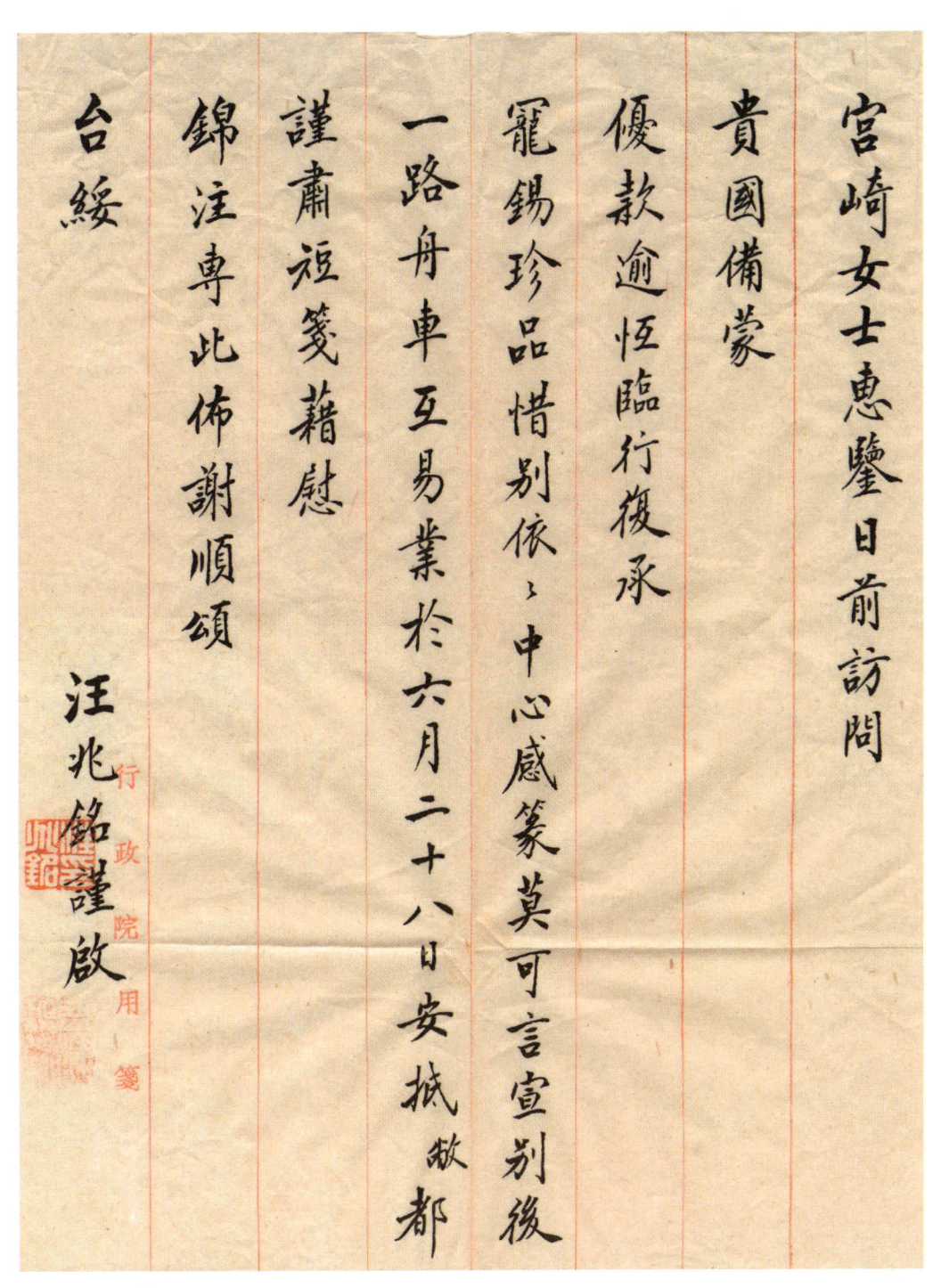

宮崎女士惠鑒日前訪問

貴國備蒙

優款逾恆臨行復承

寵錫珍品惜別依依中心感篆莫可言宣別後

一路舟車互易業於六月二十八日安抵敝都

謹肅蕪箋藉慰

錦注專此佈謝順頌

台綏

汪兆銘謹啟

汪精卫致宫崎滔天夫人函（1916 年 7 月 11 日）

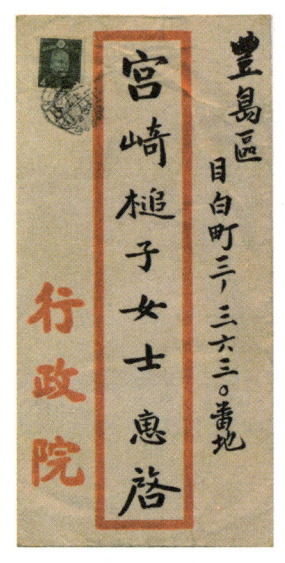

释读

宫崎女士惠鉴：

  日前访问贵国，备蒙优款逾恒，临行复承宠锡珍品，惜别依依，中心感篆，莫可言宣。别后一路舟车互易，业于六月二十八日安抵敝都。谨肃短笺，藉慰锦注，专此布谢，顺颂

台绥

汪兆铭谨启

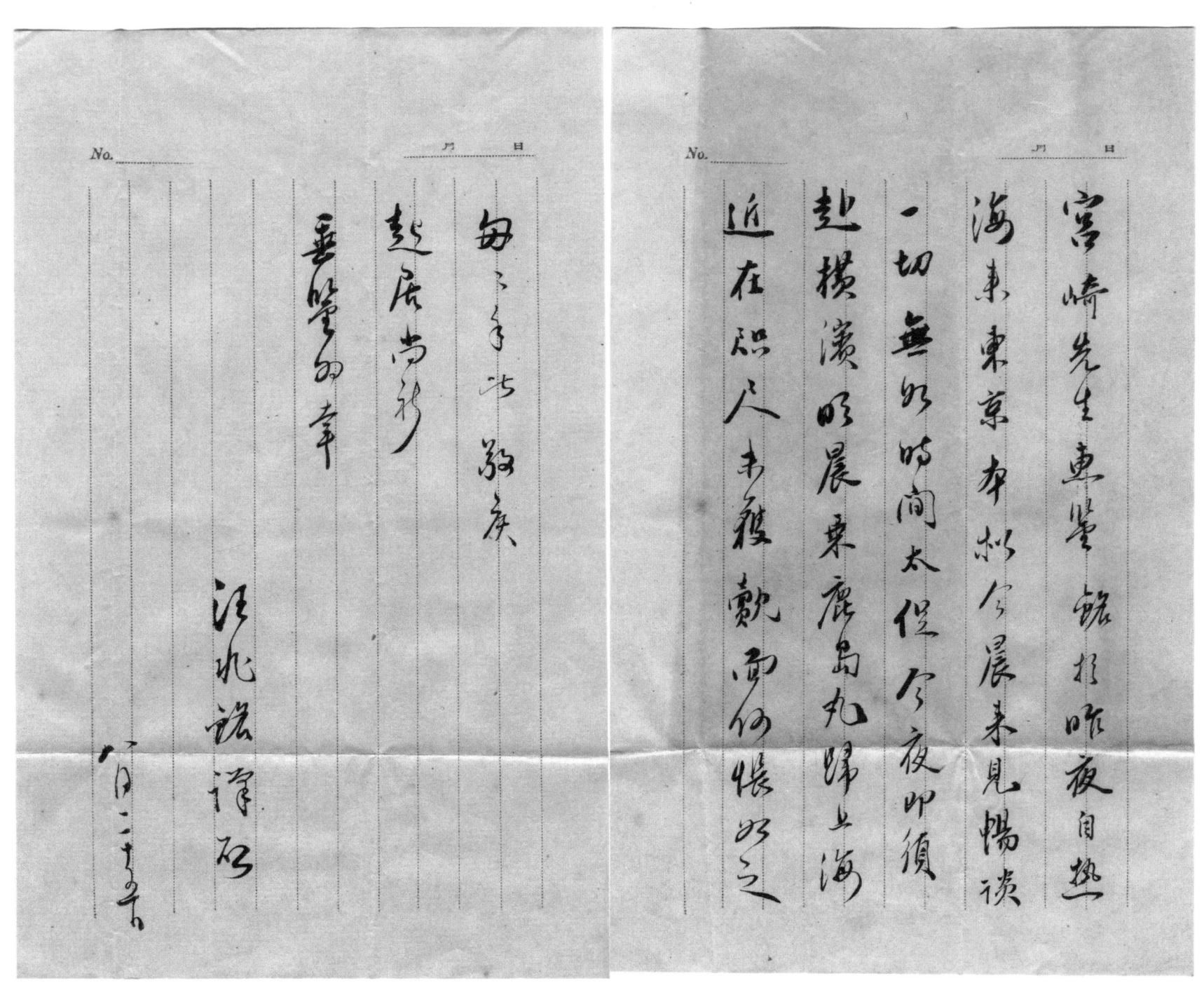

汪精卫致宫崎滔天函（1918年8月25日）

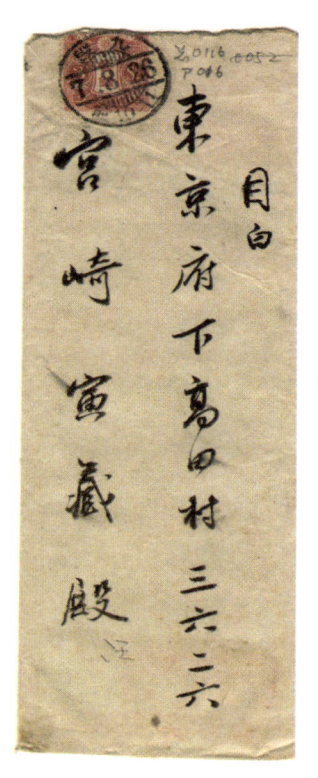

释读

宫崎先生惠鉴：

  铭于昨夜自热海来东京，本拟今晨来见，畅谈一切，无如时间太促，今夜即须赴横滨，明晨乘鹿岛丸归上海。近在咫尺，未获觏面，何怅如之。

  匆匆手此，敬候

起居。尚祈垂鉴为幸

汪兆铭谨启
八月二十五日

70 Hayashicho,
Koishigawaku,
17th Oct., 1913.

My dear Mr. Miyasaki,

I am grad to say that we have been brought together again in Tokio although we have much pain politically in this effect.

I am staying with my husband, and tried to come and see you several times; but Tokio is still strange to me, and I could not go out freely especially in this wet weather.

As I am told, your house is not far from ours. Will you then be kind enough to come and see us if you have time?

My husband joins with me to send you best wishes.

I remain,

Yours sincerely,

Ronan Wao
(Mrs. Chang.)

S. P. How is your sister-in-law, Mrs. Maeda, getting on? I knew her very well when she was working in Membosha. I wonder whether she will have time to help me in house-keeping matters or not.

吴弱男致宫崎滔天函（1913年10月17日）

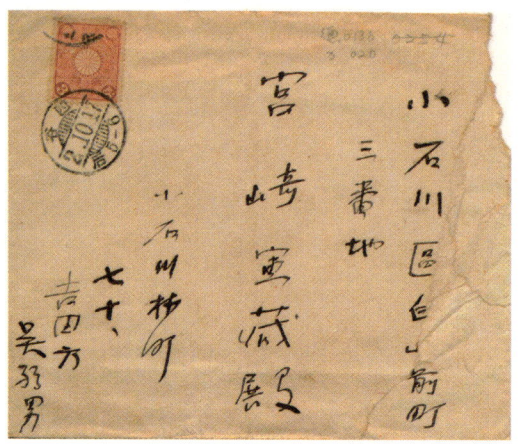

英文原文

My dear Mr. Miyasaki,

 I am grad to say that we have been brought together again in Tokio although we have much pain politically in this effect.

 I am staying with my husband, and tried to come and see you several times, but Tokio is still strange to me, and I could not go out freely especially in this wet weather.

 As I am told, your house is not far from ours. Will you then be kind enough to come and see us if you have time?

 My husband joins with me to send you best wishes.

 I remain,

Your sincerely,

Konan Woo

(Mrs.Chang)

 S.P. How is your sister-in-law, Mrs. Maeda, getting on? I knew her very well when she was working in Membosha. I wonder whether she will have time to help me in house-keeping matters or not.

中译文

亲爱的宫崎先生：

尽管时局动荡，我们深负其痛，却欣喜与您东京重逢。

我与我先生一起，几次想去看望您，无奈道路不熟，且在这阴雨天气，无法自由出行。如我所说，我们的住处相距不远，您可否在时间方便时前来相见？

我先生和我向您致以最良好的祝愿。

此致

您忠诚的吴弱男

另：你的妻妹前田夫人最近如何？在《民报》社工作时，我很了解她，我想知道她是否有时间过来帮我做些家务。

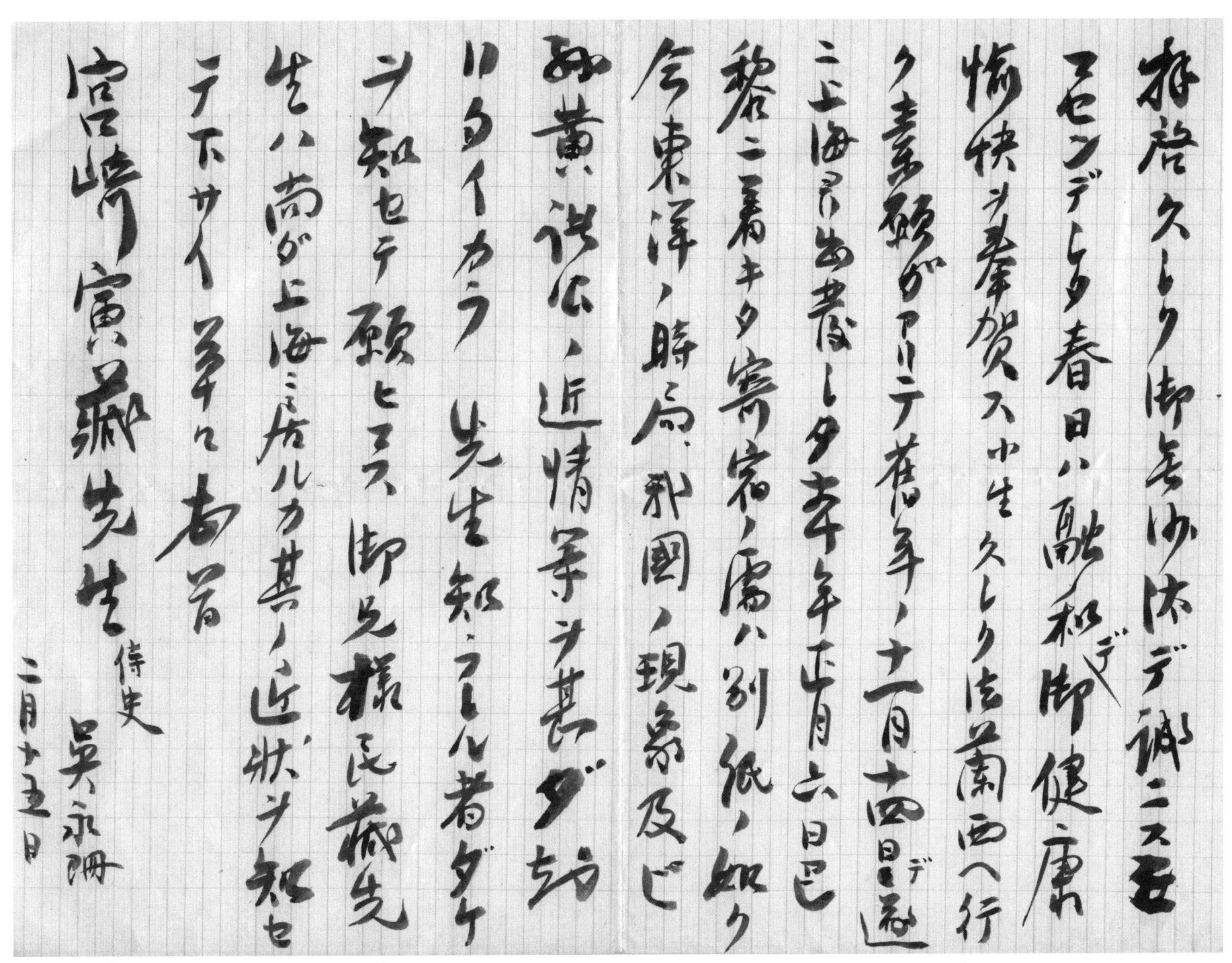

吴玉章致宫崎滔天函（1914年2月15日）

宫崎滔天家藏民国人物书札手迹（第三卷）

 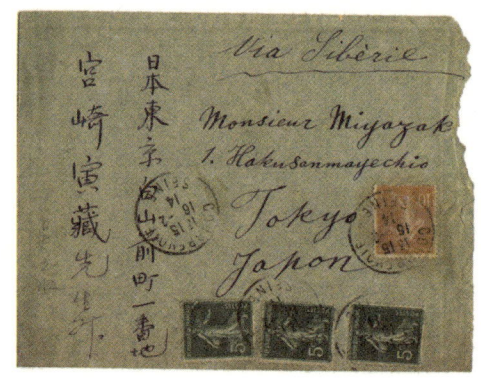

释读

拝啓

　　久シク御無沙汰で誠ニスミマセンデシタ。春日ハ融和デ御健康愉快ヲ奉賀ス。小生久シク仏蘭西ヘ行ク素願ガアリテ、舊年ノ十一月十四日デ遂ニ上海ヨリ出発シタ。本年正月六日巴黎ニ着キタ。寄宿ノ處ハ別紙ノ如ク。今東洋ノ時局、我国ノ現象及ビ孫黄諸公ノ近情等ヲ甚ダ知リタイカラ、先生知ラレル者ダケヲ知セテ願ヒマス。御兄様民蔵先生ハ尚ダ上海ニ居ルカ、其ノ近状ヲ知セテ下サイ。
　　草々頓首
　　宮崎寅藏先生

侍史　吴永珊

二月十五日

中译文

拜启：

久未问候，非常抱歉。春日融和，敬祝身体康健。小生久有赴法国之夙愿，旧年十一月十四日终于在上海出发，踏上旅途。今年正月六日抵达巴黎。寄宿之处如别纸所呈。如今东洋之时局、我国之现象及孙黄诸公之近情甚欲知悉，惟愿先生将所了解之情况告知。令兄民藏先生尚居上海否？请将近况告知。草草顿首。

宫崎寅藏先生

侍史　吴永珊
二月十五日

吴玉章致张继函（1914年2月15日）

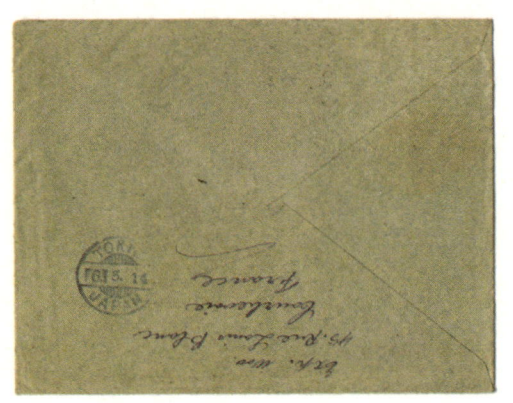 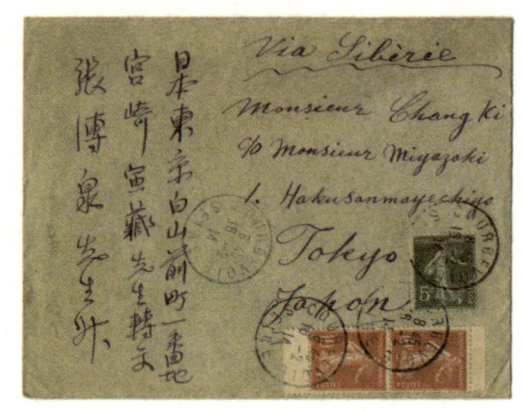

释读

溥泉我兄道鉴：

　　国事不堪问矣。迩来公私交困，大盗小偷，遍地皆是，豺狼当道，白昼噬人，真可谓暗无天日矣！然征诸各国历史，值此经济困难之时，其国中必不能安稳，变乱相循，意中事耳。惟救国之道，首重人材，若无真正爱国之人，徒纷纷扰扰，终无益也。弟意此后吾辈当团结真诚爱国之士，从改良社会、振兴教育实业各方面下手，不必图握政权。盖以今之时势论，无真实人才，人民又不能辨别是非善恶，即为政亦难如愿而偿也。现在东诸公有何计画，有何政见，望详悉示知。

　　弟于去年十一月由沪来法，现寓巴黎市外古柏窟路易步兰街四十五，儒邦先生家，即前年兄在法时所寓之地。现正预备语言，间亦同法人来往。韦君到此以来，颇能活动，惟款不济耳。若能接济小款，收效甚大，望与黄、李、孙诸公言之。汪、李、蔡诸先生如恒。杂志未能出版。昨闻熊希龄已辞职，不知何因。内地杀人如麻，闻在东官费，几尽被裁撤，此间亦大有裁减之意，党见可谓甚矣。

　　宫崎民藏先生返东否？现在何处？乞示知。白浪庵先生近况如何？乞代候，暇当致函与之。余续陈。即颂

道安

弟永珊 白
二月十五日

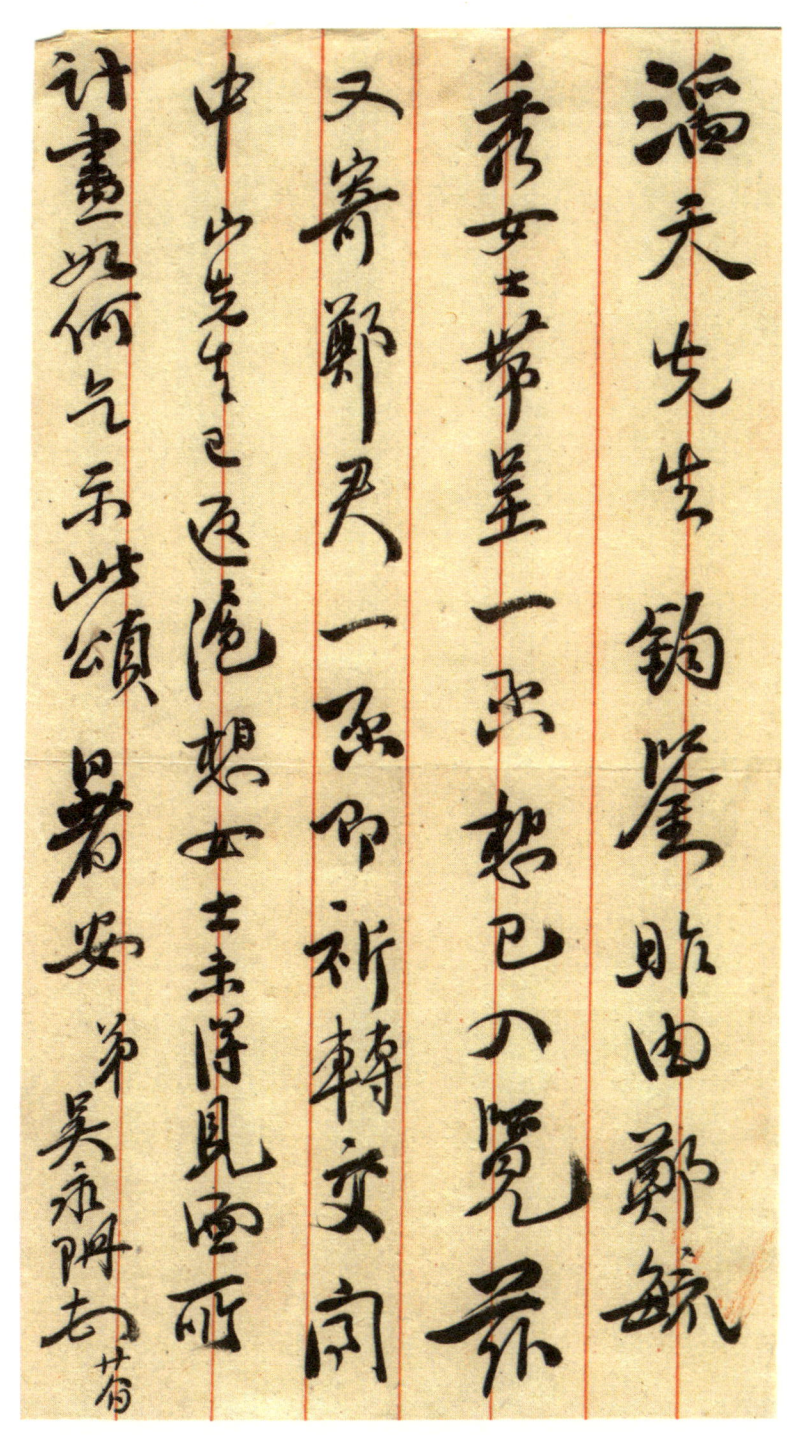

吴玉章致宫崎滔天函（1918年6月28日）

宫崎滔天家藏民国人物书札手迹（第三卷）

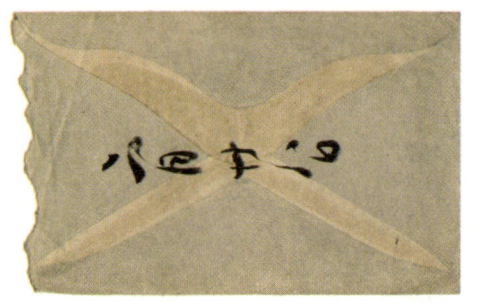 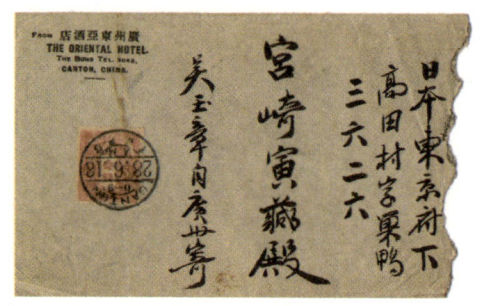

释读

滔天先生钧鉴：

　　昨由郑毓秀女士带呈一函，想已入览。兹又寄郑君一函，即祈转交。闻中山先生已返沪，想女士未得见面。所计画如何？乞示。
此颂
暑安

　　　　　　　　　　　　　　　　　　　　　　　　　　　　弟吴永珊顿首
　　　　　　　　　　　　　　　　　　　　　　　　　　　　　　二十八日

宮崎先生閣下敬啟者幸日承蒙恩賜喜之不勝也甚歉弟已趕速匯來矣但日後恐干崖之欠有遲未定如閣下返到東時再請与三宅君及諸友面商請君於二冊為等贈一匯不拒負寒或鴻秋百元亦可也以備明之滴並到東時請代感謝諸友甚蕭令寄來之岩本千綱一信伏祈閣下代為融至東京轉迩甚荷並明目尊駕起行為亦不來奉送也凡笑甚之諸愚之故特用此奉達並頌

大安

弟 鄒衍拜啟 十七日晚

宫崎滔天家藏民国人物书札手迹（第三卷）

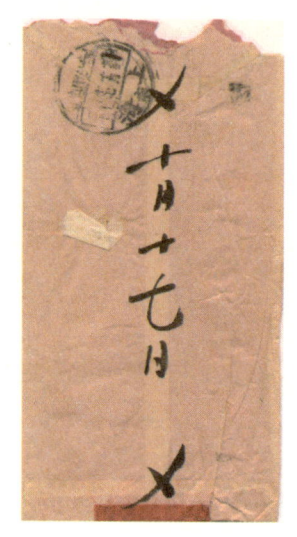
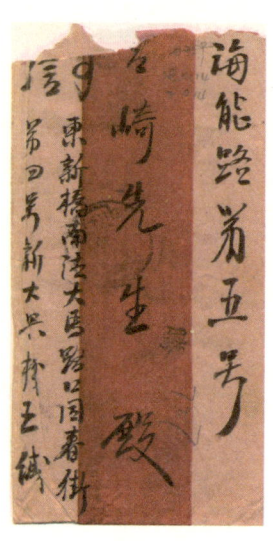

释读

宫崎先生阁下：

  敬启者：本日承蒙恩赐，喜之不胜也。其款弟已赶速汇京矣，但日后恐干崖之款有迟未定，如阁下返到东时，再请与三宅君及诸友面商，请君等再为筹赐一汇，不拘多寡，或得数百元亦可也，以备来日之济，并到东时请代为请安感谢诸友是幸。今寄来之岩本千纲一信，伏祈阁下代为袖至东京转递是荷。并明日尊驾起行，弟亦不来奉送也，礼失甚甚，请恕之，故特用此奉达。并颂

大安

                弟郗衍拜顿

                 十七日晚

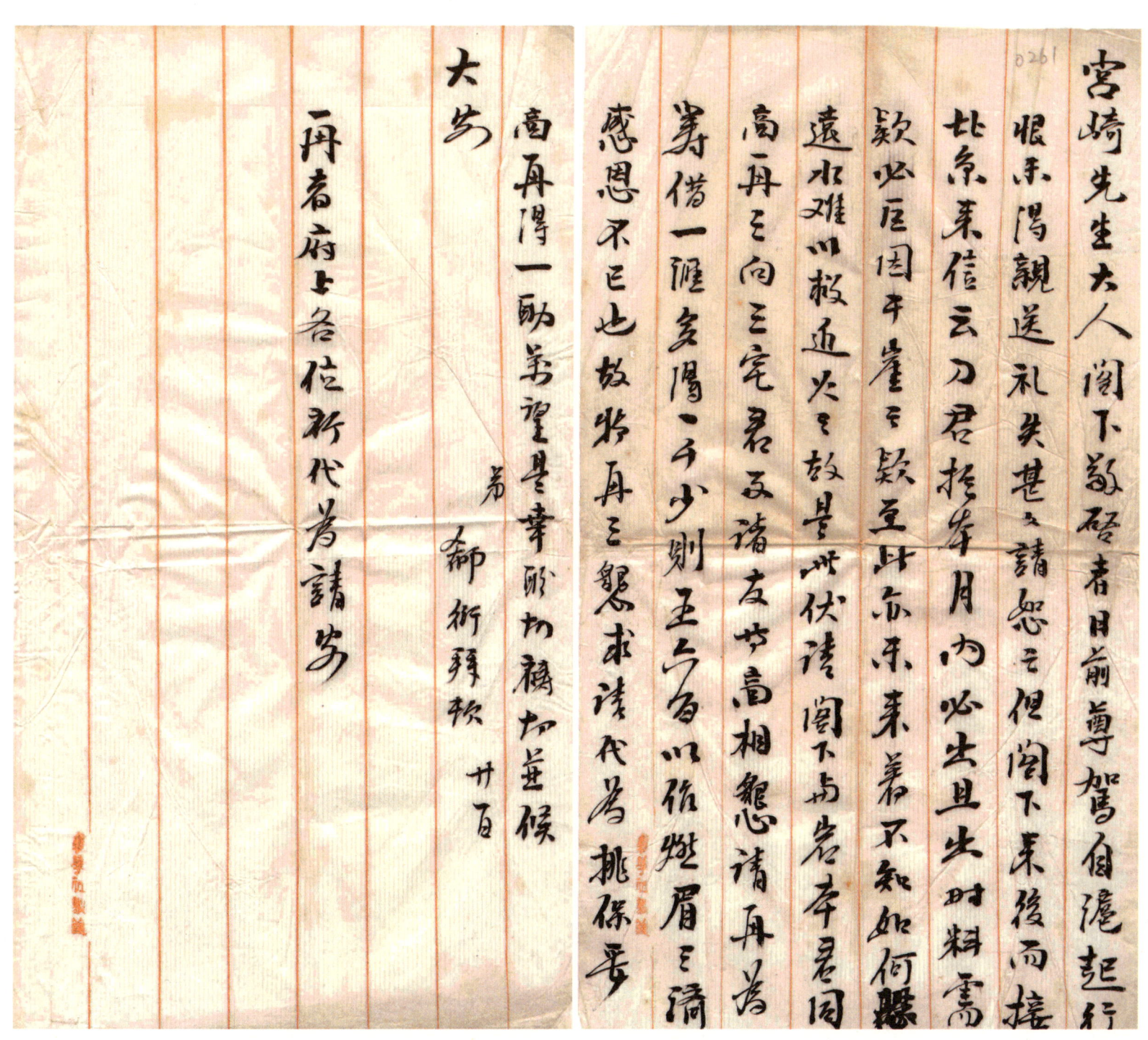

郗衍致宫崎滔天函（1912年10月21日）

释读

宫崎先生大人阁下：

敬启者：日前尊驾自沪起行，恨未得亲送，礼失甚甚，请恕之。但阁下来后，而接北京来信云，刀君于本月内必出，且出时料需款必巨，因干崖之款至此亦未来着，不知如何。恐远水难以救近火之故，是此伏请阁下与岩本君同商，再三向三宅君及诸友等商相恳请，再为筹借一汇，多得一千，少则五六百，以作燃眉之济，感恩不已也。故特再三恳求，请代为挑保妥商，再得一助，万望是幸。盼切、祷切，并候

大安

                 弟郁衍拜顿

                 二十一日

再者，府上各位祈代为请安

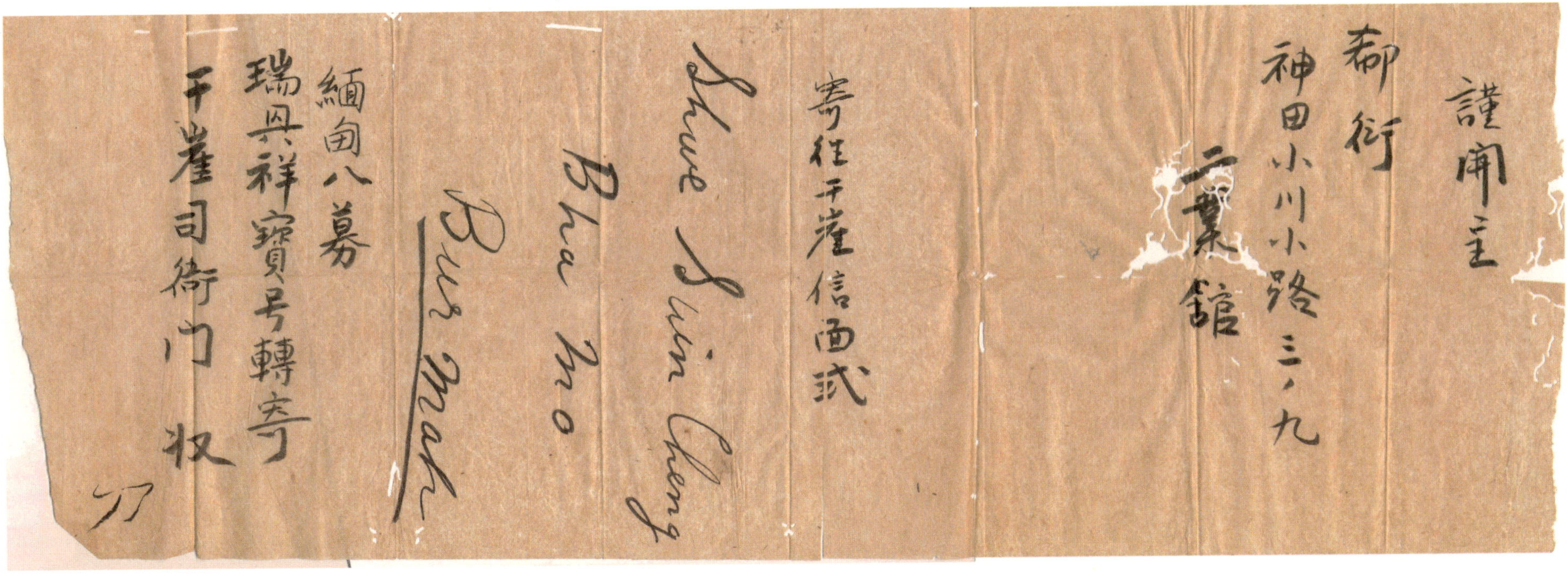

謹開主

郝衍

神田小川小路三ノ九

二葉館

寄往干崖信函式

Shwe Swin Cheng

Bha mo

Bur mah

緬甸八募

瑞興祥寶號轉寄

干崖司衙門 收

 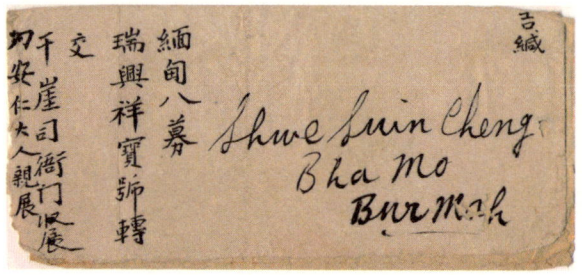

释读

谨开呈：

　　郗衍

　　神田小川小路三ノ九

　　二业馆

　　寄往干崖信面式

　　Shue Swin Cheng

　　Bha mo

　　Bur mah

　　缅甸八募　瑞兴祥宝号转寄

　　干崖司衙门　收

謹啓本年十月一日ニオイテオ手紙ヲ拜讀有難存
知マス只今此頃ゴ氣嫌ハ如何ガデゴザイマスカ本年
中ニオイテ僕ハ大層忙シウ有ルガ一ツ御問候モ十ク
十九カラドゾ宜シクミテ下サイ但シ本年ノオ金ヲ
コトシ四月トキニオイテオ刀様ガモチ崖人ノヒトリ金
ヲ遺ッテ持テ仰光郵便局マデ金ヲ送クッテ來ル
デスモ今マデオ金ガ來ダ着キテセンノデ大層オ氣
毒様デ御産イマス今ハマダ金送ルノ人ガ手紙ヲ遺
テ早ク金ヲ送ッテ來ルトユフ此人ハモ數個月位キ
仰光ニトマッテ居ルカラモイマデ來ダチ崖ニ一返ッテ
來マセンドウシタノデ存知マセンデスガ又此度オ手紙
拝見スルトキニ八價ガモ刀様ト一シヨニイロ々相談シマ
シタガ金ノ事ハ山ヨリ先キ送ルコ致シマシタカラ
此レカラ一二年中ニショニ途クッテ参リマスドゾゴ安心シ
テサイ只今宮崎先生ト坊チャント及ビ三十サン八如何ガ
デ御座イマスカドゾ宜敷シテ下サイ山チノオ嬢サンヲ
チハミナ大丈夫デゴザイマス
オ及ビ小室ト松延サンノ手紙ヲ置クトキニハドゾ渡シ
テ下サイ

宮崎槌子女史様

千葉新城男リ
　　郁衍甲

旧十月五日

宫崎滔天家藏民国人物书札手迹（第三卷）

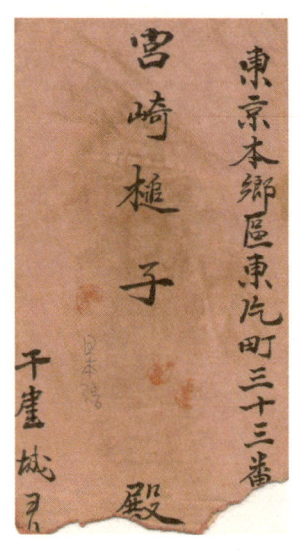

释读

宫崎槌子女史様

謹啓

　本年十月一日ニオイテオ手紙ヲ拝読有難存知マス。只ダ此頃ゴ気嫌ハ如何ガデゴザイマスカ。本年中ニオイテ僕ハ大層忙シウ有ルガ、一ツ御問候モナクナルカラ、ドゾ宜シクミテ下サイ。但シ本年ノオ金ヲコトシ四月トキニオイテ、刀様ガモ干崖人ノヒトリ金ヲ遣ッテ持テ仰光郵便局マデ金ヲ送クッテ来ルノデスモ、今マデオ金ガ未ダ着キマセンノデ、大層オ気毒様デ御座イマス。今ハマダ金送ルノ人ガ一ツ手紙ヲ遣テ、早ク金ヲ送ッテ来ルト云フ。此人ハモ数個月位イ仰光ニトマッテ居ルカラ、モイママデ未ダ干崖へ返ッテ来マセン。ドウシタノテ存知マセンデシタ及ビ此度オ手紙ヲ拝見スルトキニハ、僕ガモ刀様ト一ッシヨニイロ々々相談シマシタガ、金ノ事ハ此年モ先キ送ルニ致シマシタカラ、此レカラ一二年中一ッシヨニ送クッテ参リマス。ドゾゴ安心シナサイ。只今宮崎先生ト坊チャント及ビ三十サンハ如何ガデ御座イマスカ。ドゾ宜敷シテ下サイ。此千ノオ嬢サン々千ニハ三十大丈夫デゴザイマス。

　オ及ビ小室ト松延サンノ手紙ヲモシ着クトキニハドゾ渡シテ下サイ。

干崖新城ヨリ　郗衍申

旧十月五日

中译文

谨启：

本年十月一日之来函已经拜读，非常感谢。未知近况如何？本年度我非常忙，未来一声问候，还望您能见谅。本年之钱，四月之时，给干崖人刀先生，并送至仰光邮政局，但至今也未收到，实在是不幸之至。现已经给送钱之人发信，催其速将钱送来。此人已经在仰光居留数月，至今未返回干崖，未知其中缘由。此次拜读贵信，我已经和刀先生商量了许多，金钱之事本年度优先给您，今后一两年中一次寄给您，敬请放心。宫崎先生及孩子们、诸位现今安好否？请转达问候。令爱及诸位没事吧？

小室及松延之信函如收到，还请转达。

宫崎槌子女史

干崖新城　郗衍申
旧十月五日

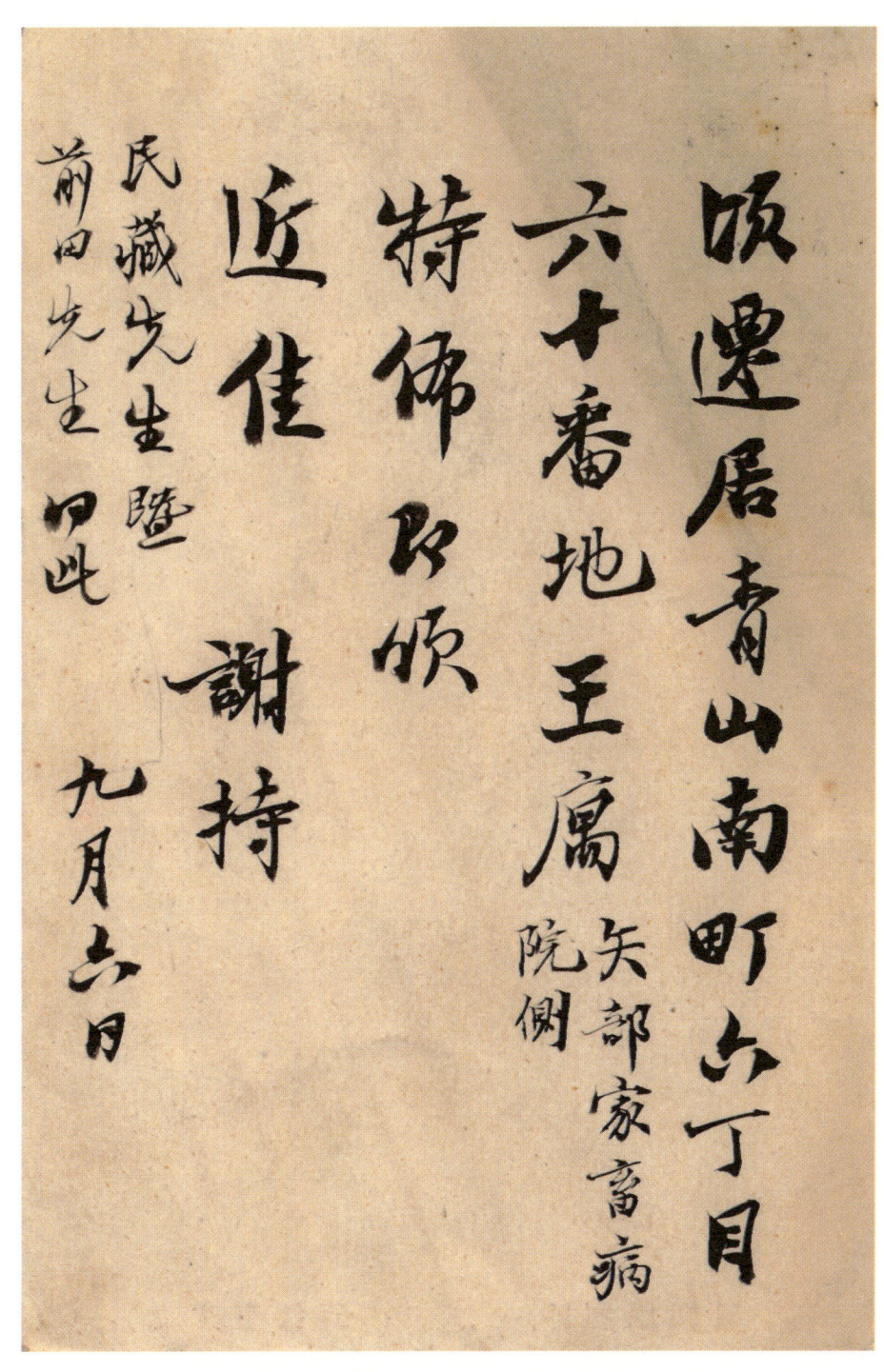

谢持致宫崎民藏函（1915年9月6日）

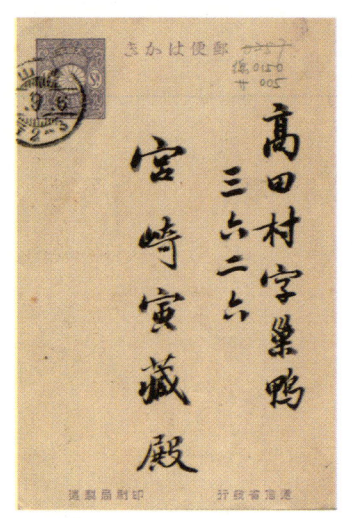

释读

　　顷迁居青山南町六丁目六十番地王寓，矢部家畜病院侧，特布。即颂
近佳
　　民藏先生暨前田先生均此

　　　　　　　　　　　　　　谢持
　　　　　　　　　　　　　　九月六日

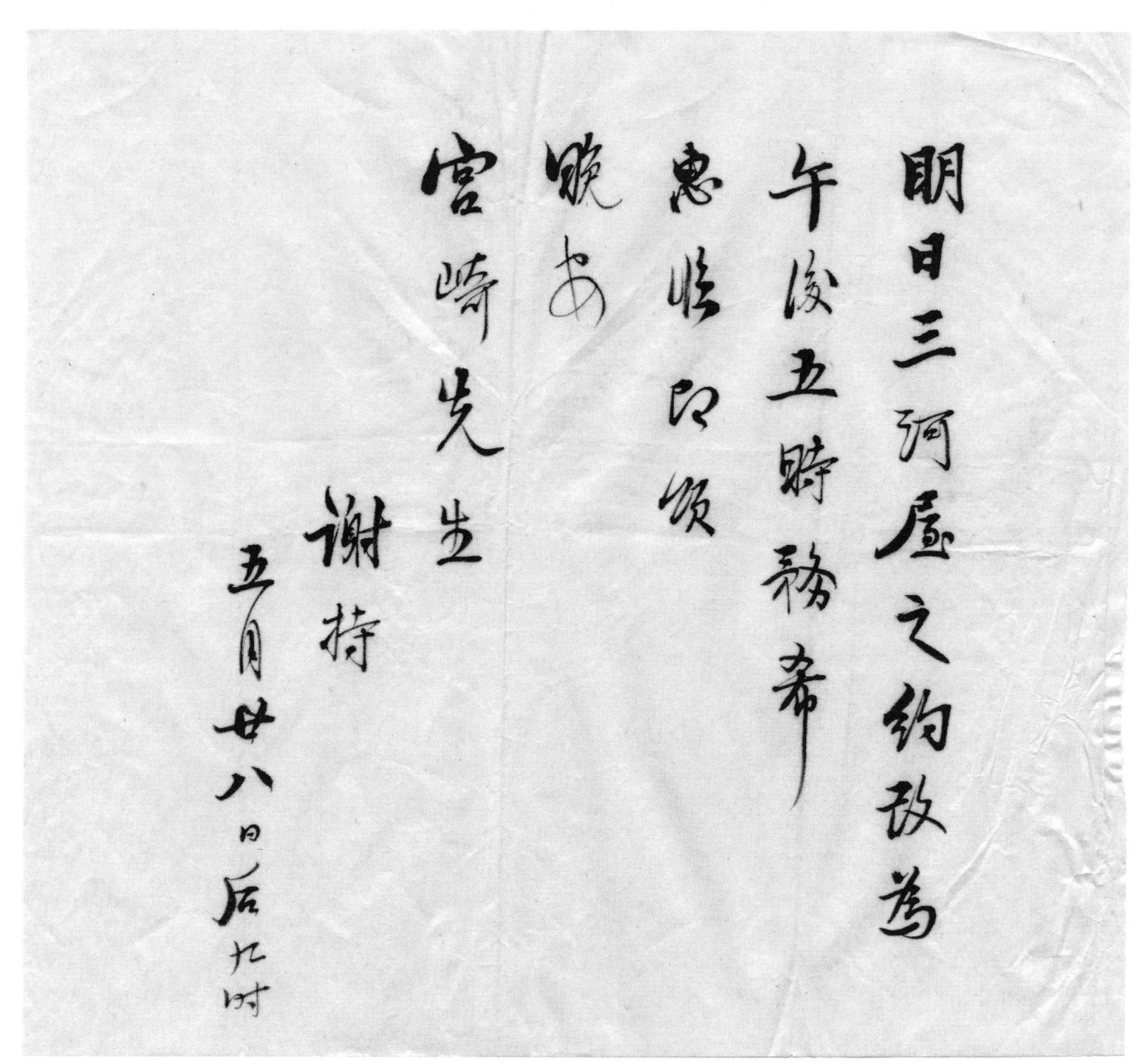

谢持致宫崎滔天函（1916年5月28日）

释读

　　明日三河屋之约改为午后五时，务希惠临。即颂
晚安
宫崎先生

　　　　　　　　　　　　　　　谢持
　　　　　　　五月二十八日后九时

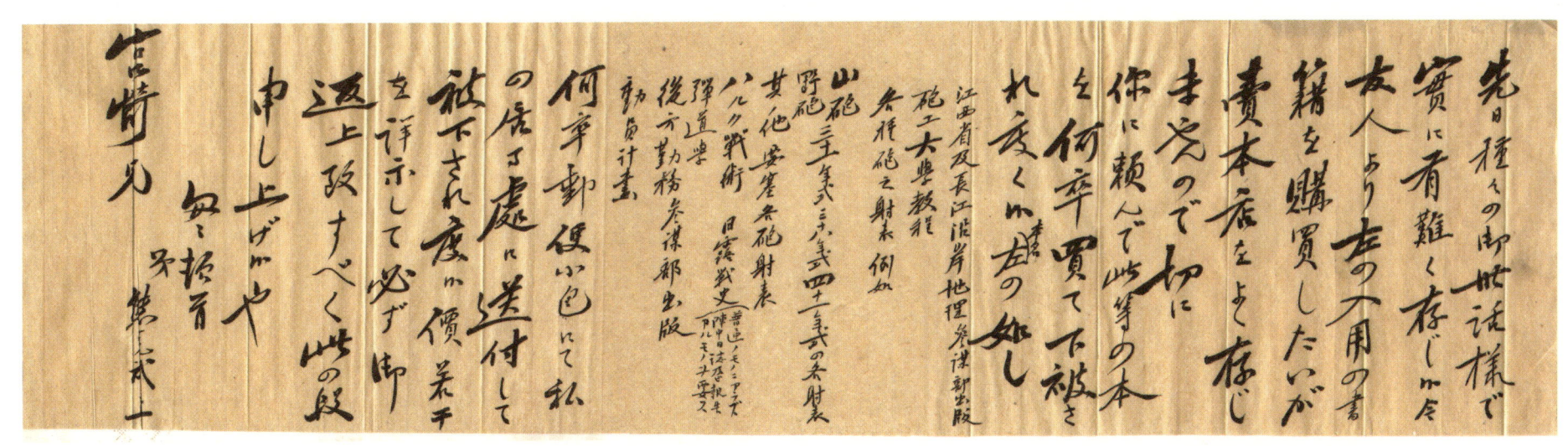

熊克武致宫崎滔天函（1914年5月3日）

宫崎滔天家藏民国人物书札手迹（第三卷）

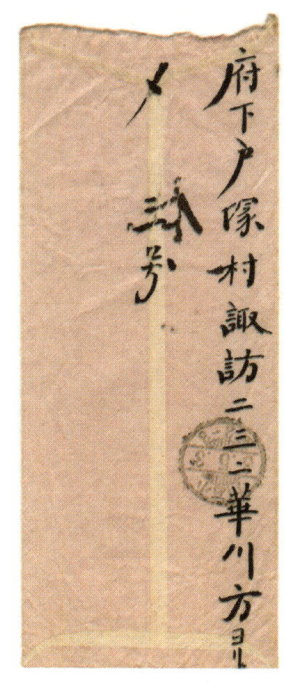

释读

宫崎兄

　　先日種々の御世話様で實に有難く存じ候。今友人より左の入用の書籍を購買したいが、売本店をよく存じませんので、切に你に頼んで、此等の本を何卒買て下被され度く候。本名左の如し

広西省及長江沿岸地理参謀部出版

砲工大学教程

各種砲之射表例如

山砲野砲三十一年式三十八年式四十年式の各射表

其ノ他要塞各砲射表

ハルク戦術　日露戦史　普通ノモノニアラズ陣中日誌及報告アルモノヲ要ス

弾道学

後方勤務参謀部出版

動員計画

何卒郵便小包にて私の居る處に送付して被下され度候。価若干を詳示して必ず御返上致すべく、此の段申上げ候也。

匆々頓首

弟熊克武上

中译文

宫崎兄：

前些日子多有照顾，非常感谢。今友人有用想托付购买书籍，卖书之店不甚熟悉，切望拜托你购买如下书籍：

江西省及长江沿岸地理（参谋部出版）

炮工大学教程

各种炮之射表例如

山炮、野炮、三十一年式、三十八年式的各射表

其他要塞各炮射表

哈鲁克（HULK）战术 日俄战史 非普通的（附有报告）的阵中日志

弹道学

后方勤务（参谋部出版）

动员计划

敬请通过邮政小包寄至我所居住之地，价格几何请详示，之后奉上。

匆匆顿首

弟熊克武上

龙介大兄阁下夏间大驾随

尊堂至上海蒙殷多珍重道盛情铭感无量弟失远

迎有失欢迎渡阁报谢无所殷殷近想

堂上万福台腰清佳无阁莳问颂审

阁下元气益振为主义为民众为国家为世界努力

奋鬥此者田中倒毙频贺正军阁自减正气潮

张之秋屹列钦佩

阁下之条涤为祝华谷远对陈先亲友喻熙杰君为主

友喻培伦君之叔父前年赴贵国留学曾奉令指

左右诸蒙阁照应时喻君玉东常觏曾屡益匪浅晤兄

见敝向络载重要犬晚岁以日本共产党堂因中东铁道事件援

助俄国事先後违捕敝国留学生亦所人正译警惶旋任东

京束书喻君亦在逮捕之列此中真相殆不解故以喻君惟行

经历及其最近所表示男望言论决无共产党阁你为保证

风仰

阁下使愾气胆主莎權又共喻君叔姪友朋奔交好用敢

不揣顿陈朴汦 调查详情尽力援爭如竟蒙宽送玫检事

局起诉执行 代聘辩护士代为谏役及辦理诉讼一切矛典

喻君及其家族均感稿之至喻君係明沁友凳攻法律科三年

级全现住东京府下蘆舍町下戾会五八七地方蘆附上新闻一页

所载速捕情形顾美籍供详晚專此拜报敬颂

台祺不一

弟熊克武顿首十月十九日

尊堂大人前请安道谢贵春同此奉候

附上民国日报一页

如蒙賜书请寄上海武定路鸿庆里台三十八號

喻華伟查收转交

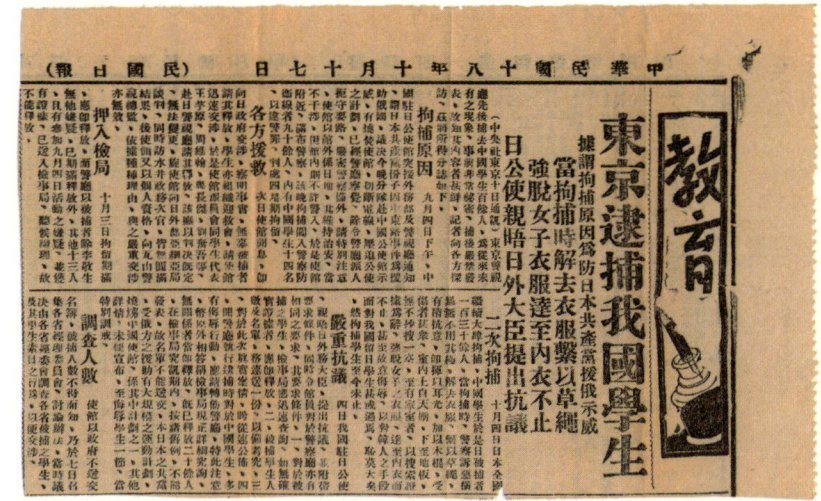

熊克武致宫崎龙介函（1929年10月19日）

宫崎滔天家藏民国人物书札手迹（第三卷）

龙介大兄阁下：

　　夏间，大驾随尊堂至上海，蒙赐多珍，远道盛情，铭感无量。弟失〔适〕远行，有失欢迎，复阙报谢，尤所歉疚。近想堂上万福，台履清佳。每阅新闻，欣审阁下元气益振，为主义、为民众、为国家、为世界努力奋斗。比者田中倒毙，贿狱频发，正军阀自灭、正义渐张之秋。此则钦佩阁下之余，复为祝望前途者也。陈者：亲友喻熙杰君，为亡友喻培伦君之叔父。前年赴贵国留学，弟曾奉介于左右，诸蒙关照，并时得喻君函告，常亲教言，获益匪浅。顷忽见新闻纸载，东京警视厅以日本共产党因中东铁道事件援助俄国一事，先后逮捕敝国留学生百余人，正深惊愕，旋得东京来书，喻君亦在逮捕之列，此中真相，虽不能知，然以喻君性行、经历及其最近所表示思想言论，决无共产党关系，可为保证。

　　夙仰阁下侠肠义胆，主持人权，又与喻君叔侄及弟均忝交好，用敢不揣烦渎，特请调查详情，大力援手。如竟蒙冤，送致检事局起诉，并请代聘辩护士代为辩护及办理诉讼一切。弟与喻君及其家族均感祷之至。

　　喻君系明治大学政治经济科三年级生，现住东京府下落合町下落合五八八番地亦庐。附上新闻一页，所载逮捕情形颇悉，藉供详览。专此拜恳。敬颂

台祺不一

尊堂大人前请安道谢。贵眷同此奉候

弟熊克武顿首
十月十九日

附上《民国日报》一页。

如蒙赐书，请寄：上海武定路鸿庆里八百三十八号喻华伟查收转交

254

肅覆 御手紙ニ依シ
バ海軍省拂下ノ軍艦
型ノ船アリテ朱君ノ
任務ニ都合好キ機會
ト存ヘタルヲ以テ直チニ
朱君ニ知ラシタリ若モ用
ニ應セバ以後ノ軍艦
ハ御盡力子シテ
至ツテ朱君之住所
ハ神田三崎町一ノ十三
新井方ナリ先ヅ取
リ敢ヘズ返ヘ草
ヱ敬具

七月十四日
　　　熊克武
　　　黃復生
　　　余際唐

宮崎寅藏先生

宫崎滔天家藏民国人物书札手迹（第三卷）

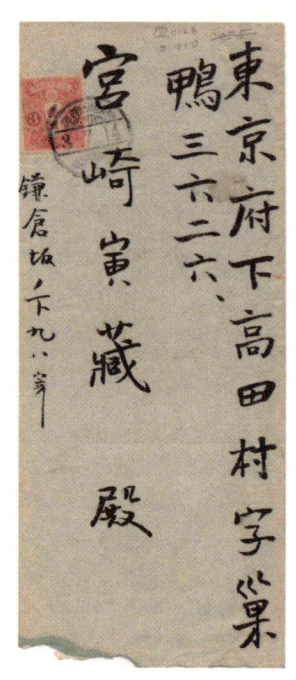

释读

粛覆

　御手紙ニ依レバ、海軍省拂下ノ軍艦型ノ船アリテ、朱君ノ任務ニ都合好キ機会ヲ與ヘタルヲ以テ、直チニ朱君ニ知シタリ。若モ用ニ応ゼバ、以後ノ事猶ホ御盡力ヲ乞フ。

　至ッテ朱君之住所ハ神田三崎町一ノ十二新井方ナリ。先ヅ取リ敢ヘズ返事迄。

草々敬具

宮崎寅蔵先生

　　　　　　　　　　　　　　　　　　　七月十四日

　　　　　　　　　　　　　　　　熊克武　黄復生　余際唐

中译文

肃覆：依贵函海军省有出售军舰型船只，乃给予朱君任务之甚好机会，当即通知朱君，若有意向，以后之事仍乞尽力，朱君之住所为神田三崎町一－十二新井方。谨此回复，草草。
敬具
宫崎寅藏先生

七月十四日
熊克武 黄复生 余际唐

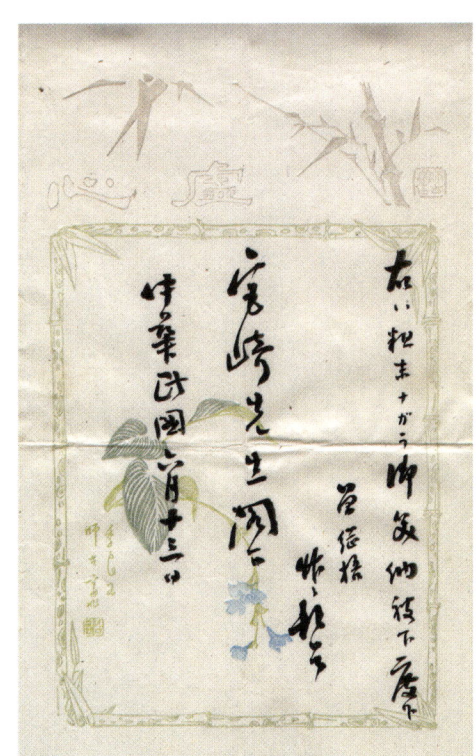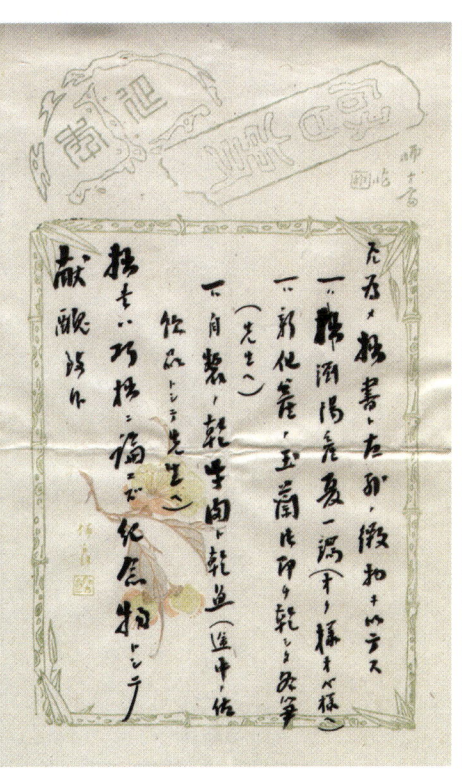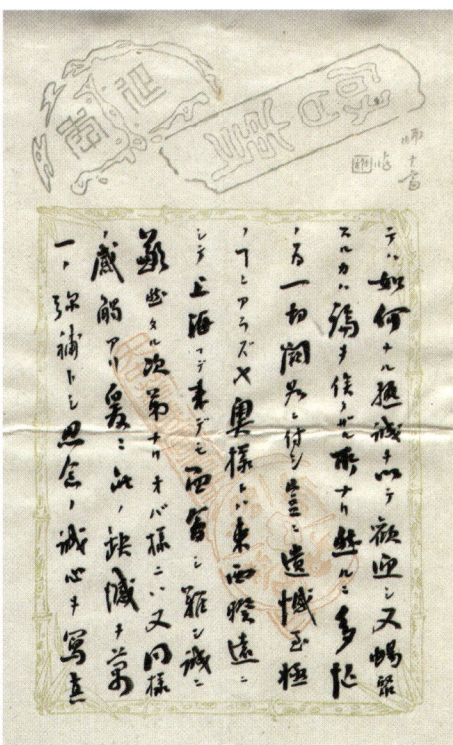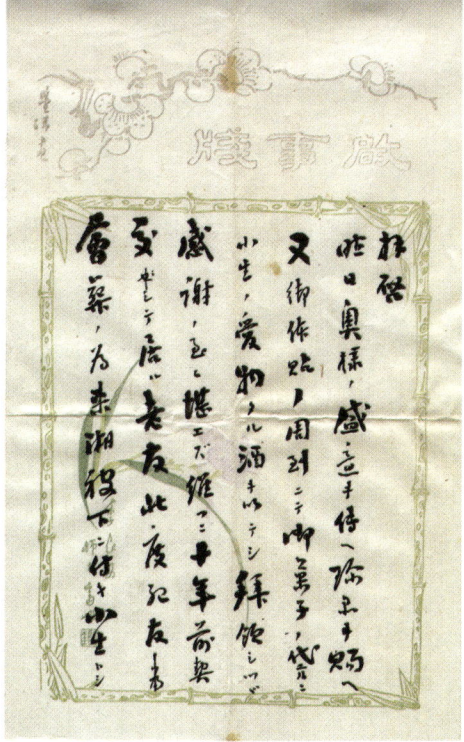

曾继梧致宫崎滔天函（1917年6月13日）

释读

拝啓

　昨日奥様ノ盛意ヲ傳ヘ、珍品を賜ヘ、又御体貼ノ周到ニテ、御菓子ノ代ユルニ、小生ノ愛物タル酒ヲ以テシ拝領シツツ感謝ノ至ニ堪エズ。維フニ十年前契交シテ居ル老友此ノ度死友會葬ノ為、来湘被下ニ付キ、小生トシテハ如何ナル熱誠ヲ以テ歓迎シ、又暢聚スルカハ論ヲ俟タザル所ナリ、然ルニ多忙ノ為一切闕如ニ付シ、豈ニ遺憾至極ノ事ニアラズヤ。奥様トハ東西睽遠ニシテ、上海マデ来デモ面会シ難シ、誠ニ歉然タル次第ナリ。オバ様ニハ又同様ノ感触アリ爰ニ此ノ缺憾ヲ萬一ノ弥補トシ、思念ノ誠心ヲ写真スル為メ、拙書ト左列ノ徴物ヲ以テス。

　一ハ　拙瀏陽産夏一端（オク様オバ様）

　一ハ　新化産ノ玉蘭片切チ乾シタ冬笋（先生ヘ）

　一ハ自製ノ乾牛肉ト乾魚（途中ノ佐飲品トシテ先生ヘ）

拙書ハ巧拙ニ論エズ記念物トシテ

献醜致候

右ハ粗末ナガラ笑納被下度候

宮崎先生閣下

曾継梧

草々頓首

中華民国六月十三日

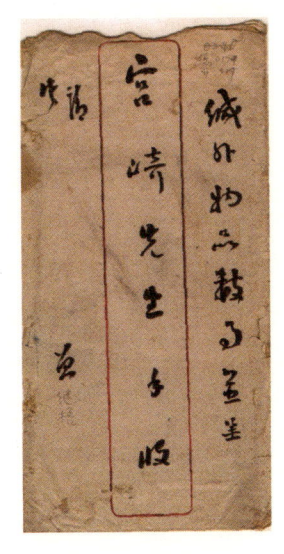

中译文

拜启：

昨日尊夫人传赐珍品，又体贴周到赐小生至爱之酒，感激之至。维十年前契交之老友会葬之故来湘，小生自当热诚欢迎，畅聚，然因繁忙，一切付之阙如，岂非不遗憾至极之事。尊夫人东西睽远来上海，却难以相见，深表歉意，伯母恐亦相同感触。爰此，为弥补缺憾，以照思念之诚心，特寄以下物产：

一、浏阳产夏布一端（尊夫人及伯母）

二、新化产玉兰切片干冬笋（先生）

三、自制牛肉干、鱼干（给先生以途中饮品佐物）

拙函无论巧拙，权当记念。

献丑之物，敬请笑纳。

宫崎先生阁下

曾继梧　草草顿首

中华民国六月十三日

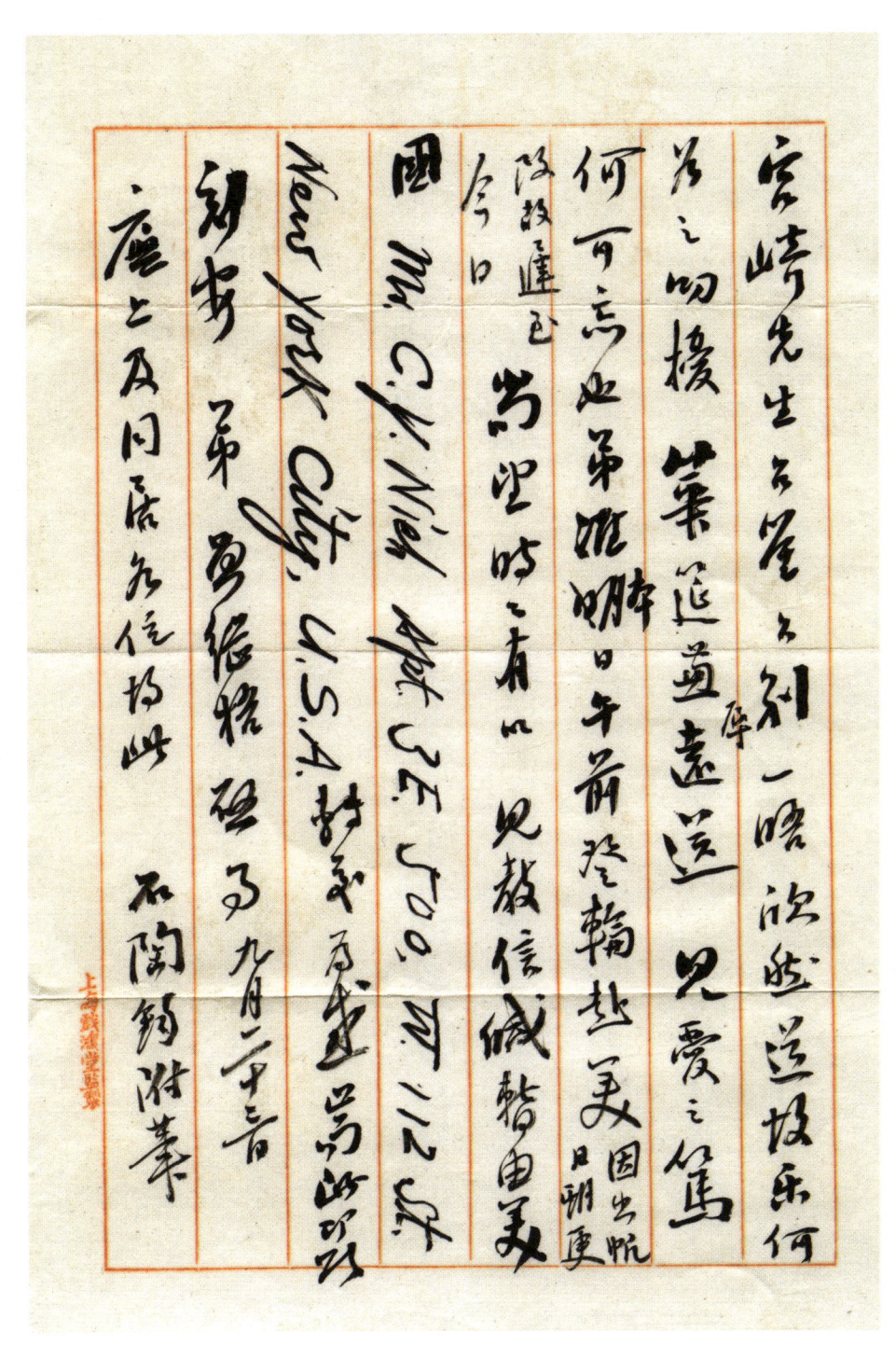

曾继梧致宫崎滔天函（1917年9月23日）

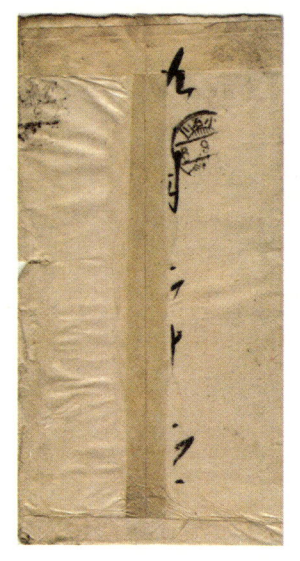 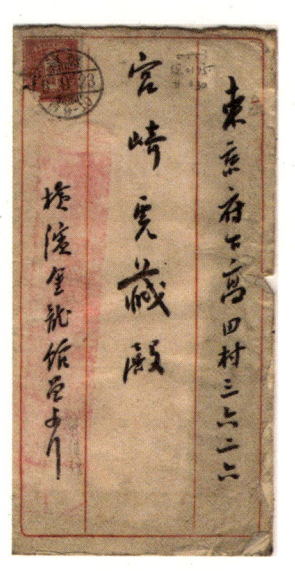

释读

宫崎先生台鉴：

久别一晤，欣然道故，乐何如之。叨扰华筵，兼辱远送，见爱之笃，何可忘也。弟准本日午前登轮赴美（因出帆日期更改，故迟至今日），尚望时时有以见教。信缄暂由美国 Mr. C. Y. Niel, Apt.3E 500, W.112St. New York City, U. S. A. 转交为感。专此，即颂

刻安

弟曾继梧启事

九月二十三日

座上及同居各位均此。石陶钧附笔

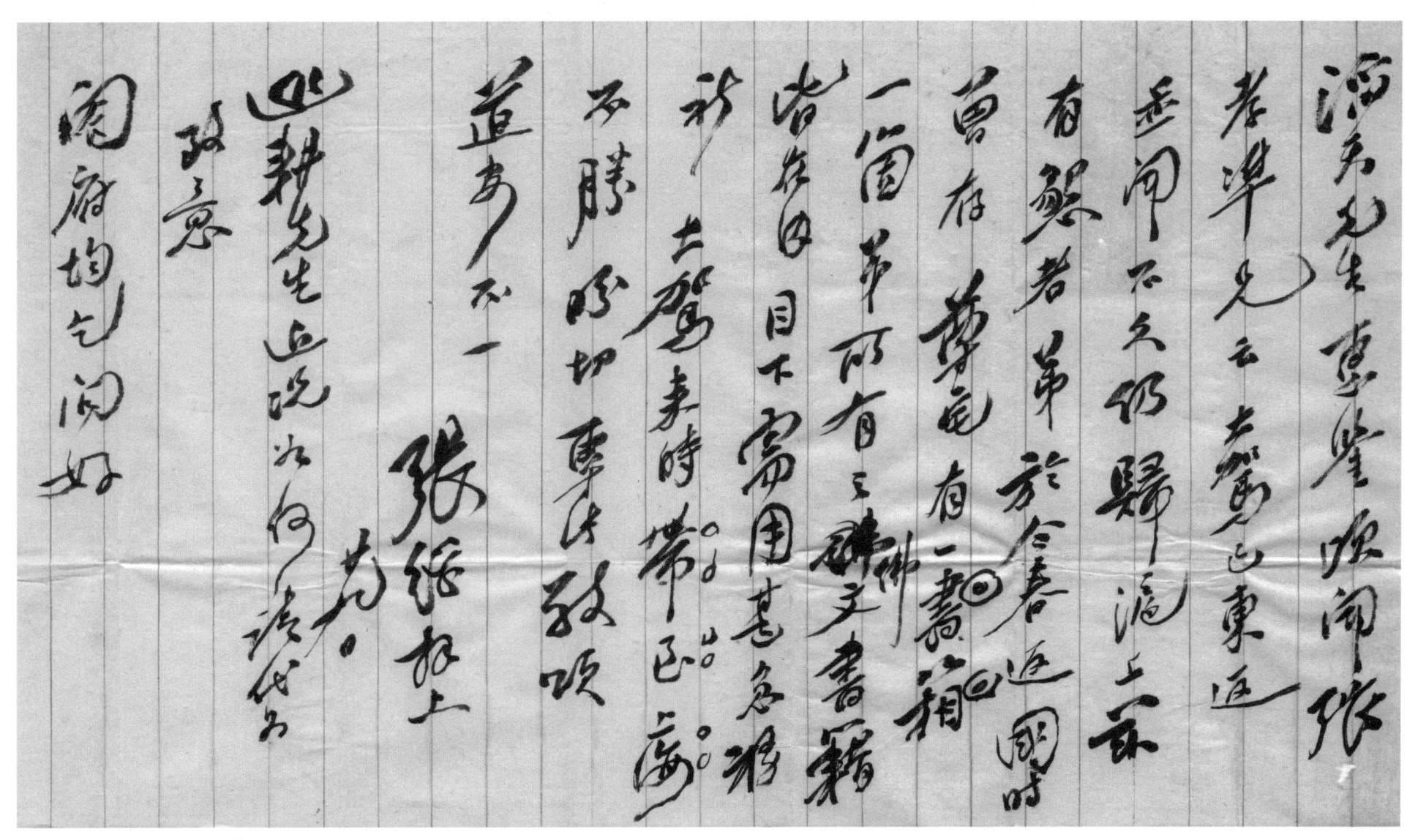

张继致宫崎滔天函（1916年11月29日）

 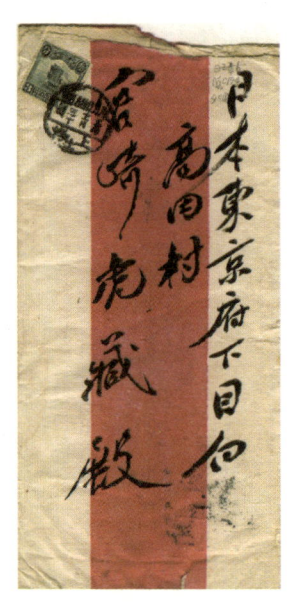

释读

滔天先生惠鉴：

顷闻张孝准兄云，大驾已东返，并闻不久仍归沪上。兹有恳者，弟于今春返国时，曾存尊宅有一书箱一个，弟所有之佛文书籍皆在内，目下需用甚急。务祈大驾来时，带至上海，不胜盼切。专此。敬颂

道安。不一

张继拜上
二十九日

巡耕先生近况如何？请代为致意。

阖府均乞问好。

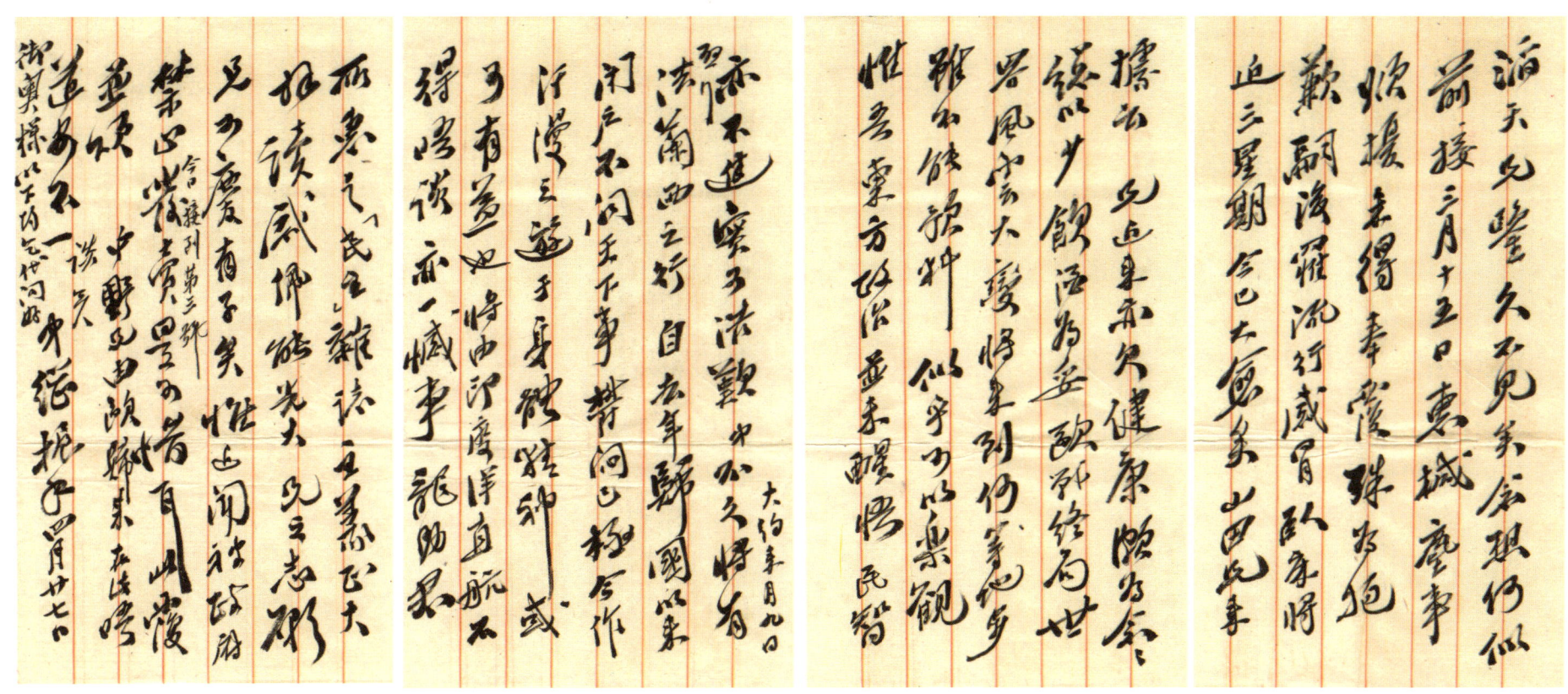

张继致宫崎滔天函（1919年4月27日）

释读

滔天兄鉴：

久不见矣，念想何似！前接三月十五日惠缄，尘事烦扰，未得奉复，殊为抱歉。嗣后罹流行感冒，卧床将近三星期，今已大愈矣。山田兄来，据云兄近来亦欠健康，颇为念念，总以少饮酒为妥。

欧战终局，世界风云大变，将来到何等地步，虽不能预料，似乎可以乐观。惟吾东方政治，并未醒悟，民智亦不进，实可浩叹。弟不久将有法兰西之行（大约来月九日启行）。自去年归国以来，闭户不问天下事，郁闷已极。今作汗漫之游，于身体、精神或可有益也。将由印度洋直航，不得晤谈，亦一憾事。

龙助〔介〕君所惠之《民主》杂志，主义正大，拜读感佩，能光大兄之志愿，兄可庆有子矣。惟近闻被政府禁止发卖（今日接到第三号），是可惜耳。此复。并颂

道安不一

中野兄由欧洲归来，在此晤谈矣。

尊夫人以下均乞代为问好

弟继握手

四月二十七日

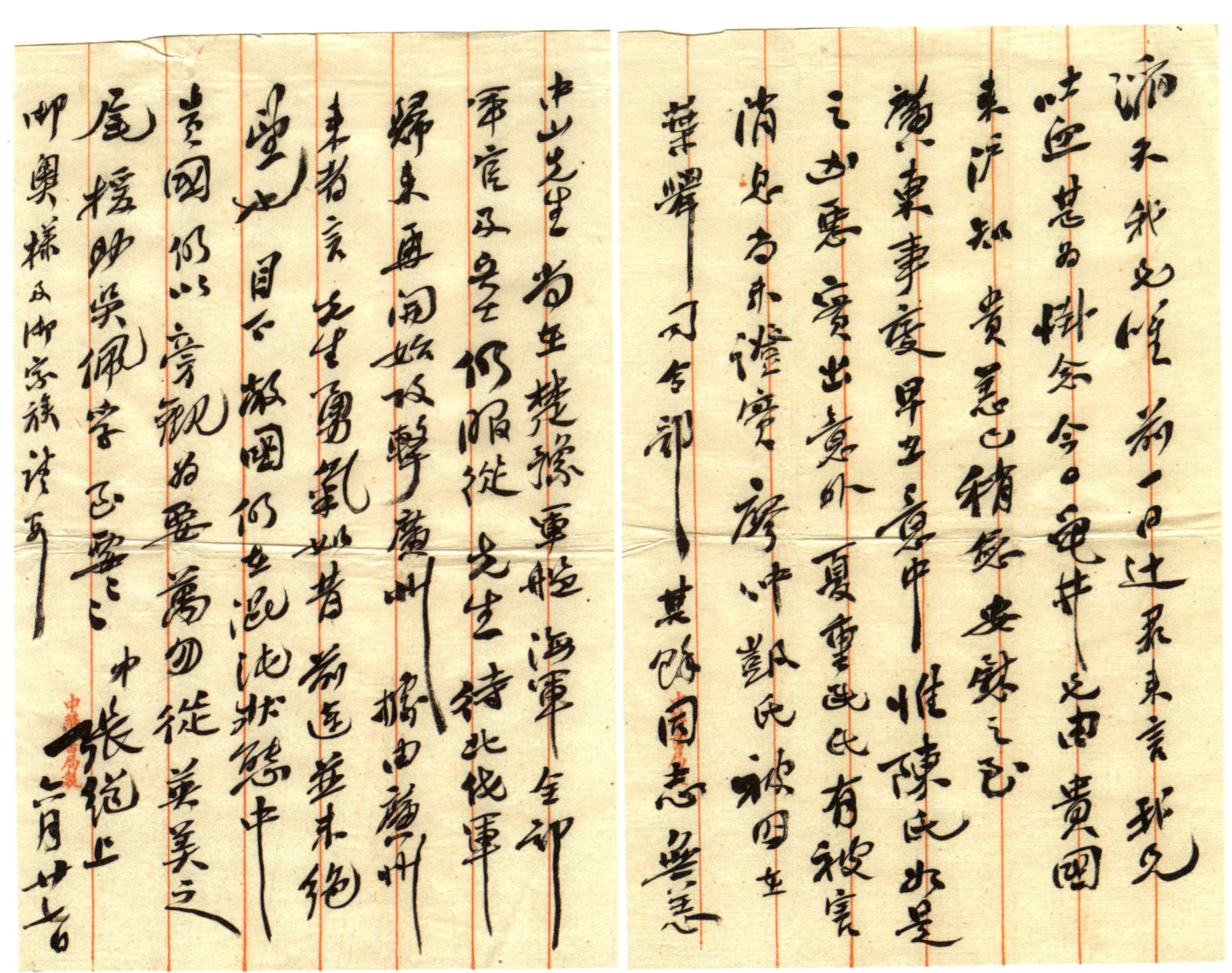

张继致宫崎滔天函（1922年6月27日）

释读

滔天我兄鉴：

前一日辻君来言，我兄吐血，甚为挂念。今日龟井兄由贵国来沪，知贵恙已稍愈，安慰之至。

广东事变，早在意中，惟陈氏如是之凶恶，实出意外。夏重民氏有被害消息，尚未证实。廖仲恺氏被因在叶举司令部，其余同志无恙。中山先生尚在楚豫军舰，海军全部军官及兵士，仍服从先生，待北伐军归来，再开始攻击广州。据由广州来者言，先生勇气如昔，前途并未绝望也。目下，敝国仍在混沌状态中，贵国仍以旁观为要，万勿从英美之尾，援助吴佩孚。至要！至要！

弟张继上
六月二十七日

尊夫人及尊家族请安

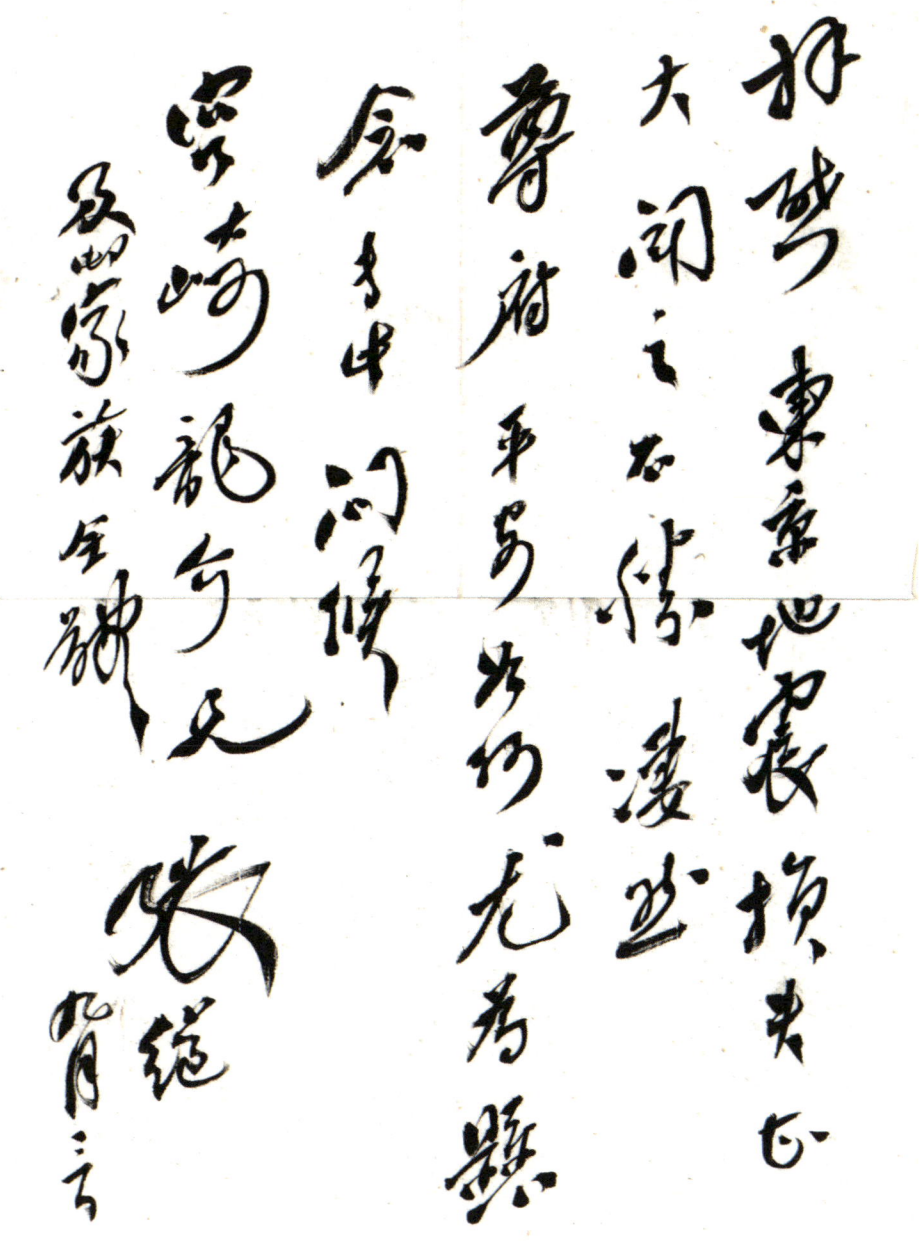

张继致宫崎滔天函（1923年9月3日）

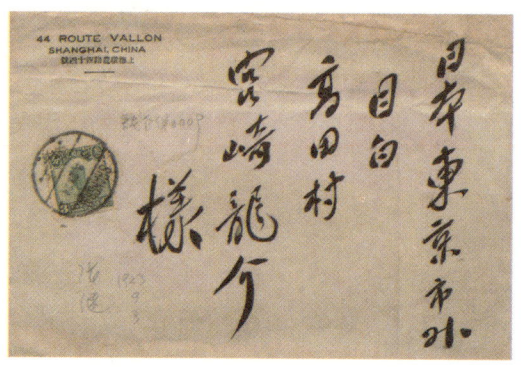

释读

拜启：

　　东京地震，损失甚大，闻之不胜凄然。

　　尊府平安如何？尤为悬念。专此问候

　　宫崎龙介兄及尊家族全体

　　　　　　　张继

　　　　　　　九月三日

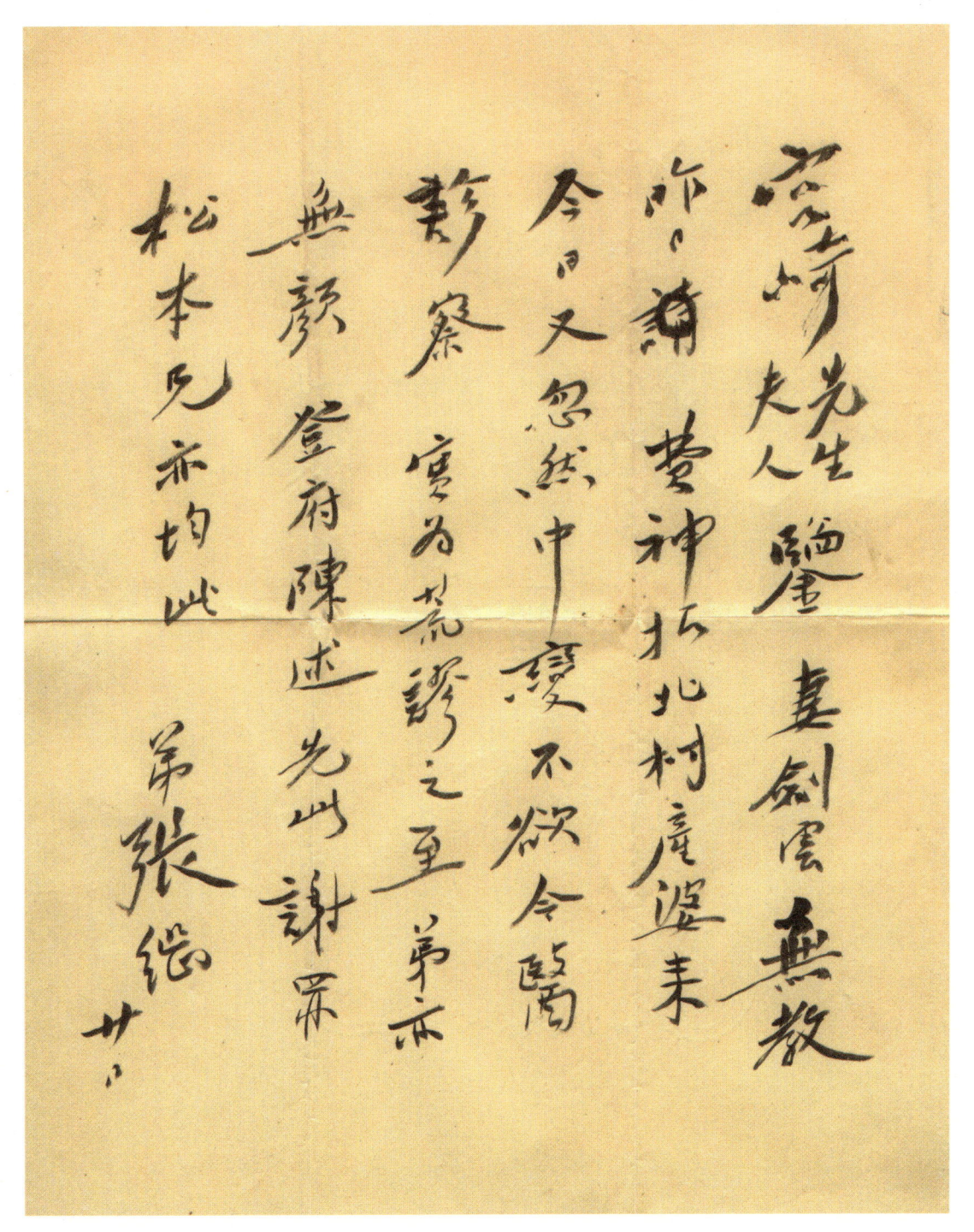

张继致宫崎滔天函（□年□月20日）

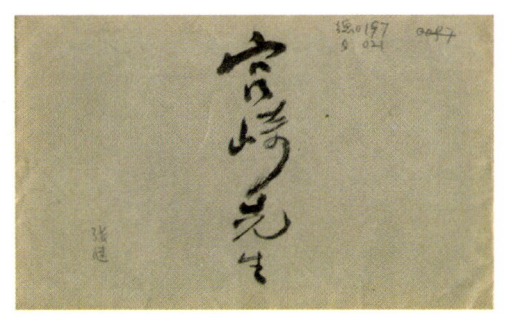

释读

宫崎先生、夫人鉴：

　　妻剑云无教，昨日费神招北村产婆来，今日又忽然中变，不欲令医诊察，实为荒谬之至。弟亦无颜登府陈述，先此谢罪。松本兄亦均此。

　　　　　　　　　　　　弟张继

　　　　　　　　　　　　二十日

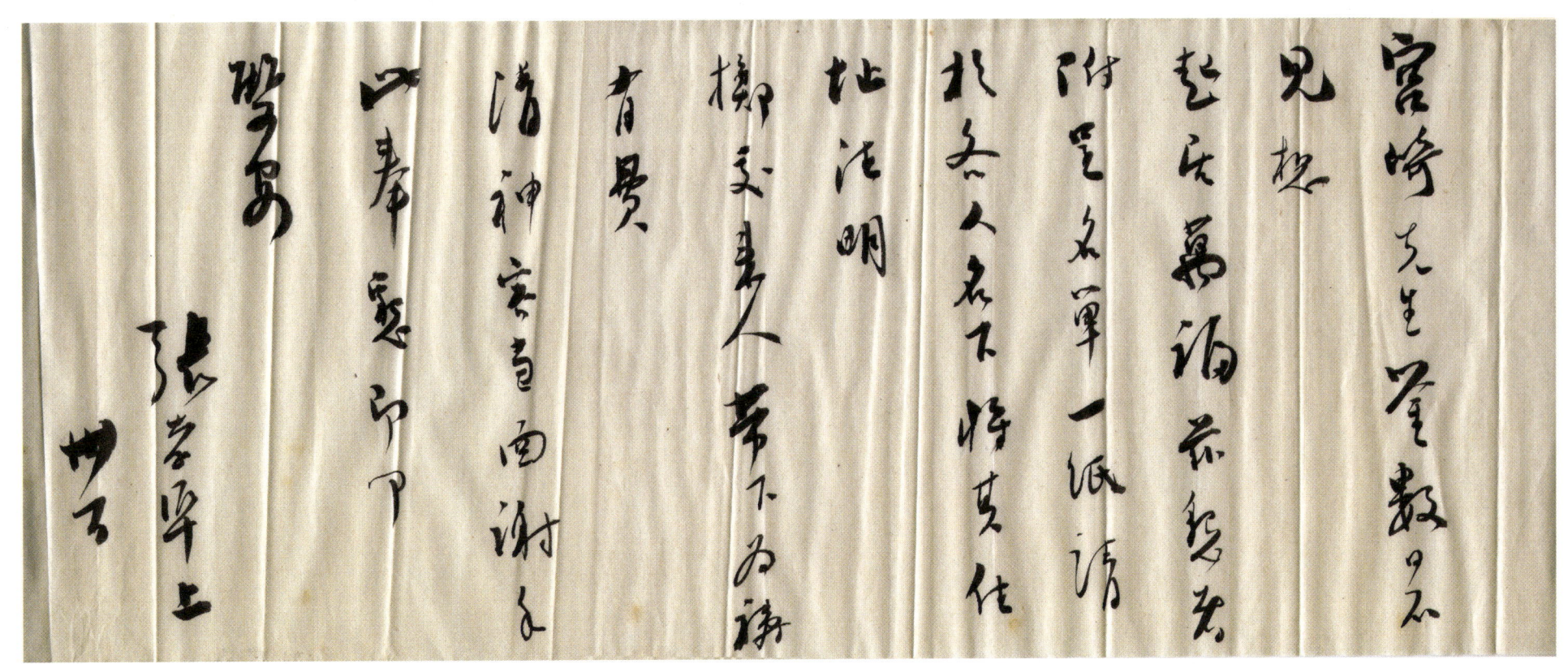

张孝准致宫崎滔天函（1917年□月31日）

释读

宫崎先生鉴：

　　数日不见，想起居万福。兹恳者，附呈名单一纸，请于各人名下将其住址注明，掷交来人带下为祷。有费清神，容当面谢！手此奉恳。

即叩

双安

张孝准上

三十一日

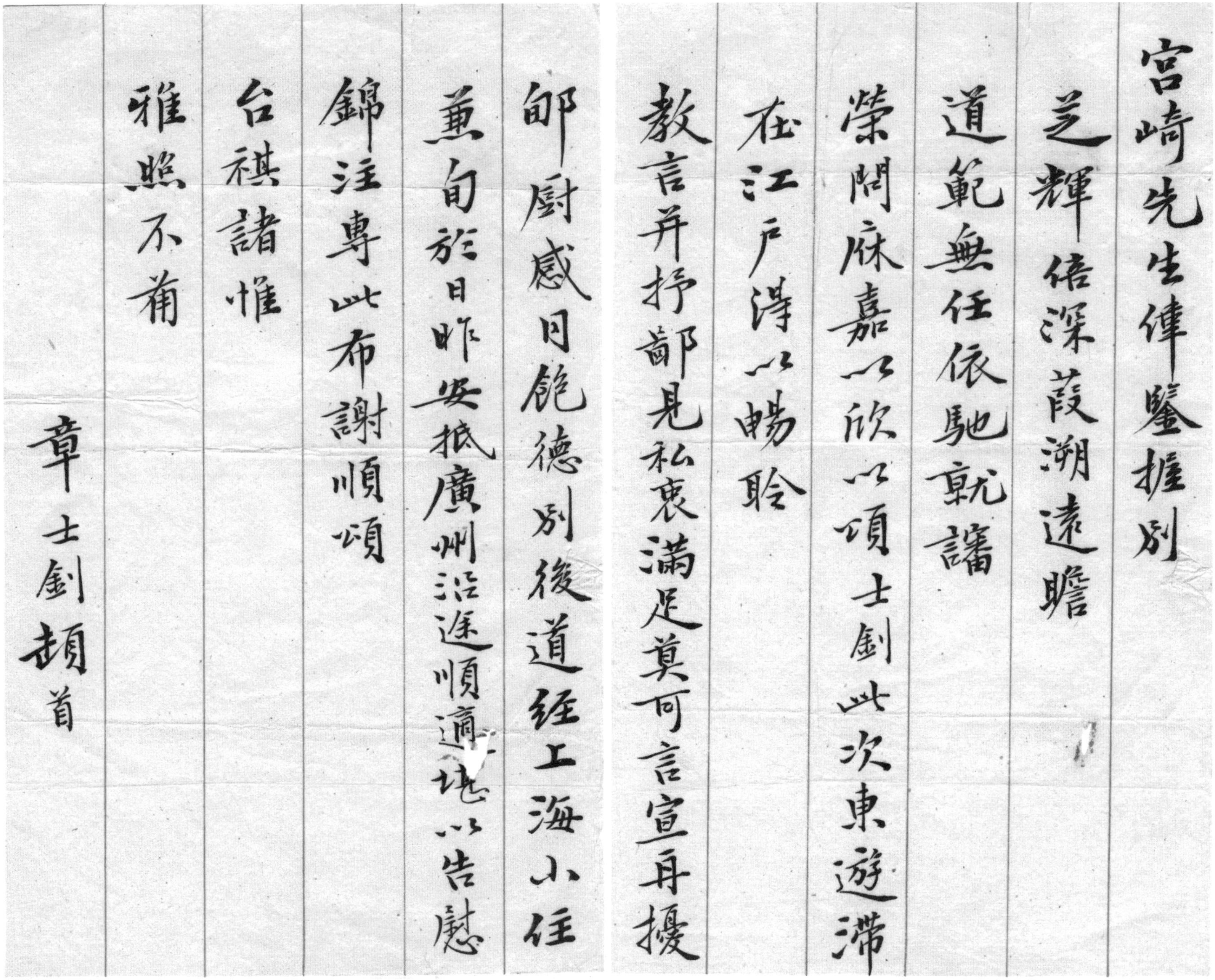

宮崎先生偉鑒握別
芝輝倍深葭溯遠瞻
道範無任依馳飢讜
榮問麻嘉以欣以頌士釗此次東遊滯
在江戶洋以暢聆
教言并拧鄙見私衷滿足莫可言宣再擾
郇厨感曰飽德別後道經上海小住
薰旬於日昨安抵廣州沿途順適赴以告慰
錦注專此布謝順頌
台祺諸惟
雅照不莆

章士釗頓首

章士钊致宫崎滔天函（1918年12月31日）

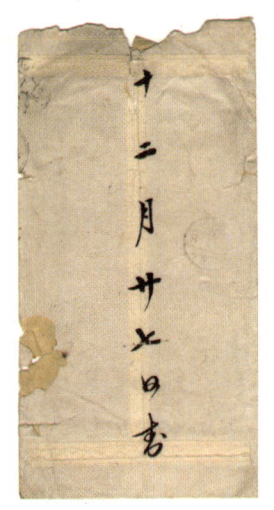 

释读

宫崎先生伟鉴：

握别芝辉，倍深葭溯。远瞻道范，无任依驰。就审荣问休嘉，以欣以颂。士钊此次东游，滞在江户，得以畅聆教言，并抒鄙见，私衷满足，莫可言宣。再扰郇厨，感同饱德。别后道经上海，小住兼旬，于日昨安抵广州。沿途顺适，堪以告慰锦注。专此布谢，顺颂

台祺

诸惟雅照不备。

章士钊顿首

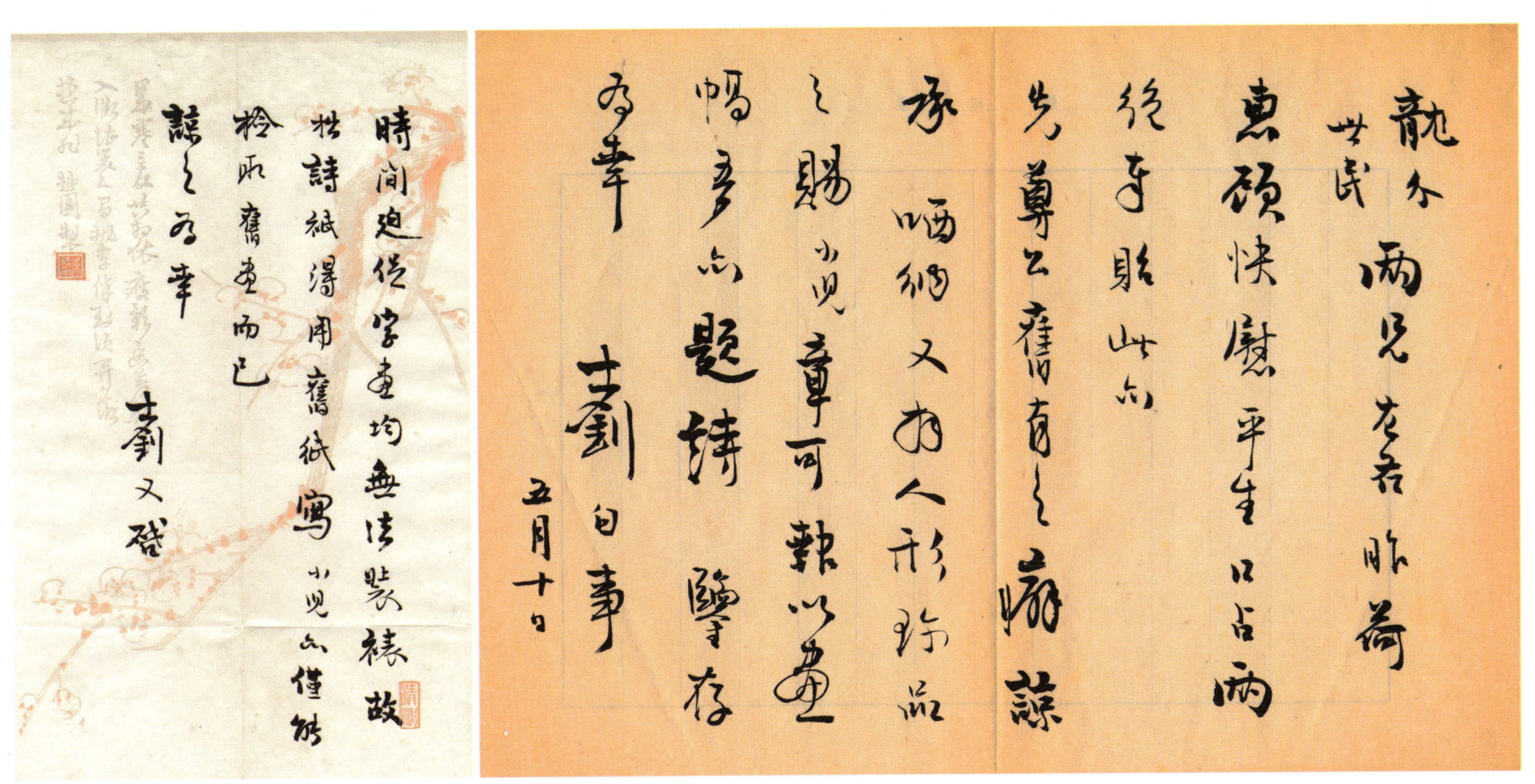

章士钊致宫崎龙介、宫崎世民函（1955年5月10日）

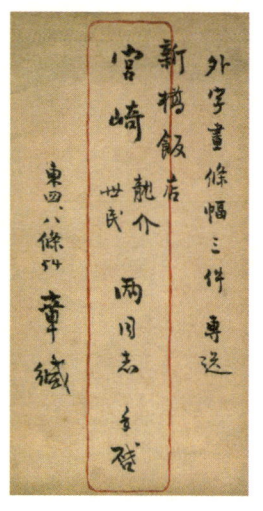

释读

龙介、世民两兄左右：

    昨荷惠顾，快慰平生。口占两绝奉贻。此亦先尊公旧有之扇，谅承哂纳。又拜人形珍品之赐，小儿章可报以画幅，吾亦题诗，鉴存为幸！

                                      士钊白事

                                      五月十日

    时间追促，字画均无法装裱，故拙诗只得用旧纸写。小儿亦仅能检取旧画而已。谅之为幸！

                                      士钊又启

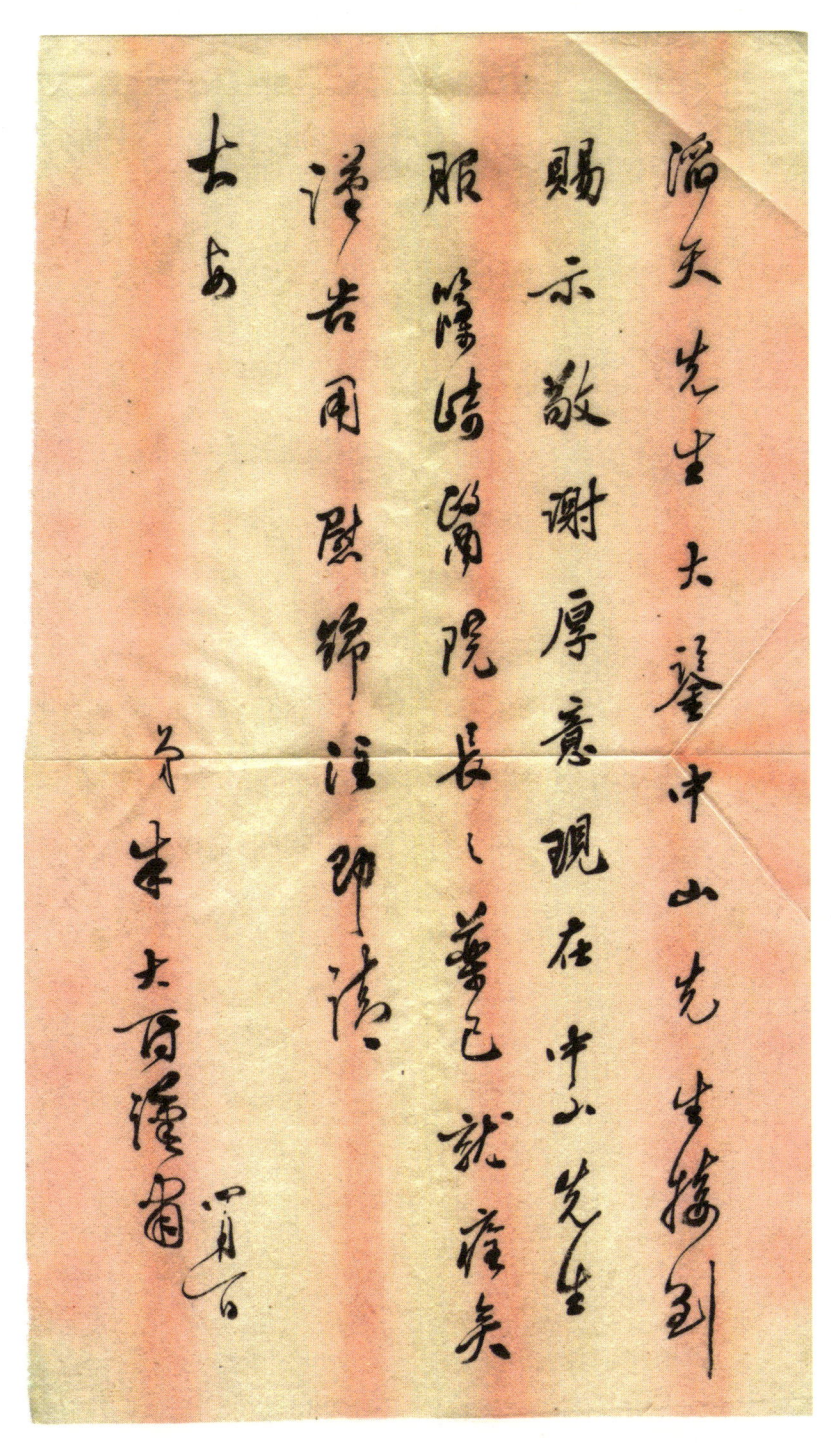

朱执信致宫崎滔天函（1917年4月1日）

释读

滔天先生大鉴：

　　中山先生接到赐示，敬谢厚意。现在中山先生服篠崎医院长之药，已就痊矣。谨告，用慰锦注。即请
大安

　　　　　　　　　　　　　　　　　　　　　　　　　　弟朱大符谨肃
　　　　　　　　　　　　　　　　　　　　　　　　　　　　四月一日

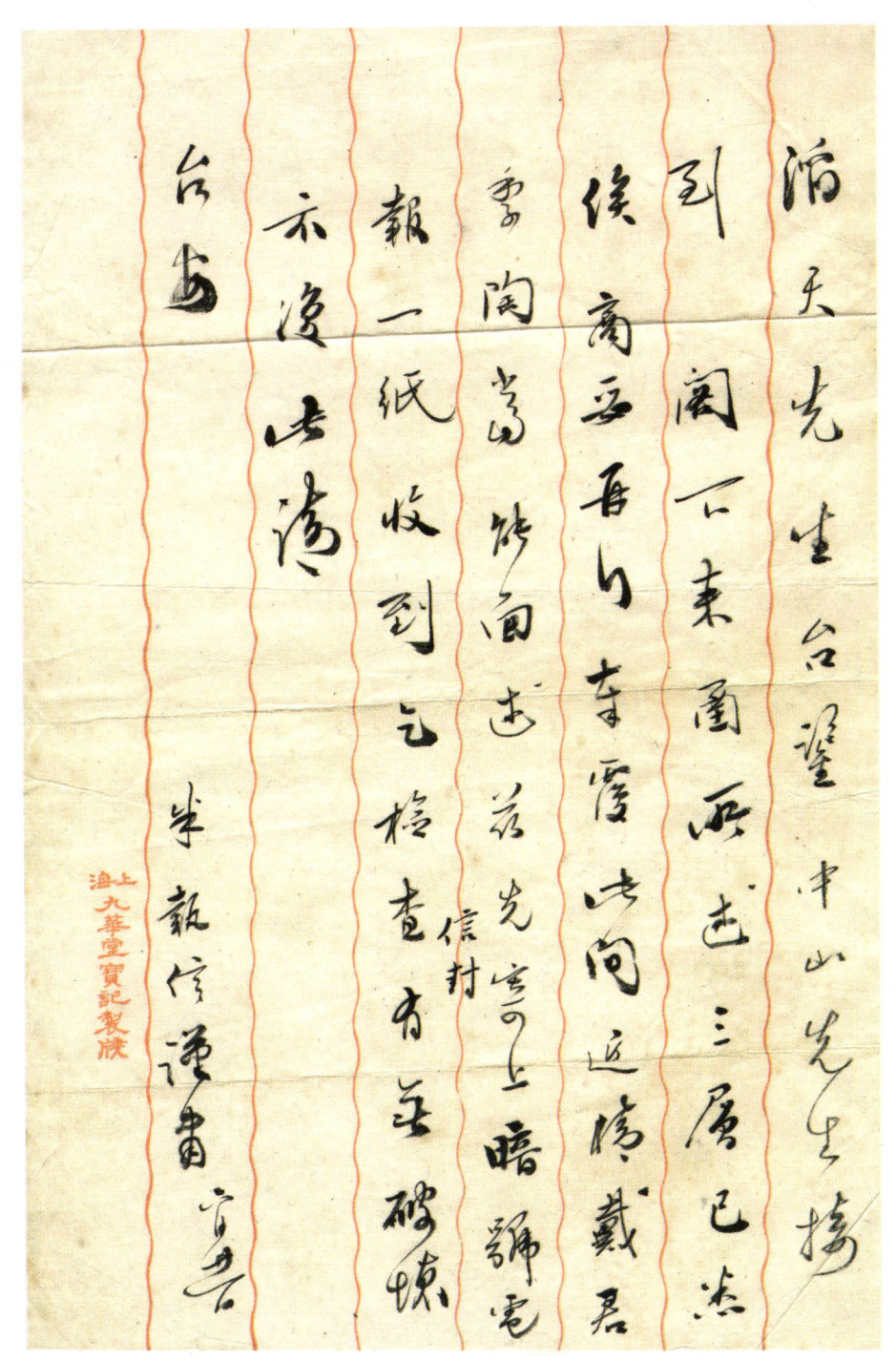

朱执信致宫崎滔天函（1917年6月21日）

宫崎滔天家藏民国人物书札手迹（第三卷）

 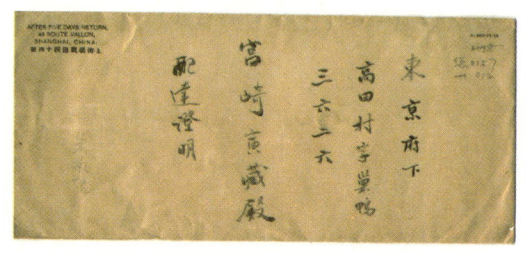

释读

滔天先生台鉴：

    中山先生接到阁下来函，所述三层已悉，俟商妥再行奉复。此间近情，戴君季陶当能面述。兹先寄上暗号电报一纸，收到乞检查信封有无破坏，示复。此请

台安

朱执信谨肃
六月二十一日

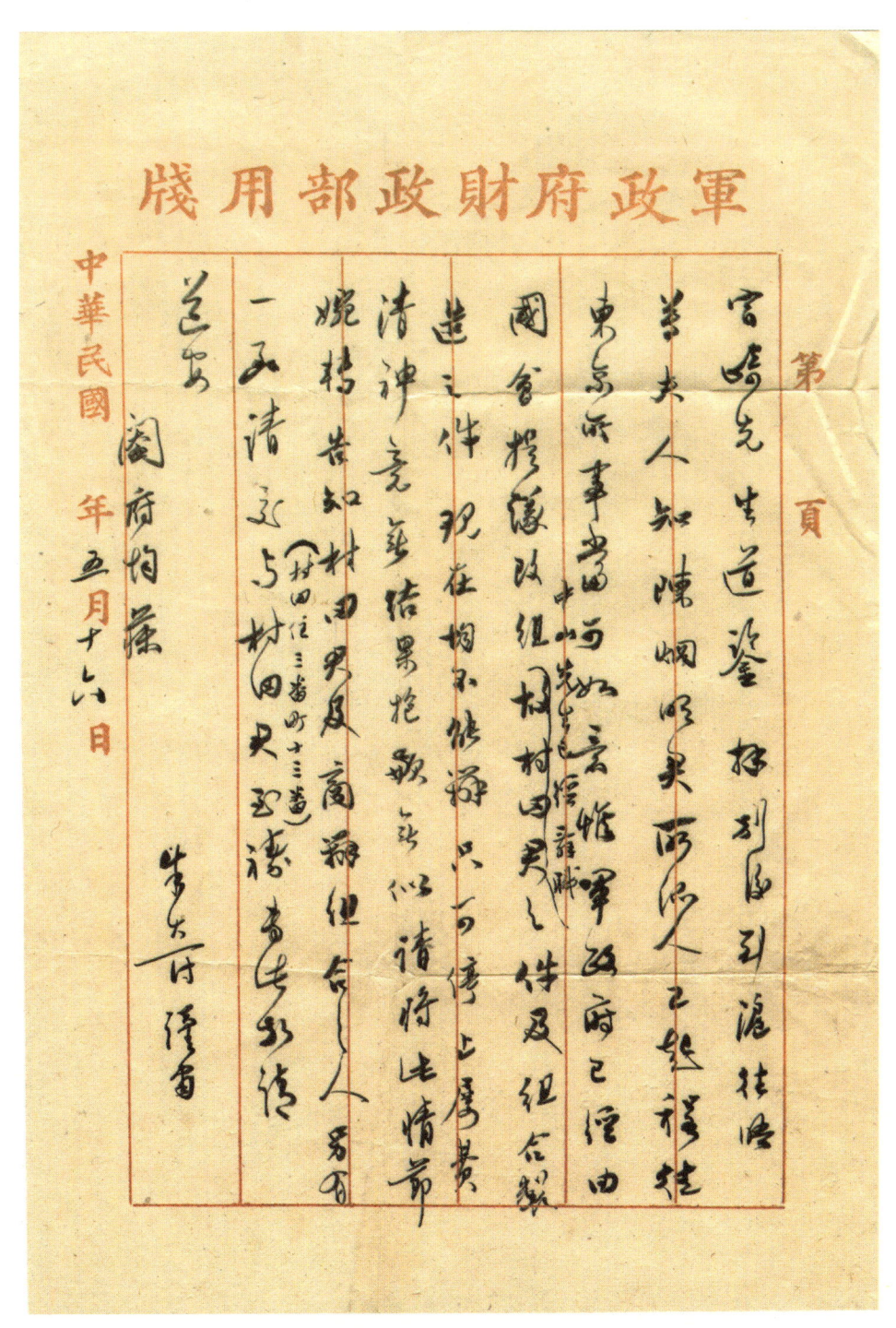

朱执信致宫崎滔天函（1918年5月16日）

 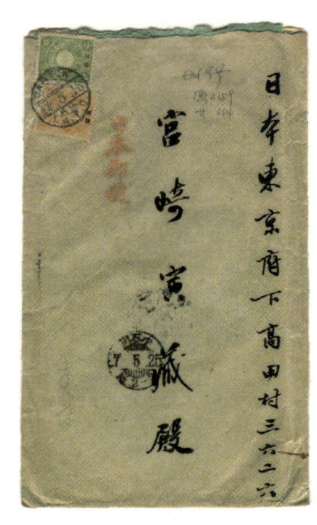

释读

宫崎先生道鉴：

拜别后到沪，往晤尊夫人，知陈炯明君所派人已起程往东京，所事当可如意。惟军政府已经由国会提议改组（中山先生已经辞职），故村田君之件及组合制造之件，现在均不能办，只可停止。屡费清神，竟无结果，抱歉无似。请将此情节婉转告知村田君及商办组合之人。另有一函，请交与村田君（村田住三番町十三番）。至祷。专此，敬请

道安

阖府均候

朱大符谨肃
五月十六日

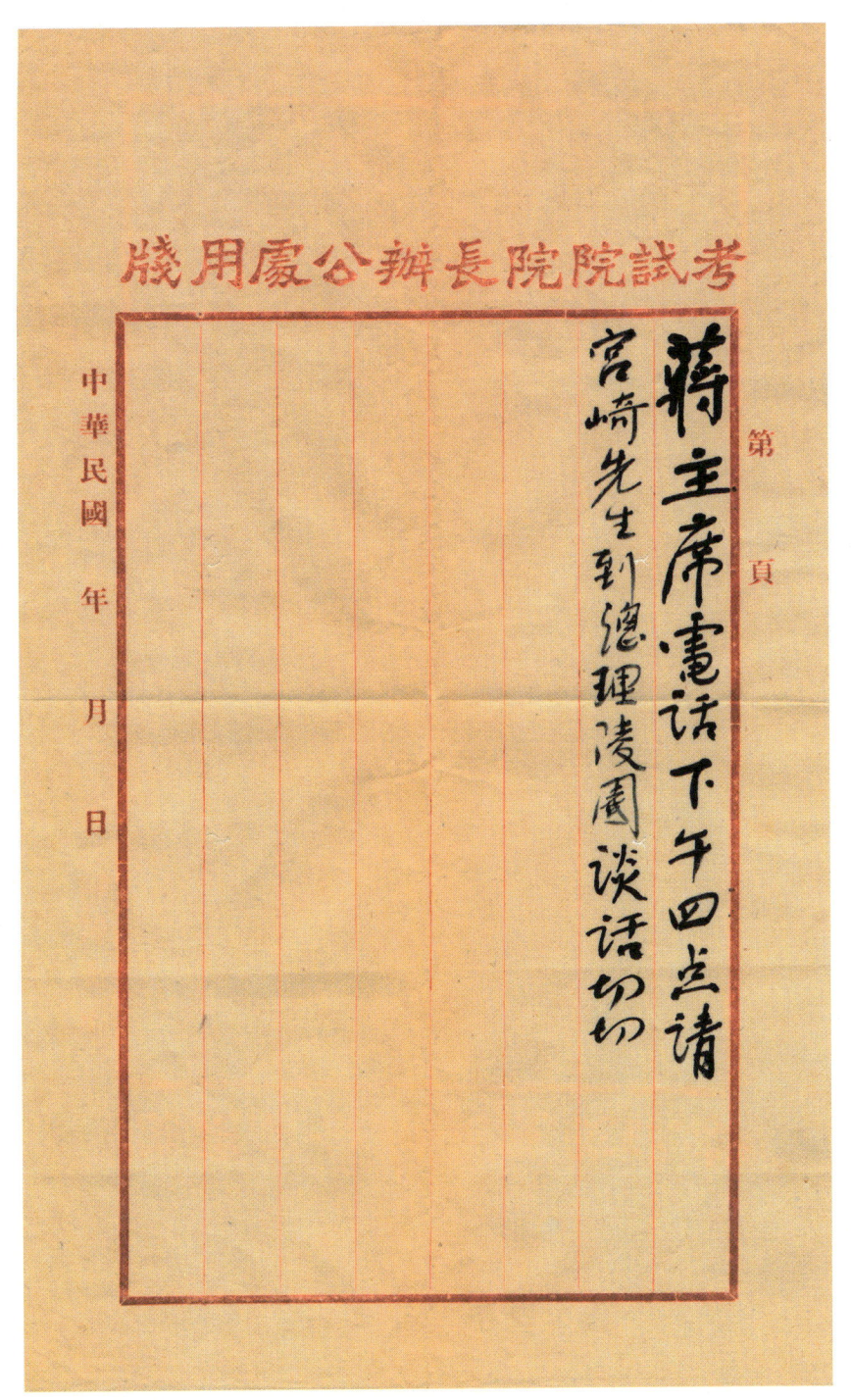

便条

释读

蒋主席电话,下午四点请宫崎先生到总理陵园谈话。切切